期货技术分析

从入门到精通

鳄鱼 编著

中国宇航出版社
·北京·

图书在版编目（CIP）数据

期货技术分析从入门到精通 / 鳄鱼编著. -- 北京 : 中国宇航出版社，2022.7

ISBN 978-7-5159-2086-3

Ⅰ. ①期… Ⅱ. ①鳄… Ⅲ. ①期货交易－基本知识 Ⅳ. ①F830.93

中国版本图书馆CIP数据核字(2022)第108113号

责任编辑　马　航　　　　**封面设计**　宋　航

出版发行	中国宇航出版社		
社　址	北京市阜成路 8 号 （010）68768548	**邮　编**	100830
网　址	www.caphbook.com		
经　销	新华书店		
发行部	（010）68767386 （010）68767382		（010）68371900 （010）88100613（传真）
零售店	读者服务部 （010）68371105		
承　印	三河市君旺印务有限公司		
版　次	2022 年 7 月第 1 版		2022 年 7 月第 1 次印刷
规　格	710×1000	**开　本**	1/16
印　张	16	**字　数**	228 千字
书　号	ISBN 978-7-5159-2086-3		
定　价	59.00 元		

本书如有印装质量问题，可与发行部联系调换

技术分析，要学习但不可盲从

（代序）

离开技术分析的期货市场，是不可想象的！

技术分析是指以市场行为为研究对象，以判断市场趋势并跟随趋势的周期性变化来进行股票、期货及一切金融衍生品交易决策的方法。这是权威的定义，听起来比较专业，直白的表述就是通过研究历史走势的规律，总结出一些高概率的图形或者周期性的规律来进行交易的方法。

其中研究市场行为包括三种含义：价格、交易量和持仓量。大家可能对价格研究会比较多一些。交易量和持仓量是研究市场的辅助工具，也是交易行为的一个部分。

本书为了帮助期货交易者对期货技术分析工具有个全面的了解，特别对期货市场技术分析使用的各种工具进行了归类与整理。

本书从期货市场与技术分析方法起源讲起，介绍了道氏理论与趋势分析技术、期货画线技术方法、K线基础组合形态、K线反转形态、K线整理形态、持仓量与成交量、移动平均线、技术指标等多种技术分析工具。最后三章是本人在多年期货交易实战中总结的一些高概率形态、短线交易规则和期货交易策略等。

当然，所有的技术分析工具与方法，都是根据历史经验总结得来的。很多K线走出的特殊形态或技术指标发出的某些信号，我们会将其认定为做多信号或做空信号。但是，大家要对这些形态或信号有个正确的理解。我们之所以这样为其命名，是源于在过去的价格K线运动过程中，其出现后，价格呈现了上涨或下跌相对较高的概率。但这并不意味着这些形态或信号出现后，价格一定会上涨或下跌。

在交易实战中，投资者应该学习应用技术分析工具和方法，但不能迷信这些工具和方法。大家要清楚，这些技术分析工具和方法，每天都有大量的投资者在使用。但即使如此，对于同一期货合约，在同一时间点，仍有大量的人会看多，也有大量的人看空。为何？这就是不同的投资者在应用层面进行决策的方法和角度不同。比如有的人从更宏观的周期来看，有的人从更微观的周期来看，其结论肯定是不同的。

总之，期货交易之路必定是充满荆棘与挑战的。能够在期货市场上生存下来并带着胜利果实离开的，必定是其中的佼佼者。本书希望能够为您的期货投资之路添砖加瓦，成为您胜利路上的垫脚石。

目　录 CONTENTS

第二章　期货技术分析——道氏理论与趋势

第三章　期货画线技术方法

第六章 K线整理形态

第七章 持仓量与成交量

第一章

期货市场与技术分析

树立正确的投资理念和建立良好的投资心态，是投资取得成功所必须的。在投资交易市场上，根本不存在脱离个人心态或投资理念的技术分析方法。我们研究的技术分析方法和工具，也全部建立在人性的基础之上。比如，价格在某一位置获得了支撑，支撑之所以有效，无外乎很多人将其看成较佳的做多点位。市场上本没有什么支撑位或阻力位，只是做多或做空的人多了，也便成了支撑位或阻力位。

第一节　认识期货市场的五个维度

对于初入期市的投资者来讲，正确认识期货市场是非常有必要的，有助于树立自己正确的投资理念，形成自己独立的交易体系。对于没有参与过期货交易的人来讲，可能认为期货市场是一个风险非常高的地方，加之听到传闻，或者听朋友说大多数做期货的人都是亏损的。但是，这只能说你只看到了结果，并没有了解亏损的过程。

做期货亏损的人从来没有埋怨过市场，更没有埋怨过拉他进入市场的人，大多是埋怨自己，为什么？因为期货市场是一个公平的市场，亏损多数是因为自己操作不当造成的，是因为自己对交易规则不熟悉，对风险了解不到位，或者是因为操作中心态没有把控好，从而造成亏损，所以亏损其实还是因为学习不到位造成的。如果能正确地认识期货市场，在交易之前多去学习，打好基础的话，对于规则、风险和交易的方法都有比较清楚的认识之后，再参与期货交易，那么盈利的机会就会增加。如图 1–1 所示。

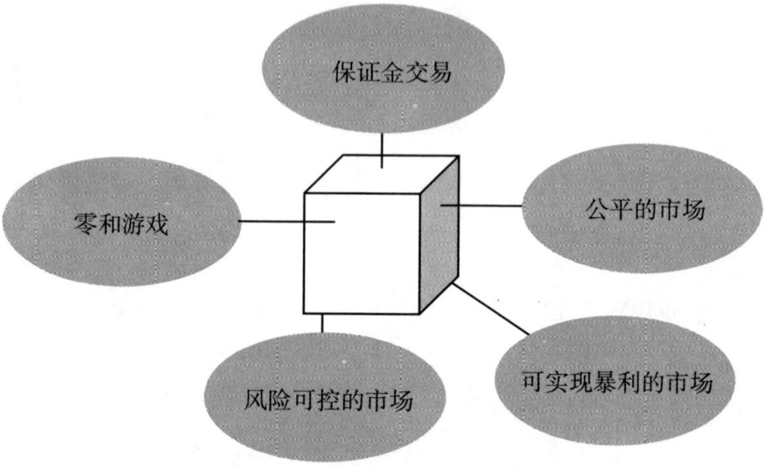

图 1–1　五个维度认知期货市场

一、保证金交易

保证金交易，是期货市场最显著的一个特色。所谓保证金交易，就是当你想要获得一批货物的所有权时，交割之前并不需要付全款，只需要付一定比例的保证金就可以了，比如 10%。（因为每个品种不太一样，大概的比例就是 10%）

以豆粕为例，豆粕期货 1 手是 10 吨。做现货的话，假设每吨 3000 元，买一手 10 吨的豆粕，10 吨就是 3 万元。但在期货市场拥有这 10 吨的豆粕，并不需要付 3 万块钱，只需要付 10% 的保证金，也就是 3000 块钱，就拥有一手 10 吨豆粕的所有权。未来这批豆粕如果涨钱了，你是赚 10 吨的钱。同样，如果亏损了，也是亏损 10 吨的钱，相当于把你的资金放大了 10 倍。

保证金制度是一把双刃剑。当你对行情判断正确时，短期内你的资金就会快速增长；反之，对行情判断错误，则可能让你亏损加倍。其实，也正因为有保证金制度的存在，才让很多怀揣着以小博大、一夜暴富的投机者对期货市场趋之若鹜。

二、本质是一种零和游戏

期货交易是一种零和游戏，有时甚至是负和游戏。期货市场上，如果没有新的参与者进来的话，就没有新的资金进来，总的资金是固定不变的。每天都有成交量的话，就会产生手续费，那么总的资金是在减少的。所以说期货市场是一个负和游戏市场。

期货市场，与股票市场存在本质的不同。从理论上来说，随着经济的发展，股票市场整体上应该呈现振荡上升的势头。而期货市场则不同，在任何情况下，期货交易的对象都是期货合约，无论是看空还是看多，最后都要平仓。即有开仓就要有平仓，有人赚钱，也必然会有人亏损。

因此，新进入期货市场的交易者一定要清楚自己的实力和水平。自己有什么能力去赚别人的钱，凭什么能赚到别人的钱？市场中的老手，大多都有丰富的交易经验，有自己的交易策略，交易方法。对于交易的大户来讲，他们资金实力雄厚，有自己的研发团队，有自己的风控部门，有一套非常完整的流程。大户具备这么大的优势，想赚他们的钱谈何容易。作为散户，可以说在这个市场并没有太多的优势，要想赚钱就必须更加努力地学习和实践，并不断地总结经验，早日成为市场的老手。

三、公平的市场

期货市场的制度是公平的。如果亏损，基本上都是自己的原因造成的。期货市场有着最为灵活的交易机制，既可以做多也可以做空，也可以日内交易。如果你认为趋势判断错了，可以随时卖掉或者反手操作。不像股票市场，突发利空消息，连续跌停下来，卖都卖不了，只能眼看着亏损。

以 2019 年铁矿石价格走势为例。2019 年的铁矿石价格从年初的 400 涨到了 900 翻了一番，然后短短一个月时间又暴跌到 500 多。当时有人说这是操纵市场等原因造成的，但是大家想没想过，铁矿石的价格从 400 涨到了 900 是花了半年的时间，跌到 500 多也经历了一个多月的时间。

假如前期你做空亏钱的话，你为什么要去做空呢？你为什么不去反手做多？你在400到900的过程当中有无数次机会，有好多天都可以在盘中反手做多。它并不是连续涨停涨上去的，如果真的像股票似的连续涨停上去，那是市场不公平，是制度不完善造成的，但是没有！它是一步步涨到那个价位的，赔钱的话，那么还是自己的问题，不应该去责怪这个市场。只要市场不出现那种非常极端的行情，连续的涨停或连续的暴跌，那么亏损都应该是自己的原因造成的。

四、风险可控的市场

相比于股票市场，期货交易的波动更为剧烈，加之保证金交易，使得整个期货交易的风险看起来比较大。但这种风险却又是完全可控的。

对于新手来讲，应该先从总资金上做好控制。期货投资说到底它还是一个投资。那么投资的前提是什么？是闲置资金的投资。不拿信用卡或借钱去投资，这是底线！

期货交易是一个风险投资，这个钱必须是闲置的，拿出一部分闲置的资金投资，心理上需要做好亏损的预期。如果亏了，不能影响自己的工作和生活，这样心态就会很好。

很多人认为期货市场是洪水猛兽，主要还是总资金上没有控制好，投入了太多的资金进来。如果亏损资金的量是自己无法承受的，那就投入自己可以承受亏损量的资金进来，比如1万元。哪来那么大的风险，全亏了不就是1万元吗？自己完全可以接受。

相较于股票市场，期货市场更考验人性。出现亏损之后，设置合理的止损机制更重要！期货合约不能长期持有，这一点与股票不同。股票套住了可以长期持有，没有杠杆，大不了做股东，只要是公司不倒闭，后期还有机会涨回来。但是期货市场不行，在合约到期日前必须要平仓。其实多数交易是等不了交割日就得平仓的，因为亏损后导致无力追加保证金，会造成被迫平仓。这样一来，期货交易是可能会损失比你当初投入的保证金还要多得多的资金的。所以在期货市场，认亏和及时止损很重要。

总之，做好风险控制，首先要从总资金上做好风控，其次，再对单笔交易做好止损。如果这两点都做到了，期货风险就是完全可以控制的。

五、可以实现暴利的地方

在风险可控的范围之内，期货交易还是有可能实现暴利的，这是我们从事期货交易最基本的一个认知和判断。如果期货市场根本无法实现暴利，恐怕也就不会有那么多的投资者对这个市场趋之若鹜了。

对从事期货交易的投资者来说，不管是长期交易还是短期交易，都是奔着要在这个市场上实现暴利的目的而去的。如果拿出一小笔资金做期货，一年赚 10% 或者 20%，个人觉得没有必要。因为在股票市场完全可以实现，为什么要来参与风险比较大的期货市场呢？ 来期货市场的目的就是要实现暴利。

期货市场的交易制度、保证金制度、日内交易等制度安排，保证了投资者既可以做多也可以做空，涨跌都可以赚钱。这么灵活的交易制度就是暴利的土壤，就看自己是不是能长成参天大树的种子了。

期货市场实现暴利的例子太多了，国外的就不说了。国内的傅海棠，5 万元到 10 亿元；林广茂，2.5 万元到 10 亿元；叶庆匀、葛卫东、王春禄、李永强、付爱民、林存福等，这些都是活生生的例子。我们应该像他们那样，追求暴利。但是盈利过程也是极其艰难的，能创造这样的亿万传奇，确实需要付出非常人所能及的精力和时间，几万块做到几千万、上亿元，无法想象他们能有多宽广的胸怀。作为常人，我们先不要把目标定得这么高，一步一步来，但梦想还是要有的，万一实现了呢？

第二节　正确看待期货投资

相对于股票、债券投资而言，期货投资的收益与风险都是比较高的。正因如此，想要进入期货市场的投资者，需要对期货投资和投资亏损有一个正确的认识。

一、先要树立正确的投资理念

投资理念是体现投资者投资个性特征，促使投资者正常开展分析、评判、决策并指导投资者行为，反映投资者投资目的和意愿的价值观。下面再用通俗易懂的语言来和大家详细解释一下。

首先，投资理念确实比较抽象，看不到，摸不着。它由投资者心理、投资哲学、交易动机以及技术层面所构成。理念是你的思想在实战中不断地磨合而发生的来自于自身的升华。 它是一种抽象又高度概括的东西，它不是思想过程和方法，而是全部思想的总纲，是思想的根本原则，也正是我们所信奉的根本。

比如说，作为一名投资者在期货市场投资的理念，目标是获得暴利，实现人生财务自由。所以，所有的交易策略都是围绕获得暴利展开的。只有抓住历史性的大行情才有可能实现暴利。这里也需要说明一下，暴利是相对于投资盈利多少而言的。个人认为最少要有几倍甚至10倍以上的利润。在期货领域，盈利百分之几十是不算暴利的。

但是人生的理想是不可能通过一波行情来实现的，也不会把所有的资金和希望押注在一波行情上面。难道做完这波行情就不做期货了吗？不可能的，还要继续做。赌博式的交易方式只会一时成功，我们不能养成这样的坏习惯。正确的做法是做一波行情的暴利，把资金要适度分散开，做总体资金的复利，通过时间来实现财务自由。

有了这个高度和目标，还需要从小处着手。其实，理念是不可能用语言完整地去表述和传授的，它需要用心去体会、去领悟、去思考。成功的理念是不可能一次形成的，它靠的是累积。投资理念因人而异，成功的投资理念也不是完全相同的。

二、期货交易亏损的三大主因

在投机市场，多数人亏钱、少数人赚钱可以说是一个不争的事实，这也符合市场的规则。钱不会凭空创造出来，这个市场注定只能少数人赚钱。有人说期货市场遵循二八定律、一九定律。我认为 20% 或者 10% 的人赚钱还是说多了。期货市场能做到长期稳定盈利的，可能连 5% 的人都没有。但是要注意一点，多数人亏损不是一直在亏，如果是这样，他可能很短时间就不做了。正因为有盈有亏，说明还有希望，所以他们一直在这个市场坚持。一般来说，投资者亏损的原因不外乎来自于这样几方面。如图 1–2 所示。

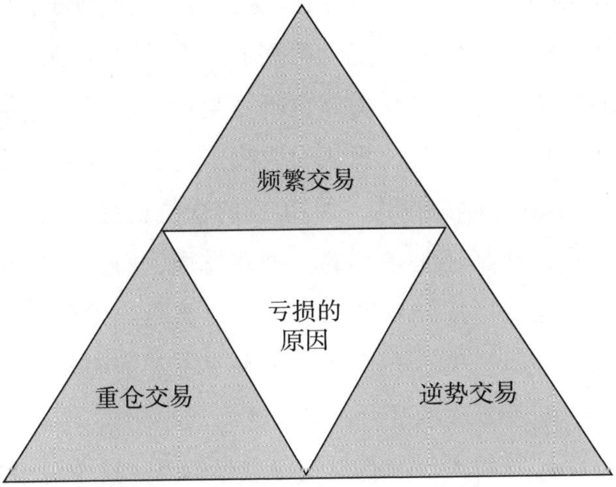

图 1–2 期货交易亏损的三大主因

第一，频繁交易。期货市场是一个非常灵活的市场，既可以做多，又可以做空，还可以日内交易。如果手够快，能赚钱的话，上一秒能开仓，下一秒就可以卖掉。正因为具有如此灵活的交易机制，会导致你频繁地在市场进行交易，犯更多的错误。当然，如果技术够好的话，频繁交易也能同样赚更多的钱。产生频繁交易的行为，很多时候是心态发生变化以后，亏了一点钱，总想着快速地把它赚回来，失去了持单的耐心，交易的周期也越来越短，有一点盈利就赶紧卖掉。

还有，频繁交易会产生大量的手续费，你的交易盈利能否覆盖交易成本呢？我见过一个炒单的人，30 万元资金操作，几个月下来亏损了 20 万元，其中有十几万元是手续费，如果不计算手续费，实际交易亏损只有几万快元。既然手续费是交易成本之一，那么做短期操作一定要把手续费考虑进去。

频繁交易还有一个危害，就是消耗自己太多的时间和精力。无时无刻不盯着盘面的变化，生怕错过交易机会，现在晚上有的期货品种开盘到很晚，如果长期如此交易下去，对自己的身体也会产生很大的影响。一定要控制自己交易的欲望，不要只为了得到交易的快感而搞坏了身体。如果再赚不到钱，就是损了夫人又折兵了。

第二，重仓交易。先讨论下多少仓位操作是重仓。60% 是重仓还是 80% 是重仓，个人认为没有严格的界定。有些人资金管理在场外，账户的资金是可以全部亏损的资金，那么满仓操作也不算是重仓，亏完这部分资金还有新的资金补充进来。是不是重仓，我认为取决于自己对风险的承受能力。如果买上 30% 的仓位都寝食难安的话，那 30% 的仓位也是重仓。

进行重仓交易，实际还是贪婪的心理在作怪，总是希望获得不在自己能力范围内的、自己没有把握能获取的利润。尤其是当发生亏损之后，总想着通过加大仓位尽快补回损失。在侥幸心理和亏不起的心态作用下，往往会亏得更多，直到自己再也无法承受亏损才收手。

对于控制力比较好的人，可能也就亏点生活费，这个月节省点就过去了。但是对于控制能力差、赌性大的人，最后可能赔上自己很多年的积蓄甚至借贷来的资金，严重影响自己的生活和工作。

一万到十万需要翻 10 倍，十万到一万只需亏 90%。很显然，再回到原来的资金，挣 10 倍要难得多。严格按照自己的交易系统操作，做好资金管理和心态管理，脚踏实地，稳稳地赚才是王道。（当然，想通过小资金来市场赌一把获得暴利的操作，不在我们的讨论之列）

第三，逆势交易。首先需要先定义一下逆势与顺势。一般来说，市场主要趋势是上涨，做多是顺势，做空就是逆势交易（反过来也一样）。但是，对于主要趋势，每个人看的周期不一样，多空方向就不一样。看一个月的行情是涨，做多是顺势；如果看一年的行情，做多可能就是逆势。其实这是站在市场的角度定义顺势和逆势的。

更多的时候，投资者应该站在自己交易的角度来看待顺势和逆势，即进场以后持仓一直有盈利并不断扩大，那么就是顺势，如果一直亏损那么就是逆势。

逆势交易主要还是心存侥幸心理。心理学的预期理论认为，当投资失利，有所损失时，我们是风险的爱好者，在侥幸心理的作用下，我们往往宁愿选择赌下去，希望市场随后的走势对我们有利。结果，在亏损的泥潭中越陷越深，最后变得不可收拾。而当有盈利时，我们却是风险的厌恶者，宁愿尽快把利润拿到手，而不愿继续持有手中的头寸去搏取更多的利润。大多数人在处理亏损交易时的态度，完全和预期理论描绘的情况一模一样，结果很可能出现这样的局面：赚小钱亏大钱。尤其是在一波浩浩荡荡的大牛市刚要开始的时候，有些目光短浅的人看不到未来的风险，逆势操作，开始只是亏小钱，不以为然，认为损失不大，没有问题。当亏损逐步扩大时，投机者的侥幸心理便会油然而生，变成了风险的爱好者，继续赌博，希望市场趋势反转，出现对自己有利的局面。还有很多人会选择一种更加错误的方法，就是逆势加仓，企图拉低均价，尽快回本。这样的操作十次可能八次都有效，但是一旦一次错误，前面八次挣的钱一次就会全部亏回去。直到亏损的金额自己再也无法承受，才会被动止损。

从以往的实战经验来看，逆势交易造成比较大的亏损，多数都是做空交易。逆势做空比做多要危险得多。如果不是买在非常高的位置，商品会有它的内在价值，再怎么下跌，还有成本价支撑着，商品可能短期跌破成本价，但是不可能长期低于成本价。但是做空就很危险了，比如2018年的苹果期货，由7000多的价格最高涨到12000多，涨了5000点。如果在7000的价格买入，再怎么跌苹果也不可能跌到2000吧，所以很多时候做空的损失会比做多大得多。再有就是商品价格上涨，价格高了保证金自然也高了，再加上交易所会因为持仓量增加提高保证金，一手商品需要的保证金甚至会翻倍都不止，不要忘记你还有交易的亏损。所以即使30%的仓位，碰到大幅上涨的行情也不一定能扛得住。

以上三点是造成交易亏损的重大原因，最致命的是逆势交易并不断加仓，这是绝大多数人造成比较大亏损的主要原因。这和自己平时的交易习惯有很大的关系，平时就没有止损的习惯，总认为亏了扛一扛就回来了，就怕碰到扛不回来的那一次。所以养成良好的交易习惯非常重要，就一个原则，亏损坚决不加仓（战略建仓除外）。

做期货交易，一定避免在暴涨暴跌的行情里被市场“一击毙命”，这样不仅会损失本金，还会让你失去再次翻身的机会。更严重的是会打击你的信心，破坏你的心态。恢复信心和重建心态是一个漫长的过程，意志薄弱的人很可能会就此一蹶不振！在新手阶段，如果这三点上没有犯错误，那么就不会出现大幅亏损，以后随着交易经验的积累，慢慢就会由亏损转为盈利。

其实，大家都知道，不能频繁交易，不能重仓，不能逆势，但是人性的弱点是很难克服的。建议大家可以通过外力，比如软件风控、总资金管理等方式，尽量减少侥幸心理和贪念对交易的影响。

第三节　技术分析发展的脉络

按照相关机构对技术分析的定义：技术分析是以市场行为为研究对象，以判断市场趋势并跟随趋势的周期性变化来进行股票、期货等一切金融衍生品交易决策方法的总和。

其中，市场行为研究的重点：第一是价格；第二是交易量、持仓量。大家可能对价格研究得比较多一些，尤其是对图表、K 线这些研究的比较多一点，因为这直接反映到我们的盈亏中。但是交易量和持仓量也是一个非常重要的辅助分析工具，也是交易行为的一个部分。后面的章节会逐层展开讨论这些问题。

一、技术分析发展的历史

技术分析，是伴随着股市与期货市场的出现而逐渐形成和发展起来的，至今已经有 100 多年的历史了。

100 多年前，也就是在 19 世纪末 20 世纪初的时候，当时股票报价每天是要实时记录在大厅的黑板上。这一幕大家在看电影的时候可能会有印象。

价格的波动，主要体现在数字的变化上。因此，大家研究市场价格变化，实质上就是研究数字变化的规律。在《股票大作手回忆录》一书中，记录了利弗摩尔如何研究股票和商品价格变化的，包括研究数字规律的一些经验，还有一些技巧等。利弗摩尔刚刚进入市场时，就是在交易大厅里做报价员。他对数字特别敏感，这也是他成功的一个特别基础的东西。

1. 美国线与日本蜡烛图

随着市场的不断发展，记录价格的方式发生了变化。比如美国市场开始使用美国的线图（也有叫“美国 K 线”）来记录价格。当然，这个美国线图相较于日本蜡烛图并不是太直观。

后来，又引进了日本蜡烛图。日本蜡烛图是把平面的二维线图，提升到一个三维图像的角度，给人们一种立体的视觉感受。

从日本蜡烛图这个名字当中大家就能知道，它是日本人发明的。最早是 1603 年由本间宗久提出，到了 1867 年，大概经历了 200 多年的时间，才成为现在被大家所熟知的日本蜡烛图技术。在 1990 年的时候，由史提夫·尼森把日本蜡烛图传入到了美国。

自此以后，日本蜡烛图技术在股市和期货市场得到了广泛推广，并成为目前股市和期货市场最重要的技术分析图形。

2. 各种技术理论和技术指标的出现

道氏理论被认为是股市技术分析理论的开山之作，由查尔斯·道（道琼斯公司的创立者之一）最先提出，其后经过汉密尔顿和罗伯特·雷亚的继承和发扬，最终形成了完整的道氏理论体系。

查尔斯·道是道琼斯公司的创始人之一，也是《华尔街日报》的创办者之一。他的关于股票投资的文章，都是发表在《华尔街日报》上的，这些文章也是我们今天学习的道氏理论的最初来源。

在技术分析领域，除了道氏理论外，另一个影响深远的理论就是波浪理论。波浪理论又称艾略特波浪理论，是由美国证券分析家拉尔夫·纳尔逊·艾略特在总结前人经验的基础上，利用道琼斯工业指数平均线作为研究工具，不断创新提出来的一套市场分析理论。

在 1949 年，江恩出版了一部重要的著作《江恩理论》，这标志着又一个指导交易的投资理论出现了。

随着技术分析理论的不断发展，研究和预测价格波动的技术指标也不断地出现。最早出现的一个技术指标就是均线。

均线，全称为“移动平均线”（moving average，简称 MA），是由葛兰碧（有的文献中翻译为格兰威尔）在 1962 年发明的。

还有一个比较常用的指数平滑异同移动平均线指标（moving average convergence and divergence，简称 MACD），它是 1979 年由阿佩尔和福雷德·海期尔在两人合著的《股市交易系统》一书中首次提出的。

此后，又有诸如随机指标（stochastic indicator，简称 KDJ）、相对强弱指标（relative strength index，简称 RSI）、布林线指标（Bollinger bands，简称 Boll）等相继在市场上得到广泛的推广和应用。

回顾技术分析理论与技术指标的发展历程，从最开始在黑板上记录，到后来用上美国线图、日本蜡烛图，包括各种理论的出现，各种指标的出现，大家可以发现，我们所学习的东西并不是真理，只是研究技术分析的一些成功人士对他们操作经验的一个总结。因此，我们要学习他们的一些分析方法，而不是要照搬一切内容，更不能将其教条化，奉为圭臬。

二、技术图形的通用性与差异性

期货交易以及技术分析，离不开对技术图形的分析和判断。在技术分析领域，流传着所有的图表形态都可以应用到任何市场的说法。有些人看到一些技术形态，不必知道是在哪个市场，无论是股票、期货还是外汇市场，就可以判断出来是涨还是跌。

技术分析的原则确实普遍适用于绝大部分市场，但是，具体的形态不一定完全适用，不能一概而论。每个市场都具有自己的特性，或者说同样的图形在不同市场出现的频率不一样，所以我们应该具体问题具体分析。

1. 商品属性决定图形特征

一般情况下，对同一商品来说，技术图形基本倾向于具有相似的序列，而不同商品则各有自己的“脾气”。各种商品的图形往往表现出该商品独具的本性和特征。举例来说，郑州交易所的很多品种，比如棉花、甲醇、精对苯二甲酸（pure terephthalic acid，简称 PTA）、苹果，假突破的情况特别多，而这样的假突破形态在其他品种上却很少发生。

另外，同样是上涨，不同品种节奏上也有所不同，有的是快涨，比如国内期货市场上的一些农产品。有些品种是振荡向上，节奏没有那么快。而另外一些农产品如棉花和豆粕，波动幅度就比较大。

总之，所有商品更倾向于表现出各自的特定行为模式。其实，这与各个品种的商品属性分不开。不同商品的基本面，常常决定了某些类别技术图形的出现。比如，因为鸡蛋的基本面与橡胶的基本面明显不同，两者价格走势所形成的技术图形也就完全不同。

2. 位置决定价值

不同的技术图形出现在不同位置，其意义是不一样的。投资者需要对市场整体趋势做出判断后，再去应用相应的技术图形。后面高概率形态里面讲的内容都有适用条件，形态一样，但是不满足适用条件，成功的概率就会下降，或者说没有意义。当讲持续形态的时候，首要条件就是市场要处于一段上涨或者下跌趋势中，振荡趋势则不适用。阴阳挂星只适用下跌走势中，如果是在上涨趋势总出现相反的技术走势则不适用。

技术图形在不同的周期上也不完全适用。有些图形在小周期上适用，但是在长周期上就不适用。同样地，有些图形只适用在长周期上。比如我们后面要说的节节高形态，只适用在小时线以上级别，在太小周期形态使用的话，出现的错误信号就比较多。短周期市场情绪变化快，错误信号就较多。周期越长，改变形态需要的资金就越多，资金受到的限制越大，就越难改变形态。从这一点来看，同样的技术图形在不同周期不一定完全适用。

所以，我们研究市场一定要对这个市场或者品种长期跟踪，发现它的“脾气”和规律，然后再去操作。不可把技术图形照搬到任何市场、品种或周期上使用，要不然就可能会因不适用造成亏损。

第四节　技术分析三大前提

无论股票市场还是期货市场，其基本的技术分析方法都是相通的。技术分析通常建立在三个基本的前提条件下，这三个前提又称三大假设，是技术分析的基础。如果缺少了这三个前提条件，那么技术分析就没有任何意义。

一、市场行为包容消化一切

市场行为包容消化一切是技术分析最基本的前提。技术分析者认为，能够影响价格的任何因素，无论是宏观因素还是微观因素，无论是政治、经济或是市场因素，还是消息、心理或者其他方面的因素，实际上都能从价格的变化当中反映出来。

这个前提的实质含义就是，价格变化必定反映供求关系。如果需求大于供给，价格必然上涨；如果供给大于需求，价格必然下跌。供求规律是所有经济预测方法的出发点。如果反过来看，只要价格上涨，不论是因为什么因素，需求一定超过了供给，那么应该看好后市；如果价格下跌，不论是因为什么因素，供给一定超过了需求，那么应该看淡后市。

技术分析中的图表本身并不能导致市场变化，只是简明地显示了市场大众目前乐观或悲观的心理。实际上，技术分析者只不过是通过研究价格图表和大量的辅助性技术指标，让市场自己揭示它最可能的走势，而不是技术分析者自己来影响市场变化。由于图形和指标的快速反映功能，在价格趋势形成的早期或者市场正处于关键转折点的时候，技术分析者能够比基本分析者提早一步采取应对措施。

二、价格以趋势的方式发展

价格以趋势的方式发展，是指对于一个既定的趋势，价格通常沿着目前的趋势运行，直到某种外力促使其发生变化，即当前趋势将一直持续到掉头反向为止。这就是价格变化的惯性定律，该定律说明趋势的持续比反转的可能性更大。

趋势概念是技术分析的核心。技术分析的本质就是判定和追随既成趋势，并顺应趋势发展去交易。因而研究价格图表的全部意义，就是要在一个趋势发生的初期，及时准确地把它揭示出来，达到顺势交易的目的，从而捕获市场趋势中变化幅度最大的中间阶段。正是因为有了趋势存在，技术分析者才可以通过对图形和指标的研究，研判出趋势的变化方向，从而确定买卖时机。实践证明，当价格变化越接近顶部或底部时，价格变化的速度越慢，因此，当趋势即将发生反转时，投资者也会有比较充裕的时间来判断趋势方向，选择操作策略。

三、历史往往会重演

技术分析和市场行为学、人类心理学有着千丝万缕的联系。期货投资不过是一种追求利润的行为，不论是昨天、今天还是明天，这个目的都不会改变。从心理学角度来看，投资者通常会在相同的市场条件下做出相同的决策，这些决策变成了市场交易，反映在价格变化上，就有了一定的规律可循。

市场交易行为将趋于一定的模式，由此导致历史重演，过去出现过的价格趋势和变动方式，今后会重复出现。比如，价格形态就通过图形来表示市场上大多数投资者对后市的看法。这些形态在之前已经被证明是有效的，那么在未来往往也会起到相同的作用。

因此，当投资者参与市场时，首先需要了解市场当前的价格和基本走势，将市场的过去价格作为参照系来进行分析，然后通过对历史图表的研究找到相似的价格形态，进而发掘出未来的价格趋势。

第二章

期货技术分析——道氏理论与趋势

趋势分析，是整个期货技术分析的核心，而趋势分析又源于道氏理论中对趋势的论述。当然，最初道氏理论所论述的趋势是以道琼斯指数为依据的，但后来的发展证明，其在期货市场同样有效。道氏理论中关于趋势的论述包括两个：其一为趋势的方向；其二为趋势的规模。

第一节　趋势的方向

对趋势的研判，是道氏理论对证券交易技术研究领域最主要的贡献之一。关于趋势，查尔斯·道曾经给出过一个定义：

“只要平均指数的高点突破了距它最近的一个高点，而随后回调的低点位于前一个低点的上方，它就处于牛市期间；当最低点跌破前一个低点时，而随后反弹的高点位于前一个高点的下方，它就处于熊市期间。通常很难判断前进的过程是否已经结束，因为只有基本趋势发生变化时，价格运动才会随之出现。当然这种变化也可能只是一次毫不起眼的折返运动所引发的。”

概括来说，趋势的方向主要包括三类：上升趋势、下降趋势与横向趋势。不过，由于横向趋势对期货交易的指示作用相对较小，而且多为上升趋势或下降趋中的中继形态，因而我们将研究的重点仍旧放在前两类形态中。

一、上升趋势

按照查尔斯·道的理论，所谓的上升趋势，并不是说价格会一直上涨而没有下跌，而是其回调的低点和上涨的高点逐渐抬升，从整体上呈现出明显的上升态势。因此，按照上升趋势的定义，可以将上升趋势简化为一个简单的模式，如图 2-1 所示。

从图 2-1 中可以看出，一个完整的上升趋势中，包含了若干次的上升与回调，且每次上升都会将价格推向更高的高点，而价格回调时，一般不会跌破上一次回调的低点。

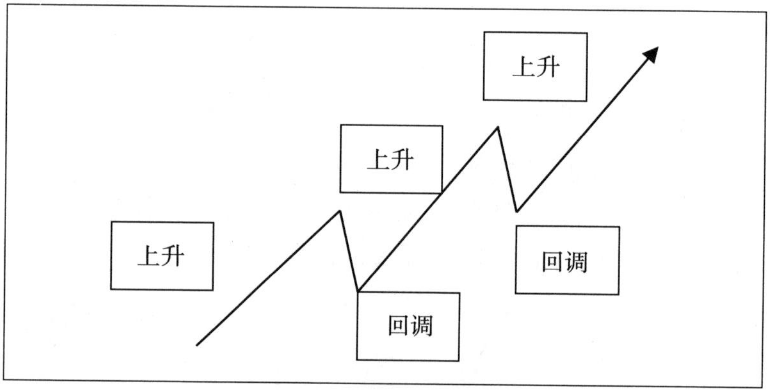

图 2-1　上升趋势简化模式

上升趋势存在这种基本的结构，往往有其必然的原因：

第一，当价格出现一定幅度的上涨后，很多多头持仓者基于兑现已经获得的利润，会选择平仓或反向做空，因此，在价格上涨一段时间之后，价格的回调将是不可避免的。

第二，价格自高点回调后，很多之前原本看好的多头，也会有一些短线空转多的投资者开始进行多头开仓，从而推动价格重新上涨。

第三，投资者的心理作用与价格运行趋势往往是相辅相成的。越来越多的投资者认可了价格处于上升趋势，那么，价格的上涨就会更快，回调则会更加短促，因为很多空仓的多头会将其看成较佳的入场位置。

第四，由于投资者的心理作用和先前很多未成交多头单子的存在，使得处于上升趋势中的价格在回调至某一重要支撑位时，往往更容易受到支撑而重新上升。

图 2-1 所示的上升趋势结构只是一个示例，在具体的实战中，价格的上升趋势会比这个模式复杂得多。下面来看一下沪铜主连的日 K 线走势图，如图 2-2 所示。

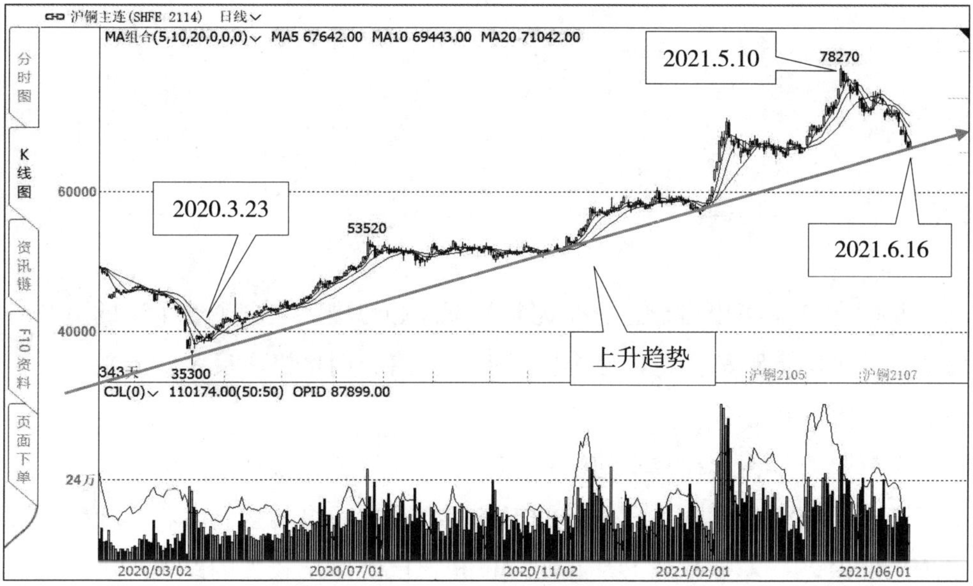

图 2-2 沪铜主连日 K 线走势图

如图 2-2 所示，沪铜主连的价格在 2020 年 3 月 23 日触及阶段低点后开启了一波振荡上升走势。其后，该品种价格每上升一段时间后就会出现回调，且价格回调的低点一个比一个高。同时，这些回调的低点大部分都在中期均线（60 日均线）附近，由此可见，这些中期均线对价格走势具有较强的支撑作用。

2021 年 6 月 16 日，沪铜主连的报价跌破了 60 日均线，这说明沪铜主连的价格存在结束上升趋势的可能，投资者宜保持关注，择机开始做空交易。

二、下降趋势

与上升趋势相反，所谓的下降趋势，并不是说价格会一直下跌而没有上涨，而是其反弹的高点和下跌的低点逐渐降低，从整体上呈现出明显的下降态势。因此，按照下降趋势的定义，则可将下降趋势简化为如下一个简单的模式，如图 2-3 所示。

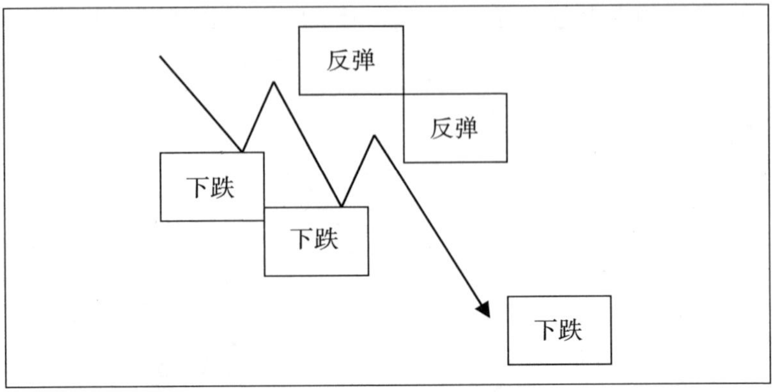

图 2-3　下降趋势简化模式

从图 2-3 中可以看出，一个完整的下降趋势中，包含了若干次的下跌与反弹，且每次下跌都会将价格推向更低的低点，而价格在反弹时，一般不会突破上一次反弹的高点。

下降趋势存在这种基本的结构，往往也有其必然的原因：

第一，当价格出现一定幅度的下跌后，很多看多的空仓者将当前价位看成理想的做多点（毕竟与下跌起始点位相比已经有了较大的跌幅），于是纷纷入场开立多头仓位，这就促使价格出现反弹向上的走势。

第二，价格自低点反弹时，很多之前没有平仓的多头持仓者就会在价格反弹至一定点位后立即平仓或者开始做空，从而推动价格重新下跌。

第三，投资者的心理作用与价格运行趋势往往是相辅相成的。越来越多的投资者认可了价格处于下跌趋势，那么，价格的下跌就会更快，反弹则会更加短促，因为很多场外的投资者都会担心价格难以形成反弹或上升行情，因而选择空仓或做空。

图 2-3 所示的下降趋势结构只是一个示例，在具体的实战中，价格的下降趋势会比这个模式复杂得多。下面来看一下淀粉 2201 的日 K 线走势情况，如图 2-4 所示。

如图 2-4 所示，淀粉 2201 的价格在 2021 年 5 月 12 日触及短期高点后开启了一波振荡下跌走势。其后，该品种价格每下跌一段时间后就会出现反弹，不过价格反弹的高点一个比一个低。这说明在2021年5月到9月期间，淀粉的价格一直处于下跌趋势。

图2-4　淀粉2201日K线走势图

第二节　三大基本运动：趋势的规模

道氏理论将价格的趋势运动划分成三类：主要趋势、次要趋势和短暂趋势（在有些证券投资书籍中，也使用主要运动、次级运动和日间波动等说法，本质并没有区别）。主要趋势，是期货市场最基本、最重要的运动形式，是一种能够对价格走势产生长期影响的运动；次要趋势，则是一种相对迷惑性极强的、对主要趋势进行修正和调整的运动；短暂趋势，是一种重要性相对较低、对价格整体走势影响较小的运动。

关于这三种趋势，汉密尔顿曾经这样解释：

"关于道氏理论，我们需要牢记在心的是期货市场有三种趋势，即：证券市场整体上升或下跌的波段，历时1～3年；次一级的回调或反弹，可能历时从几天到几周不等；再有就是期货市场的短暂趋势。这三种运动同时存在，类似于向前的波浪，翻滚的波涛伴随着回撤的波浪冲向岸边。也许可以这样讲，证券市场次级的运动使其强有力的主要趋势暂停了一段时间，不过，即使我们能有所阻碍，自然规律依旧占支配的地位。”

一、主要趋势

期货市场的主要趋势决定了市场上大多数商品价格的运动方向，而期货市场的主要趋势又不可避免地与经济基本面相关联。当国民经济向好时，期货市场各主要商品往往处于牛市期间；反之，则可能处于熊市期间。

在牛市行情中，大部分品种价格都会上涨；反之，在熊市中，大部分品种都会出现下跌走势。换句话说，了解和掌握期货市场主要趋势的方向和阶段，是投资者入场交易前的必修课。

期货市场最主要的两种运动就是牛市运动和熊市运动，即大周期的上升趋势和下降趋势。

二、次要趋势

从某种意义上来说，次要趋势就是主要趋势的一次反向运动。次要趋势有这样几个特点：

第一，它与主要趋势的方向相反，即牛市期间的次要趋势都是下跌运动；熊市的次要趋势都是上升运动。关于这一点，汉密尔顿曾经在文章中写道：“20多年讨论这个话题所得到的经验告诉我们，市场中的次要趋势本身，并不与牛市的主要趋势规律相一致。牛市中的次要趋势仅与熊市在方向上相同，而本质上却大相径庭。”

第二，回调或反弹的幅度要小于主要趋势运行的幅度。若其超出主要趋势的幅度，那就将不再是次要趋势，而是主要趋势了。

第三，持续时间相对较短。通常为三周到数月不等。

第四，次要趋势不可能改变主要趋势的方向。

通常情况下，在一个主要趋势中，不可避免地会出现若干次次要趋势，这些次要趋势本身也是主要趋势的组成部分。

三、短暂趋势

期货市场，不可避免地会被人为操纵，但其只能控制短暂趋势，很少能控制主要趋势。从这一点上来说，人为操纵对期货市场的影响非常有限。道氏理论强调，仅根据一天证券价格的走势去判断价格运行趋势是不现实的。但是，即使再大的行情或运动，也是由日复一日的短暂趋势组合而成的。

研究短暂趋势的本意就是要找到人为操纵的痕迹，然后试图从中获利。短暂趋势以及由短暂趋势衍生出的小型趋势，尽管不能改变期货市场的整体运动趋势，但是却可以改变个别品种短期的运行态势。

第三节 识别趋势与捕捉趋势

前面两节介绍的是经典的道氏理论对趋势的定义，本节来谈一谈个人对趋势的划分以及如何抓住想要的趋势。期货与股票不同，投资者只要将趋势判断对了，商品价格无论上升还是下降都是可以赚钱的，因此，分清趋势与利用趋势就是投资者需要重点关注的内容。

一、分清趋势

在道氏理论中，把运动分为主要趋势、次要趋势、短暂趋势三个层次。

1. 趋势的时间长度

按照道氏理论的定义，一波主要趋势持续的时间一般为 1 到 3 年；其他相对较短时间的趋势运动，只能属于次要趋势或短暂趋势。而在期货市场，这种划分方法却不一定适用。由于期货合约都有一定的期限，因此交易者持仓时间都不会太长。同时，期货交易的品种多为大宗商品，一般都具有某些周期属性，因此，在期货市场上，若一种趋势能够持续半年以上就属于主要趋势了。事实上，个人曾对最近几年期货主要趋势的持续时间进行过统计，主要趋势的时间跨度大部分都在 2～5 个月的时间内。

主要趋势的时间确定后，次要趋势的时间就相对好确定了，一般在 3 周到 2 个月左右。而短暂趋势，则可能持续几天到 3 周不等。

2. 趋势的划分

事实上，在期货交易实战中，投资者有时候也不需要随时将三种趋势分得那么清。主要趋势相对比较容易识别，次要趋势与短暂趋势的区分就不那么明显了。个人在期货操盘过程中，更倾向于对趋势进行模糊地区分，即将趋势分为主要趋势和近期状态。主要趋势，与之前介绍的没有不同，而近期状态一般是指几周到几个月盈利的一个走势。也就是说，我们在操作期货品种时，首先需要了解一下这个品种目前所处的大趋势是如何的，接着再判断一下该品种当前的运行状态。

一般来说，作为想要从期货市场上收获暴利的交易者，肯定要将主要趋势看准。只有围绕主要趋势操作，才有实现暴利的机会。其次，再根据当前价格运行状况来决定如何入场、如何开仓。

下面来看一下甲醇的价格走势情况，如图 2-5 所示。

如图 2-5 所示，在 2018 年 10 月到 2021 年 10 月期间，郑醇主连的价格明显出现了两波主要趋势。其中，2018 年 10 月到 2020 年 4 月初，这一波行情为主要趋势下跌的行情。不过，主要趋势是下降的，并不意味着期间不会有上涨走势。在这一波主要趋势内，其实包含了若干次的反弹。2018 年 11 月到 2019 年 3 月期间，还出现了长达数个月的横盘，但它的主要的趋势是没有改变的，还是在一直下跌，也就说在横盘或者是稍微反弹的时候，那么是非常好的做空的一个时机。

反观 2020 年 4 月 2 日之后到 2021 年 10 月的价格走势就可以发现，在其后的一年半中，郑醇价格一直处于振荡上升态势。在此期间，尽管价格也出现了几次回调，但力度都不大。那么，作为投资者来说，做多肯定是最佳的选择。尤其是价格出现回调时，更是做多的一个良机。

总之，要顺着市场的主要趋势去操作。

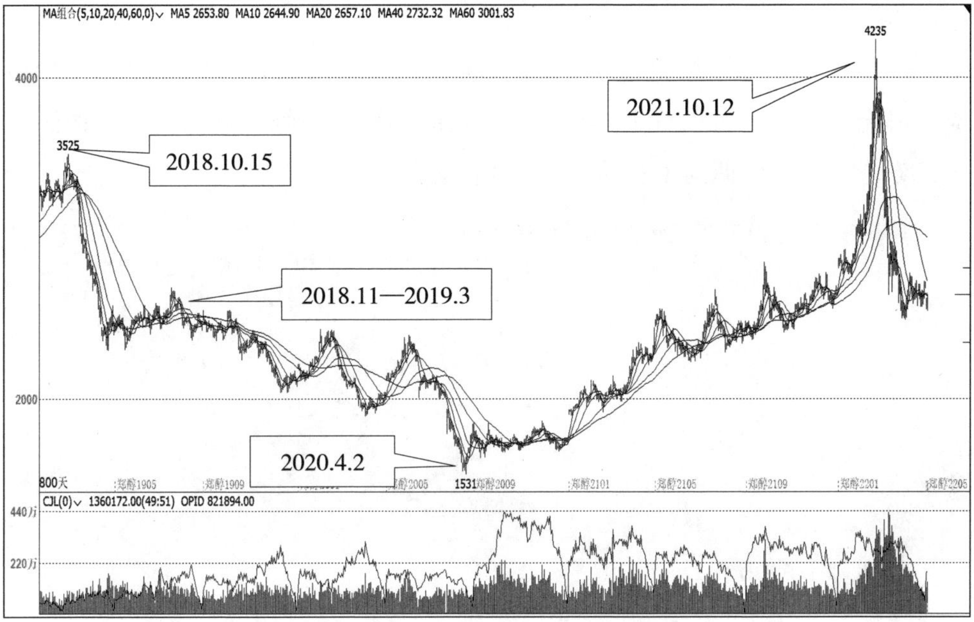

图 2-5　郑醇主连日 K 线走势图

二、如何更好地捕捉趋势

大家要清楚这样一个事实：趋势不是一天形成的。致力于捕捉一段主要趋势的投资者，也没有必要整天去盯着那几根 K 线。毕竟几根 K 线，实际是改变不了什么的，一定要相信趋势的力量。具体捕捉趋势的策略，大致包括以下几类。

1. 抓大放小

通常来说，一段主要趋势，从酝酿到形成，再进行演绎，需要经过少则几个月，多到几年的时间。相对而言，在趋势初始阶段，是判断最为困难的时期，也是风险最大的时期。比如，一波上升趋势形成初期，很少有人能够确认这是上升趋势的开始，还是下降趋势中的次要趋势或反弹走势。因此，待趋势明确后再入场，才是最为明智的选择。

主要趋势判断准了，即使次要趋势或短暂趋势判断有误，也能够及时采取措施修正具体的操作策略，避免更大的损失。下面来看一下白糖的价格走势，如图 2–6 所示。

图 2–6 所示为白糖主连在 2020 年 4 月 28 日到 2021 年 1 月 19 日的价格走势情况。从图中可以看出，在一年半的时间里，白糖的价格一直呈振荡上升态势，这说明白糖的主要趋势就是上升趋势。

图 2–6　白糖主连日 K 线走势图

作为投资者，只要认准了这一主要趋势，那么在操作时就相对比较容易了。毕竟，短期内价格无论如何波动，最终都要归于上升的。投资者在交易过程中，也应该以多方开仓为主，特别是当价格出现回落时，更要在价格受到支撑时积极入场开立多头仓位。

最近两年里，很多大宗商品都出现了大幅上升的牛市行情。对于投资者来说，其实这是一个千载难逢的暴富机遇，就看你能不能抓得到了。

只要能够抓住一个历史性的大行情，就有可能在这个市场实现交易的奇迹。期货市场与股票市场不同，它是一个暴利的市场。股票投资可以通过复利增长去实现财富的增长，但期货不是。期货市场中很多人都在亏钱，但是大家还在坚持，原因是什么呢？因为它是一个暴利的市场，如果方法得当，抓住历史性的大行情，那么你的资金就可以在这个市场实现暴利，可以实现你的财富自由等一系列梦想。

2. 在价格历史相对高位或低位入场

期货，本身都是有特定指向商品的，而这些商品的价格波动无疑都是有一定限度的。比如，玉米、小麦等农产品的价格，比如，各类资源产品价格等，一般都会在各自的价格区间内波动。也就是说，当一些商品价格进入历史高位或低位时，投资者就应该清楚，这类商品的一波反向的大趋势行情即将到来了。这里也有一个例外，比如黄金，它几乎不可能再来到历史性低位了，其价格是不断地振荡上扬的。

反过来说，如果投资者一时难以确认某类商品的价格是否处于历史性低位或高位，也可以从整个市场的情绪来侧面了解一下。若某类商品出现了历史性的暴涨或暴跌走势，并进入历史相对高位或低位，那么大家就要清楚，也许这类商品行情在不远的将来可能会逆转或阶段性逆转。当然，关于价格是否还会续创新高，投资者也可以结合一些技术分析工具、基本面情况进行综合判断。下面来看一下铁矿石的价格走势，如图 2-7 所示。

图 2-7　铁矿石主连合约日 K 线走势图

如图 2–7 所示，在供给端收缩，需求端强烈向好的预期推动下，2020 年到 2021 年 5 月期间，铁矿石走出了一波历史级大牛市。铁矿石价格不断走高，2021 年 5 月 12 日，铁矿石合约创下 1358 元的历史性高位。由于该价格已经是历史性高点了，投资者可保持关注，一旦趋势逆转则可入场做空。

其后，该品种的价格在高位振荡了一段时间后，正式开启下行趋势，这就是做空的最佳时机。

3. 与商品基本面共振

前面曾经提及，期货合约是有商品作为支撑的。那么，期货价格的上涨，势必也需要基本面的支撑。比如，苹果期货价格势必会受到苹果采摘季节、气候与增产、减产等因素的影响。也就是说，从技术面的角度来分析期货价格走势时，也需要考虑基本面的这些因素，不能脱离基本面来单纯地分析技术面。

我们再回到捕捉趋势的话题上来。只有基本面与技术面形成了共振，即从基本面分析，商品价格存在长周期上升的基础，而技术面也出现了上攻的动向，那么，这才是理想的多头共振形态，这波趋势才有展开和延续的可能；反之，则难以持续。

2021 年 7 月到 8 月期间，焦炭价格经过一段时间的振荡盘整后，再度出现上升的态势。此时，投资者可对焦炭的基本面进行一下简单的分析。从基本面上来看，在碳达峰、碳中和的背景下，焦化行业加大限产、减产力度，炼焦煤价格大幅上扬，增加了焦炭的生产成本。2021 年上半年，进口焦炭同比下降 74%，出口焦炭同比增加 124.57%，进出口价格都出现了大幅上扬态势。

总之，通过基本面分析可以大致认定，焦炭供需基本面短期难以改进，未来价格继续上升的概率极高。

下面来看一下焦炭主连合约的价格走势情况，如图 2–8 所示。

从图 2–8 可以看出，2021 年 3 月到 7 月期间，焦炭合约的价格一直呈现横盘振荡态势。该品种价格很长一段时间也没有能够突破 3004.5 点位。在这种横向振荡行情中，明智的投资者一般都会保持观望，择机而动。

2021 年 8 月 10 日，焦炭价格向上突破了 3004.5 点。从技术分析的角度来看，该品种的价格未来存在继续走高的可能。之前，通过对该品种基本面的分析可知，其基本面也支持价格走高。这也就意味着技术面与基本面形成了多头共振，投资者可积极入场开立多头仓位。

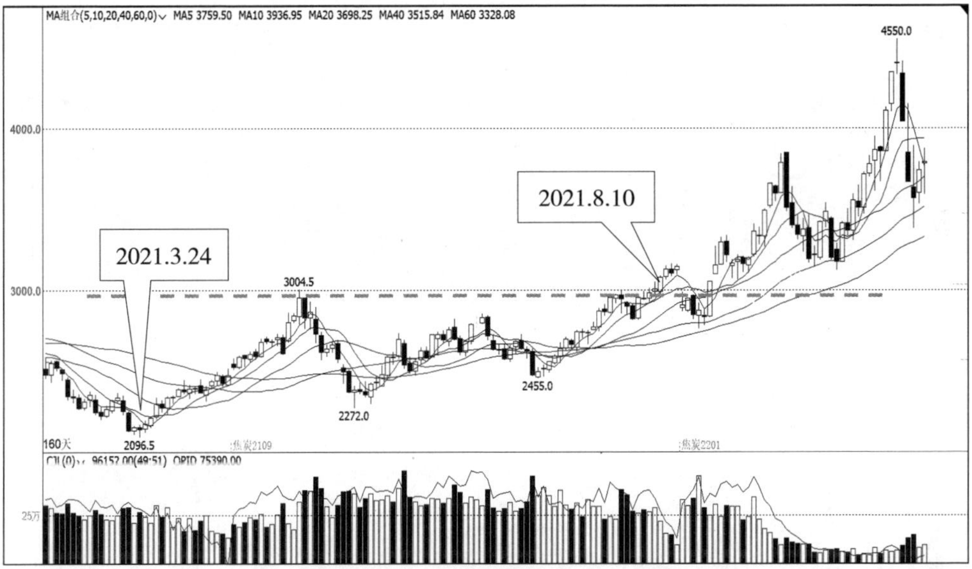

图 2-8 焦炭主连合约日 K 线走势图

第三章

期货画线技术方法

画线技术，也是期货技术分析中常用的一种辅助性分析技术。画线技术包括很多种，如趋势线、平行线、黄金分割线等，甚至后面提及的价格顶部形态与底部形态中的颈线，也属于画线技术范畴。不过，这些画线技术都有一个共同的特征，即确认价格运行的支撑位与阻力位。

第一节 画线寻找支撑位与阻力位

无论选择或使用何种画线技术，其实都是为了确认或划定价格运行的阻力位与支撑位。每当价格运行至划定区域或位置时，投资者都需特别关注价格对这些位置的突破情况。

一、支撑位与阻力位

从字面上就可以直接看出支撑位与阻力位的含义。所谓支撑位，是指价格在回落至该位置附近时，可能会受到强大支撑作用而重新上升。阻力位，则是价格上升至该位置附近时，可能会受到强大的阻力作用而再度下行。

关于支撑有一个比较明确的定义：一个特定的价格水平，在该价格水平上有着足够大的需求量，可暂时将一轮下降趋势阻止住，甚至可能使下降趋势反转，即价格重新开始上升。如图 3-1 所示。

与支撑位的定义方式相近，我们也可以推出阻力位的定义：它是这样一个价格水平，在该价格水平位置有大量的套牢盘或获利盘存在，当价格自下而上来到阻力位附近时，这些套牢盘就会蜂拥而出，从而推动价格暂时性地回落或开启下降趋势。如图 3-2 所示。

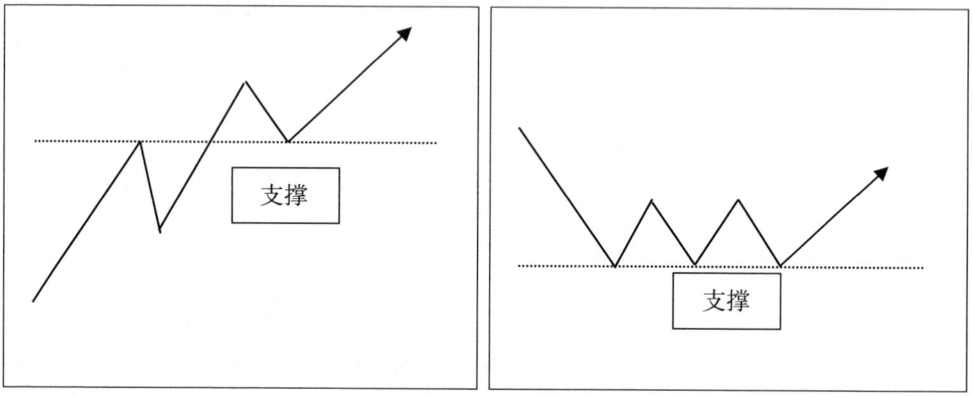

图 3-1　价格的支撑位

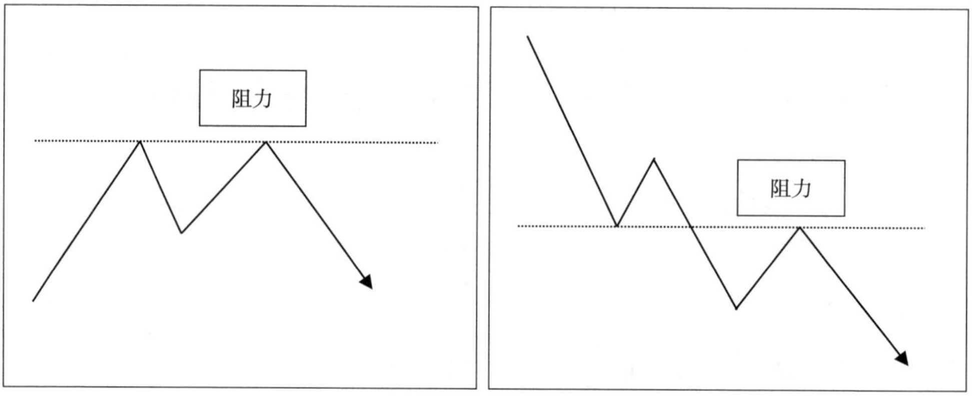

图 3-2　价格的阻力位

支撑位与阻力位是我们研判价格运行方向和涨跌幅度的重要参照基准。下面来看一下尿素的价格走势情况，如图 3-3 所示。

如图 3-3 所示，尿素的价格在 2021 年出现了较大幅度的振荡。在 8 月之前，价格自高点有一个明显的回落过程，并于 8 月 26 日创下 2162 点阶段新低后开启上升走势。接着，价格在加速上扬一段时间后出现大幅下挫。11 月 19 日，价格回落至 8 月 26 日低点附近时，因受该低点的支撑而出现反弹走势。由此可见，8 月 26 日的低点对价格具有较强的支撑能力。

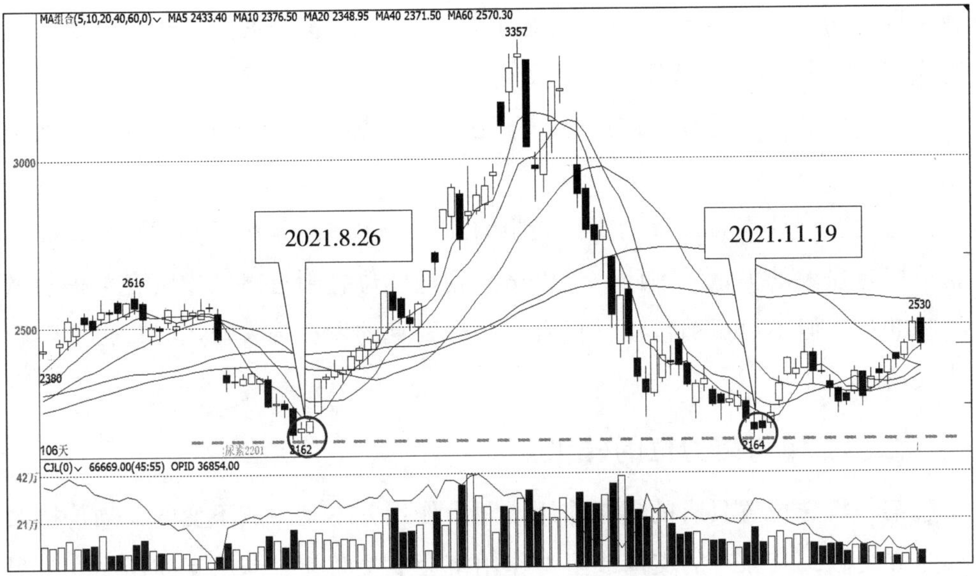

图 3-3 尿素指数日 K 线走势图

同样，8 月 26 日的低点也可以成为投资者预判价格自高点回落的下跌幅度的一个参照和依据。这些支撑位或阻力位能够发挥作用，无外乎有以下这样几个原因。

第一，市场存在有等待开仓或者平仓的投资者。当价格处于上升趋势时，很多错过低点开仓的投资者都在等待一个可以重新入场建仓的机会，而价格自高点回调无疑就是他们最期待的时机。但是，价格回落至何种位置才是理想的入场位？很多人都会将前期启动的点位看成一个较佳的位置。有时，当商品价格处于上升趋势时，为了能够顺利开仓，很多人会选择略高于前期低点位置入场开立多头仓位。事实上，持这种想法的人越多，价格在支撑位获得的支撑就会越强。这也是价格处于上升趋势时回调的低点往往会越来越高的原因。

同理，当价格处于下降趋势时，很多错过平仓机会的多头和没有开空头仓位的投资者都会将价格反弹的高点看成绝佳的补救机会。这类的反弹的高点包括前期价格高点或者某一黄金分割位等。

第二，心理预期。事实上，阻力位和支撑位更多地来自于投资者的心理预期。历史会不断地重演，这是很多人坚持的基本逻辑。某一点位一旦构成了对价格的支撑或阻力作用，那么，当价格再次回到这里时，很多投资者自然而然地会选择回避风险，于是，这些点位的作用就被一次又一次强化了。

总之，一些点位发挥的支撑或阻力作用，更多地是源于心理预期，而非真正拥有强大的力量。因此，当价格来到这些位置附近时，投资者可提前做一些准备，但不可提前行动。只有这些位置真的发挥强大作用时，再追随趋势入场。

二、支撑与阻力位的转化

某一特殊位置具有的支撑作用或阻力作用并不是一成不变的，当价格对其完成突破，其原有的支撑或阻力作用将会发生转化，即从支撑作用变为阻力作用，从阻力作用变为支撑作用，如图 3-4 所示。

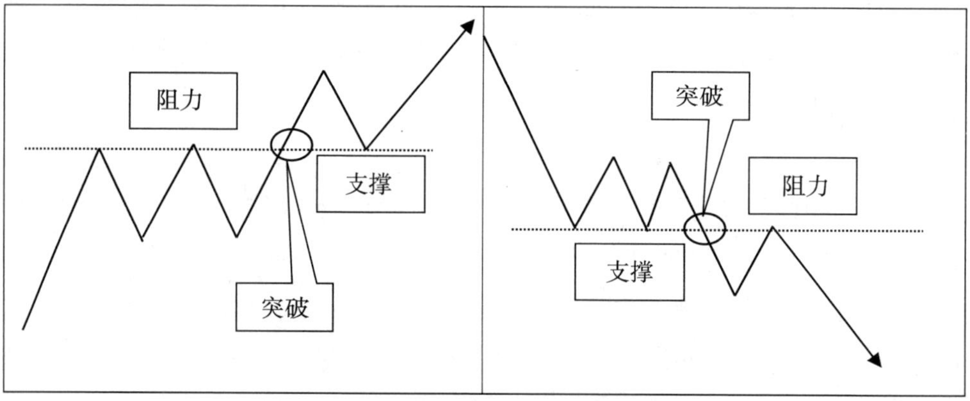

图 3-4　支撑位与阻力位的相互转化

某一价位原本具有的支撑作用，在很大程度上是由于存在大量的承接盘（想要开仓的多头或平仓的空头）。而一旦价格跌破该价位，则说明多头力量不能阻止价格的下行，且这些多头盘又全部变成了套牢盘，因此，当价格反弹至该位置时，这些套牢盘就会平仓涌出，对价格上升形成一定的阻力作用。

反之，也是同样的道理。某一价位具有较强的阻力作用，也是在该价位附近存在大量套牢盘（想要开仓的空头或平仓的多头）的原因。当价格完成对该价位的突破后，这些套牢盘全部解套，且价格上升后，很多空转多、新的没有开仓的多头就会将该价位看成较佳的入场价位，于是在该价位附近设置承接盘等待价格的回落，因而当价格回落至该位置时，这些承接盘入场，从而推动价格上行。

价格在支撑位与阻力位之间的相互转化，有如下几点需要投资者特别关注。

第一，突破。突破是促成支撑位与阻力位之间相互转化的前提条件。价格对原支撑位或阻力位完成突破后，该位置原先具有的支撑或阻力作用就会朝着相反的作用转化。

第二，成交量放大。无论是支撑作用转化为阻力作用，还是阻力作用转化为支撑作用，都需要在这一重要位置完成大量的交易。成交量越大，意味着支撑或阻力作用越大。

第三，强势转化。支撑位或阻力位具有的支撑或阻力作用越强，那么，当价格完成突破后，其具有的阻力或支撑作用也会越强。

下面来看一下热卷主连合约的价格走势情况，如图 3-5 所示。

如图 3-5 所示，热卷的价格自 2020 年 4 月开启了一波波澜壮阔的大牛市。2020 年 12 月 22 日，热卷的价格达到 4939 点高位后出现了回落走势。其后，该品种价格经过调整后重新上攻，并于 2021 年 2 月底来到了 4939 点附近，但明显出现了受阻迹象。

3 月 3 日价格成功向上突破了 4939 点高位，此后，该品种的价格在此位置进行了一段时间的整固后重新上攻。

此后，该品种价格经历了一波上攻后出现下跌走势，并于 2021 年 5 月 27 日回落至 4939 点附近位置，因在该位置受到支撑而重新上升。这说明 4939 点的阻力作用已经由阻力作用转为支撑作用。

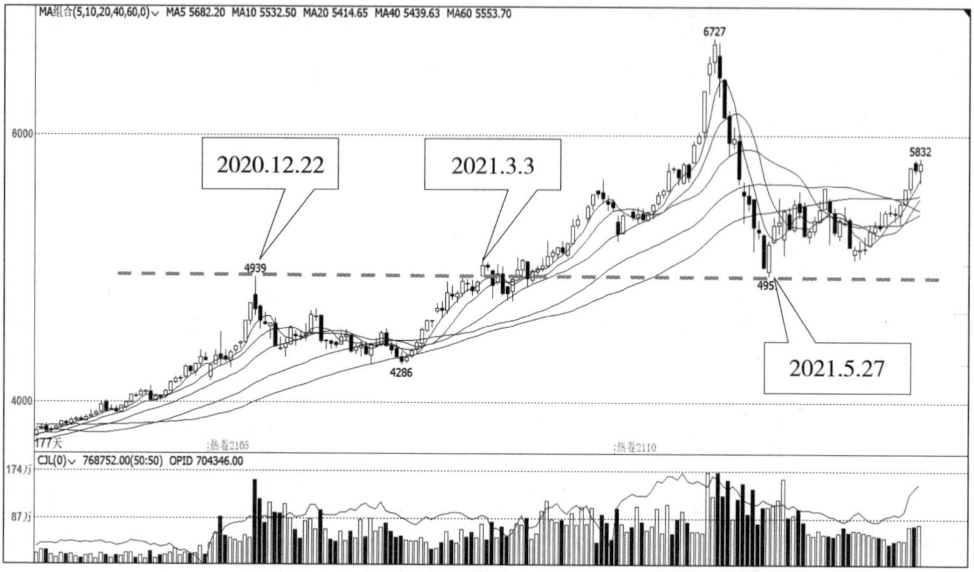

图 3-5　热卷主连合约日 K 线走势图

三、常见的支撑位与阻力位

支撑位与阻力位是日常操盘时需要重点关注的点位。这些点位一般包括以下几类，如图 3-6 所示。

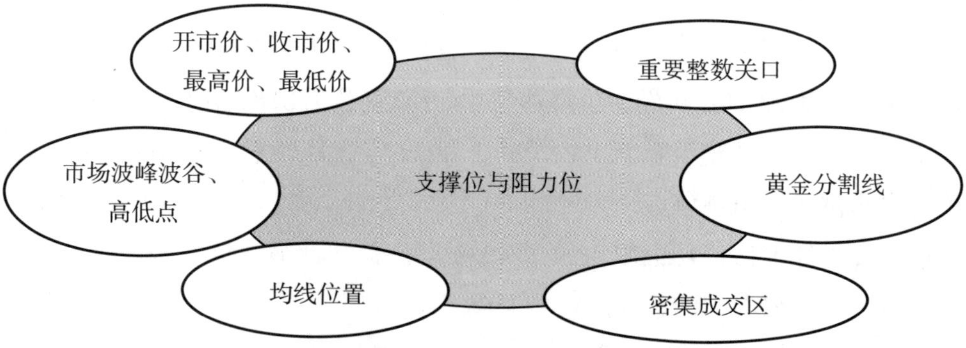

图 3-6　支撑位与阻力位

1. 开市价、收市价和最高价、最低价

开市价是消化了一整晚上市场消息后大家公认的价格（晚上开盘的则是

消化了下午停盘到晚上 9 点开盘的所有消息）。若开盘后价格走高，在回落至开市价处时，市场重新被拉起来形成支撑，那么这就是开市价的重要支撑作用。

收市价是经过多空双方一天的争斗达成共识的价格，最高价和最低价是市场今天最乐观和最悲观情绪的集中表现。次日开盘后，这一收市价位就可能对价格走势产生重要的影响。

这种关键价位构成重要的支撑和压力，不只是对日线适用，对周线、月线或者短周期 K 线同样适用。

2. 市场波峰波谷高低点

前期形成的高低点以及由这些波峰波谷连线构成的趋势线，都可能对价格的运行构成一定的支撑与阻力作用。这种支撑与阻力作用的产生与投资者的心理预期有关，在道氏理论和波浪理论中也有相关的论述。

3. 均线

均线，是市场某一周期的平均持仓成本线。相对而言，20 日、40 日、60 日长周期的均线效果更好，短周期均线受市场情绪和资金炒作影响比较严重，会有很多错误的信号。

一般一波日线级别流畅的上涨应保持在 20 日均线以上，若跌破 20 日均线，就应该考虑暂时离场或者是减仓，当然这也不是绝对的，也有短期跌破的时候。如果跌破的时间很短暂，那么也不用理会，应继续持有。一般来说，这种短暂的破位会让人很难对趋势形成准确的判断。市场上有突破 3 日和 3% 之说，即此后 3 个交易日不能重归均线上方，或者跌幅超过均线 3%，则为事实跌破。当然，这与个人把握趋势的程度和能力、主力操盘风格有直接的关系，不能一概而论。

4. 密集成交区

当价格在某个区间内上下波动，并且在该区域内积累了大量的成交量，那么，就可以将这种存在大量成交量的价位区间定义为“密集成交区”。在实战中，密集成交区形成后，价格形成新的运行方向后，再回到该区域附近时，就会受到强大的支撑或阻力作用。一般来说，价格想要再次通过这一密集成交区，就需要更多的成交量支持。

5. 黄金分割线

黄金分割位，被称为是最理想的区位划分方法。黄金分割线，也是市场上应用较广的画线技术。黄金分割线适用于一波非常流畅的上涨行情，最好是日线级别的行情。周期越短，错误率越高。当市场经历一波上涨后出现回调，那么可以采用黄金分割线，从上涨的启动点到最高点画出黄金分割线，一般回调不能超过涨幅的38.2%，极限是50%。若较长时间在38.2%线以下并破掉50%线，那么这波上涨走势即宣告结束。38.2%线的价格位置构成重要的支撑。

6. 重要的整数关口

比如铁矿石从680涨到700的时候，原油从63回撤到60的时候，重要的整数关口具有一定的支撑和压力。这种现象主要是心理上的影响，也有很多人会把止损或者止盈设置在整数关口，如果这个价格达成了市场共识，那么这里往往存在支撑或者压力。

总之，识别支撑位或压力位时，必须结合成交量进行综合分析。在价格下跌的过程中，成交量一般会下降。如果市场成交较少的话，市场自身就会因为没有任何支持的买入行为而下跌。当价格下跌到对买家非常有吸引力的位置时，买家开始大量买入，成交量开始回升。价格在这里开始整理，或者出现小幅反弹。这时，这个价格位置就构成了支撑区域。压力位置正好是支撑区域的反面。

根据自己操作的周期合理地判断支撑位和压力位，可以帮助投资者获得更好的入场点和出场点，帮助在合适的地方设置止损点，并预期市场下一波行情的幅度和持续时间。

四、有效突破与止损问题

突破与止损、止盈的问题，是困扰很多投资者的一个大问题。设置了某一具体止损点位后，当价格跌破该位置，是否应该止损？止损后，价格迅速反弹至止损位上方，又该如何处理和解释？

其实，这是一个关于止损执行与有效突破的问题。

首先，关于止损的执行问题，还是要结合个人的交易策略而定。如果做的是日内短线交易，就应该把止损放到具体的价位并坚决执行，不能有一丝的犹豫。你可以通过软件自动去执行，即触碰到止损位则立即平仓，防止亏损扩大或碰到极端行情。

对于长周期的交易，最好不要把止损设置在固定的一个价位上，因为盘中可能会出现极端的走势，只是瞬间打了一下那个价位，然后价格又快速回来。这种情况虽然很少出现，但还是会有的。比如 2019 年 8 月 14 日，豆油合约的价格瞬间跌了 100 多点，然后又快速反弹。如果止损恰巧设置在了比较低的点位上，那就会吃大亏。所以建议长周期交易自己手动平仓即可，有效突破之后再选择止损。如图 3–7 所示。

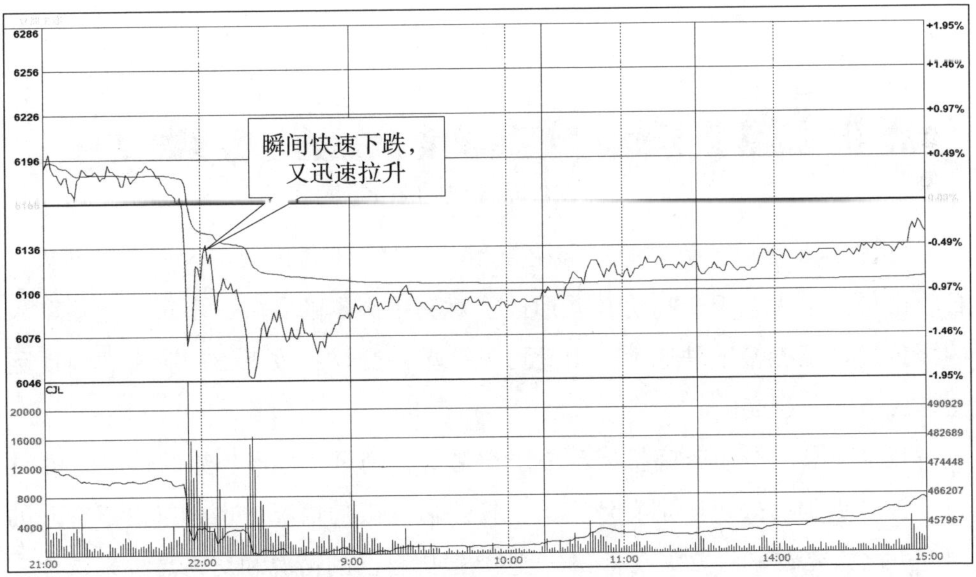

图 3–7 豆油主连合约分时走势图（2019.8.14）

其次，关于有效跌破的问题。解释这个问题要涉及不少主观性的成分。这里告诉大家的方法，更多地是个人经验的总结。投资者经过一段时间的交易后，也可以根据个人情况自行考虑有效跌破的标准。

一般来说，收市价格突破要比仅仅是盘中价格突破更有力量。当然，突破时间可以设定为一天、两天或者几天，由自己决定。有些品种和时段，可能一个交易日的收市价就可以确认有效突破，有的品种则需要 3 个交易日。

下面来看一下苹果合约的价格走势情况，如图 3-8 所示。

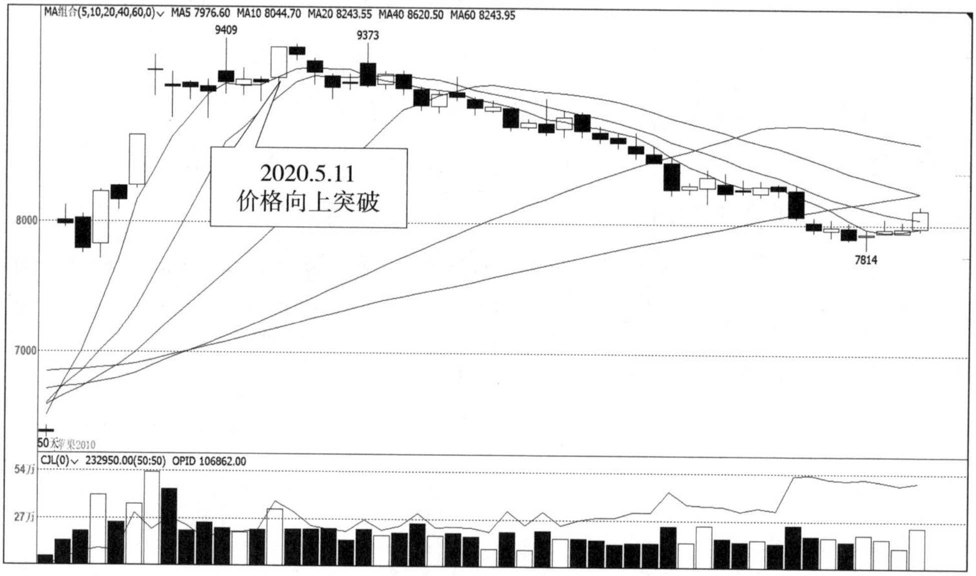

图 3-8　苹果主连合约日 K 线走势图

如图 3-8 所示，苹果的报价在 2020 年 5 月 11 日出现了大幅上升态势，且收市价几乎为全天最高价，并形成了对其中高点的突破。不过，此后苹果的报价进入了慢慢下跌通道。由此可见，单一交易日收市价的突破，可能无法形成事实上的突破。

反之，若将分析时间扩展到 3 个交易日，则更能把握趋势的转向时机。

为了更加有效地辨别有效突破，排除假突破的情况，也可以设定突破的幅度，比如突破 1%、2% 或者 3%，这要根据自己的情况和交易品种来选取。如果幅度太小，那么过滤假突破的效果则不佳。如果太大，那么在有效信号出现之前，就错过了一大截交易机会。所以大家必须结合自己的情况和行情发展情况，灵活选择自己最合适的突破幅度。

第二节　趋势线及画法

在众多切线中，趋势线是最重要的一条。趋势线，是以道氏理论为基础演化而来的，是由交易者根据当前价格运行状态画出的一条能够对未来价格运行趋势作出预判的直线。毫无疑问，在所有切线中，趋势线是最重要的。

与价格运行趋势相对应，趋势线主要也包括上升趋势线、下降趋势线和横向趋势线三类。由于横向趋势出现的概率较低，本书不做深入讨论。

一、上升趋势线交易含义及画法

价格在运动当中，如果其包含的波峰和波谷都相应地高于前一个波峰和波谷，那么就称为上涨趋势。

1. 上升趋势线的含义

上升趋势线，是指在价格上涨趋势中连接明显支撑区域（最低点）的直线。一般情况下，上升趋势线一旦形成，就会对价格产生一定的支撑作用，如图3-9所示。

如图3-9所示，当价格回调到上升趋势线附近时，往往会有大量做多盘涌入，从而使价格再次回升。不过，如果价格跌穿趋势线且被验证突破有效，那么，上升趋势线的支撑作用将会消失。

在所有上升趋势线中，下面几种趋势线更为重要：

第一，趋势线涉及的时间越长，那么趋势线的支撑作用越强。

第二，价格沿趋势线上涨过程中，回调触及趋势线后上涨的次数越多，趋势线的作用越强。

第三，接近45度角的趋势线的支撑作用要强于其他角度的趋势线。

第四，上升趋势线连接的回调低点中，若有对应阶段成交量最低点（百日以上“地量”更佳）的，则该上升趋势线的支撑作用更强。

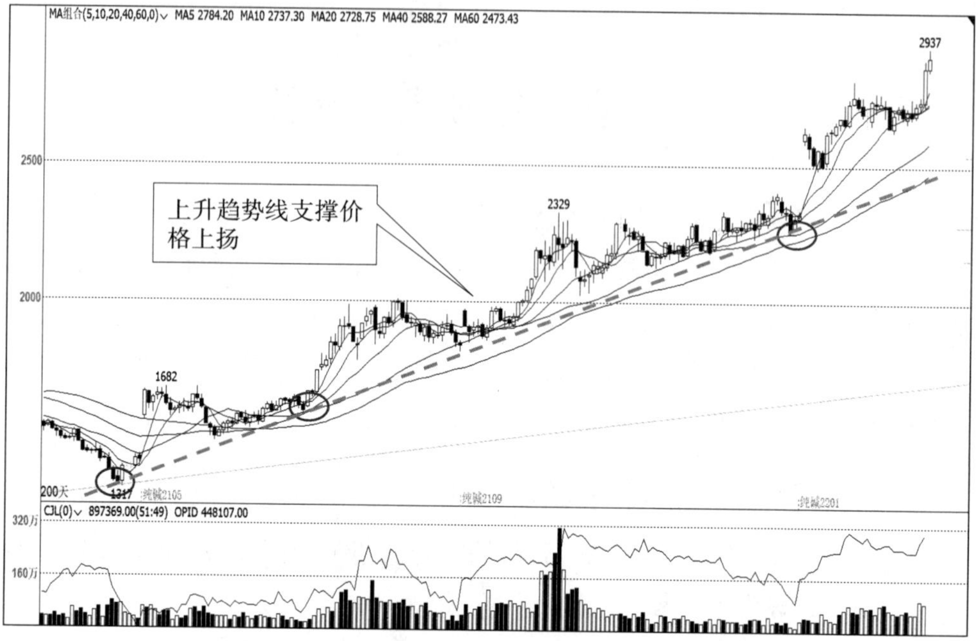

图 3-9　上升趋势线：纯碱主连合约日 K 线走势图

2. 上升趋势线的基本画法

画上升趋势线时，需要掌握以下几项要领。

第一，上升趋势线是以两个回调低点为关键点位所画的直线，因而，投资者选择的第二个低点必须高于第一个。通常情况下，这两个下跌低点应该是价格两次回调后重新上涨的转折点。

第二，两个下跌低点之间必须有一定的距离，不能是两个紧紧相邻的低点。

第三，通过两个上升的低点连线所画的上升趋势线，必须经过第三个低点验证确认方可。该 K 线的实体或影线触及趋势线均可，稍有距离也不影响上升趋势线的有效性。

第四，画上升趋势线时，以下影线最低点为准还是以实体下沿（阳线的开市价或阴线的收市价）为准，可以因人而异，因品种而异。但是，无论采用何种选点方法，一致性是最重要的，即若以下影线最低点为基准，则另一个低点也必须是下影线最低点。实体的最低点也是同样道理，不能一个低点以下影线最低点为基点，另一个却以实体最低点为准。

当然，将下影线最低点还是实体低端作为基准点，还要考虑绘制的趋势线的具体情况。从本质上来说，绘制趋势线是为了准确描述价格运行趋势的，因此，只要准确地反映价格运行趋势，就是一条合适的、准确的趋势线。

第五，在绘制趋势线时，还要考虑自己使用的图表的刻度问题。一般来说，很多期货软件提供的坐标为普通坐标，即直接按照价格或点数标注的坐标；而对数坐标，则是按照对数相对比例标注的坐标。比如，某个品种的价格从 500 元涨到 600 元，再到 700 元。普通坐标的价格上涨幅度是相同的，而对数坐标则会根据相对比例进行修订。同时，采用不同的坐标，绘制出的趋势线也会有所不同。投资者可以按照趋势线的绘制方法，根据个人偏好调整相应的坐标，之后再绘制趋势线。

下面以焦炭指数为例进行说明，如图 3-10 所示。

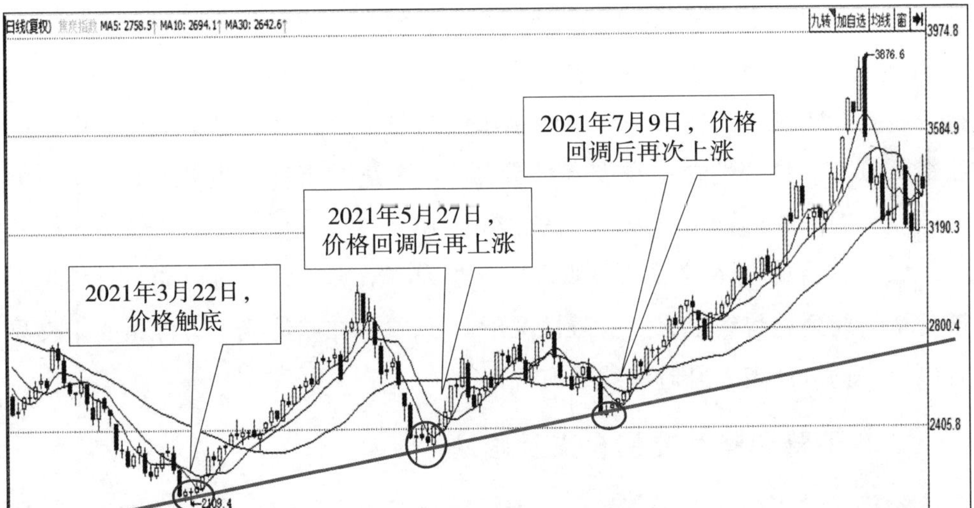

图 3-10　上升趋势线：焦炭指数日 K 线走势图

如图 3-10 所示，焦炭指数的点位自 2021 年 1 月初出现振荡下跌走势。此后，在 2021 年 3 月 23 日触底后反弹向上，并于 5 月 27 日再次创下了一段时间内的回调低点。同时，5 月 27 日所形成的低点要高于 3 月 23 日的低点，这说明该品种处于上升趋势中。此时，投资者可以用 5 月 27 日低点与 3 月 22 日所形成的低点画出一条上升趋势线。2020 年 7 月 17 日，价格回调几日后到达趋势线附近时，因受趋势线支撑而重新上涨，说明此趋势线具有一定的支撑作用。

上图所选的基点为 K 线实体的底端。上升趋势线绘制完成后，不可避免地会有一些下影线跌破上升趋势线，但这并不影响对趋势的判断。

3. 画上升趋势线的注意要点

画上升趋势线时，还需注意以下几项要点。

第一，从理论上来看，投资者选择两个低点绘制上升趋势线时，不应该穿越其他 K 线。但事实上，在绘制上升趋势线时，可能会穿越紧邻两个低点的 K 线或影线，这并不影响上升趋势线的有效性。

第二，在基准日价格的选择方面，历来有很多不同的意见。比如，有的投资者喜欢单纯地选择收市价，包括阳线的收市价，甚至是最低价（即下影线最低点）。这些选择本身没有对错之分。不过，笔者仍倾向于使用实体的最低点（即阳线的开市价或阴线的收市价）。

第三，价格向下跌破趋势线时，有时为有效突破，有时可能只是稍稍突破后重新回到趋势线上方。一般情况下， 只要不在趋势线下方停留 3 个交易日以上，仍可认定上升趋势线是有效的。

二、下降趋势线交易含义及画法

价格运动当中，如果其包含的波峰和波谷都低于前一个波峰和波谷，那么就称为下跌趋势。

1. 下降趋势线的含义

下降趋势线，是指在价格下跌趋势中连接明显的阻力区域（最高点）的直线。一般情况下，下降趋势线一旦形成，就会对价格产生一定的阻力作用，如图 3-11 所示。

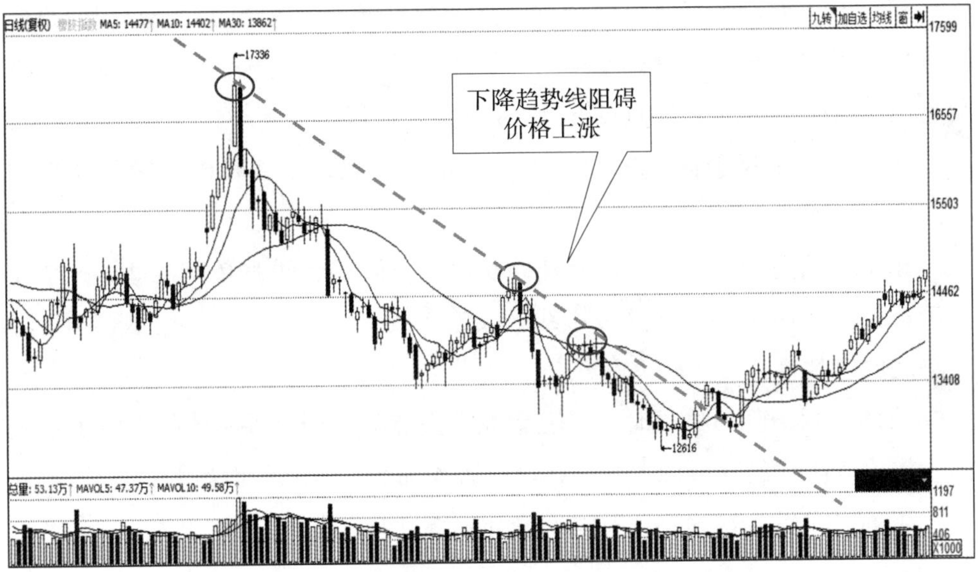

图 3-11 下降趋势线：橡胶指数日 K 线走势图

下降趋势线一旦形成，就会对价格起到一定的阻碍作用。处于下跌过程中的价格，每次上涨到下降趋势线附近时，往往会有大量做空盘介入，从而使价格再次回落。不过，当价格向上突破下降趋势线，且被验证为有效，那么，下降趋势线的阻碍作用将会消失。

在所有下跌趋势线中，下面几种趋势线更为重要。

第一，趋势线涉及的时间越长，那么，趋势线的阻力作用越强。

第二，价格沿趋势线下跌过程中，反弹触及趋势线后下跌的次数越多，趋势线的作用越强。

第三，接近 45 度角的趋势线，阻力作用要强于其他角度的趋势线。

第四，下降趋势线所连接的反弹高点中，若有对应阶段成交量最高点（百日以上“天量”更佳）的，则该下降趋势线的阻力作用更强。

趋势线通过价格的上涨、下跌、回调、反弹等运动的力道反映了其基本的运行方向。不过，趋势线的作用大小，与投资者所画的趋势线质量密切相关。

2. 下降趋势线的基本画法

画下降趋势线时，需要掌握以下几项要领。

第一，下降趋势线是以两个反弹高点为关键点位所画的直线，因而投资者选择的第二个高点必须低于第一个。通常情况下，这两个反弹高点应该是价格两次反弹后重新下跌的转折点。

第二，两个反弹高点之间必须有一定的距离，不能是两个紧紧相邻的高点。

第三，通过两个反弹的高点连线所画的下降趋势线，必须经过第三个高点确认方可。该 K 线的实体或影线触及趋势线均可，稍有距离也不影响下降趋势线的有效性。

第四，画下降趋势线时，以上影线最高点为准还是以实体的上沿（阳线的收市价或阴线的开市价）为准，可以因人而异，因品种而异。

下面以白糖合约为例进行说明，如图 3–12 所示。

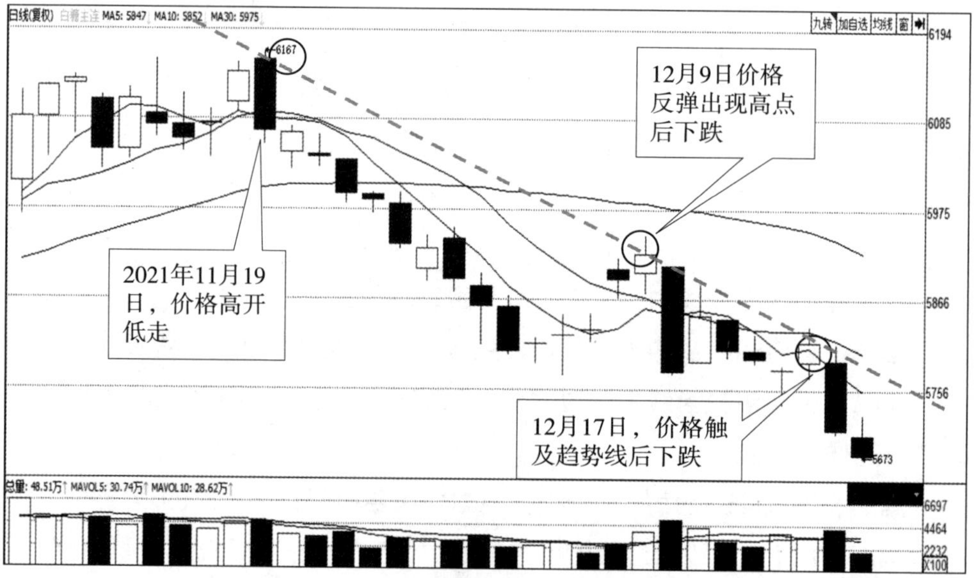

图 3–12　白糖主连日 K 线走势图

如图 3–12 所示，白糖主连合约从 2021 年 11 月 19 日创下阶段高点后，开始走出了一波下跌行情，价格沿下降趋势线运行。

12 月 9 日，白糖主连合约的价格延续了前几日的反弹行情。其后，该品种价格再度回归下跌通道。12 月 9 日所创的高点明显低于 11 月 19 日所创下的高点，投资者可将 11 月 19 日的高点与 12 月 9 日高点连接，绘制一条下降趋势线。

12 月 17 日，价格盘整几日后再度上攻至趋势线位置，因受趋势线阻力而重新下跌，说明此趋势线具有一定的阻力作用。

此后，该品种一路沿着趋势线下跌，且价格在反弹到趋势线附近时，都因受趋势线的阻力而重新下跌。

3. 画下降趋势线的注意要点

画下降趋势线时，还需注意以下几项要点。

第一，从理论上来看，投资者选择两个高点绘制下降趋势线时，不应该穿越其他 K 线。但事实上，在绘制下降趋势线时，可能会穿越紧邻两个高点的 K 线或影线，这并不影响下降趋势线的有效性。

第二，在基准日价格的选择方面，历来有很多不同的意见。比如，有的投资者喜欢单纯地选择收市价，包括阴线的收市价，还有选择最高价（即上影线最高点）的。这些选择本身都没有对错之分。不过，笔者仍倾向于使用实体的最高点（即阳线的收市价或阴线的开市价）。

第三，价格向上突破趋势线时，有时为有效突破，有时可能只是稍稍突破后重新回到趋势线下方。一般情况下，只要不在趋势线上方停留 3 个交易日以上，仍可认定下降趋势线是有效的。

三、趋势线的调整

当投资者画好趋势线后，价格在上涨或下跌过程中，有时会出现突破趋势线的情况，这时就需要重新调整趋势线以适应价格的变化，如图 2–13 所示。

图 2–13 中，沪铜 2202 的价格从 2021 年 5 月 10 日创下阶段新高后，开始启动了一波下跌行情，且价格在下跌过程中出现了突破下降趋势线的

情况。

2021 年 5 月 10 日，沪铜 2202 的价格在创下一段时间内的最高点后，走出了下跌行情。投资者可以将该品种下跌过程中反弹的高点连接成下降趋势线。

2021 年 7 月 5 日，该品种平开高走收出一根大阳线，且这根大阳线成功突破了下降趋势线的压制，投资者宜保持对该品种的关注。

随后，该品种经历了几个交易日的上涨后，重新开始下跌，并在下跌过程中出现了新的反弹高点。这时，投资者可以根据价格的变化重新调整下降趋势线。

此后，该品种经过一段时间的下跌与振荡整理之后，于 7 月 12 日再度向上突破下降趋势线。投资者还应该密切关注价格的走势。

此后，该品种价格重新进入下降通道，投资者可以根据最新反弹高点绘制一条新的下降趋势线。

图 3-13　沪铜 2202 日 K 线走势图

价格对趋势线穿越时，有两点需要注意。

第一，价格自上而下穿越上升趋势线时，只能说明行情有向坏的可能，还不能认定价格即将开始下跌，投资者可以平掉一半仓位后保持观望。

第二，价格自下而上穿越下降趋势线时，只能说明行情有向好的可能，还不能认定价格即将开始上涨，投资者不宜立即入场做多。

第三节　黄金分割线及画法

黄金分割线是股市、期市中最常见、最受欢迎的切线工具之一。在实际操作中，主要是运用黄金分割来揭示上涨行情的调整支撑位或下跌行情中的反弹压力位。

一、黄金分割线的交易含义

黄金分割线，是指将价格的一段走势按照黄金分割的比率划分成若干个分位，用以观察这些黄金分割分位对价格的支撑和阻力作用的技术分析方法。

把一条线段分为两部分，使其中一部分对于全部的比率，等于另一部分对于该部分的比率，按照这个算法得出的比率约等于 0.618。这个比率具有极高的美学价值，故称之为“黄金分割比率”，由该比率衍生出的理论就是“黄金分割理论”。

市场上的价格波动中，黄金比率可以帮助投资者识别价格回调或反弹的支撑位与阻力位。市场可以产生完整的黄金比率，一个上升浪发生了调整，调整浪与这个上升浪的比例往往就是黄金比率，如图 3–14 所示。

也就是说，当价格经过一波上升出现回调时，其在黄金分割位受到支撑并进而重新启动的概率要比其他位置更高。一般来说，价格回调力度较小时，价格很可能会在 0.382 的位置受到支撑；反之，价格回调力度较大时，价格则可能会在 0.618 位置受到支撑。

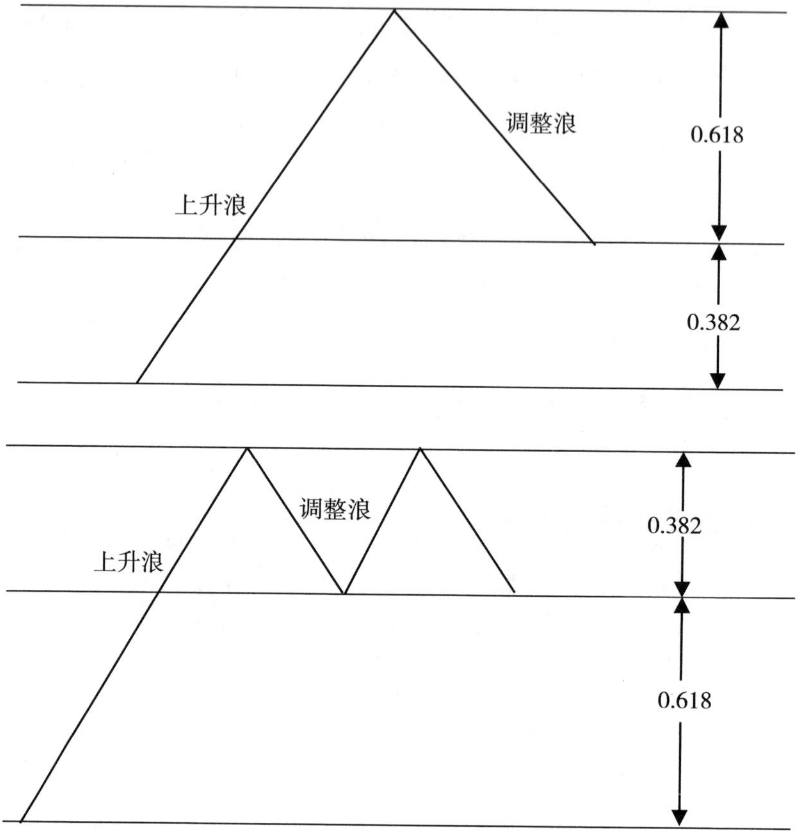

图 3-14　上升浪与调整浪的黄金比率关系

二、黄金分割线的画法及操作要领

目前，在期货交易软件的画线工具中，都提供有“黄金分割线”这一画线工具。

1. 黄金分割线的画法

投资者在选中的 K 线走势图页面上，点击“画线工具”按钮，在弹出的对话框内选择“黄金分割线”即可。

投资者点击“黄金分割线”后，先选择起点，一般选择一段行情的高点或低点，然后点击并按住鼠标左键不放，拖动鼠标至另一个低点或高点位置放开，即可得到相应的黄金分割线。如图 3-15 所示。

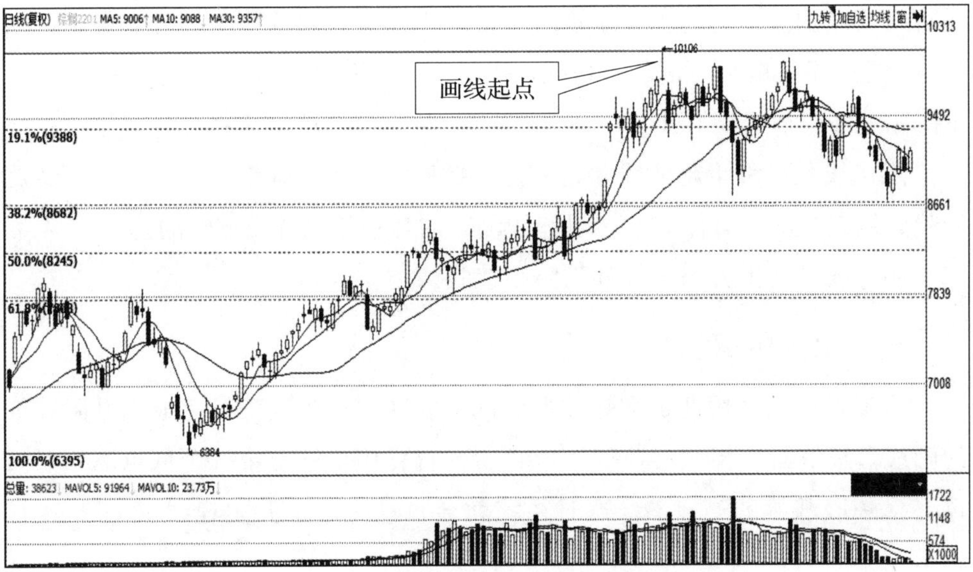

图 3-15　棕榈 2201 的黄金分割线

从图 3-15 中可以看出，棕榈 2201 的价格自高位回落至 0.382 位置附近时受到了较强的支撑，此后，投资者就可以观察价格有无反弹向上的可能。

2. 绘制黄金分割线的操作要领

投资者在画黄金分割线时，下面两种情况需要注意。

第 ，画黄金分割线时，应该注意波段低点与波段高点的选择。投资者选择的低点和高点越重要，黄金分割线对价格的影响也就越大。

第二，黄金分割线绘制完成后，投资者可以根据价格变化的规律适当地进行调整，使其能够更加准确地预测价格未来的支撑位与阻力位。

第四节　阻速线画法与买卖点选择

阻速线，又称速度阻挡线，是由埃德森·古尔德创立的一种分析工具，分上升阻速线和下降阻速线。画上升阻速线时，选取一段涨幅，从 A 低点到 B 高点做一斜线 AB，以 AB 为斜边做一直角三角形 ACB，两直角边相交于 C，再将含高点的直角边 BC 三等分，从 A 分别连接其间的两个等分点做出两条斜线，这两条线就是所谓的阻速线。一条是 1/3 阻速线，另一条是 2/3 阻速线。下降阻速线可以类似画出。

阻速线是一种将趋势线和百分比回撤融为一体的画线技巧，实质上也属于趋势线三分法的具体应用。阻速线测绘的是趋势上升或下降的速率。

阻速线分为上升阻速线和下降阻速线两类。

一、上升阻速线

投资者可以利用期货交易软件中的“阻速线”画线工具完成上升阻速线的画线。投资者选择“阻速线”工具后，首先用鼠标确定一个低点 A，然后再寻找一段涨幅的高点 B，这时系统就会自动生成上升阻速线，如图 3-16 所示。

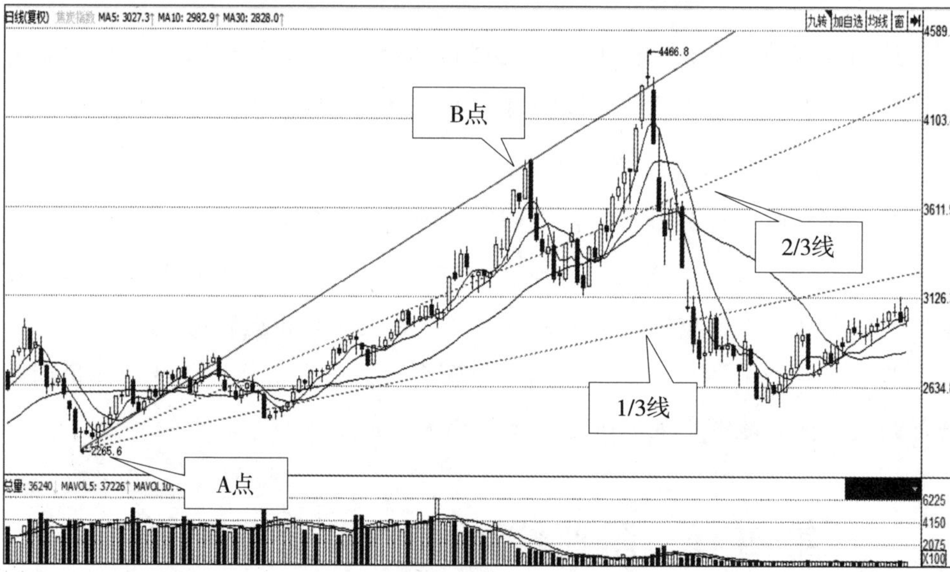

图 3-16 焦炭指数日 K 线走势图

从图 3-16 可以看出，利用画线工具确定 A 点和 B 点的位置后，系统就会自动生成一组阻速线。从图中的阻速线与价格运行关系来看，价格在大部分时间里都是沿着 2/3 线运行，每当价格上升至上轨线都会遇到阻力而回调。

价格下跌至 1/3 线，又会遇到支撑而再度上涨。

其后，当价格跌破 1/3 线后，1/3 线对价格的支撑作用就会转化为阻力作用。

二、下降阻速线

投资者可以利用期货交易软件中的“阻速线”画线工具完成下降阻速线的画线。投资者选择“阻速线”工具后，首先用鼠标确定一个高点 A，然后再寻找一段跌幅的低点 B，这时，系统就会自动生成下降阻速线，如图 3–17 所示。

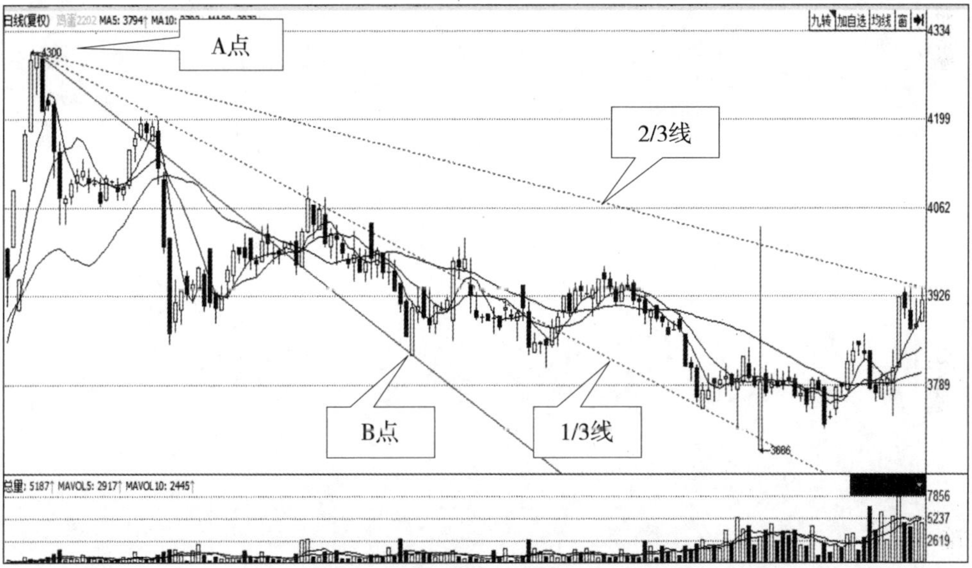

图 3–17 鸡蛋 2202 日 K 线走势图

如图 3–17 所示，利用画线工具确定高点 A 和低点 B 的位置后，系统就会自动生成一组阻速线。从图中的阻速线与价格运行关系来看，价格基本上是沿着 1/3 线向下运行的，价格多次在 1/3 线附近位置获得支撑或阻力。

投资者在画阻速线时，下面两种情况需要注意。

第一，画上升阻速线时，注意高点的选择。投资者选择的高点不能距离低点太近，否则无法对价格的变动产生影响；

第二，画下降阻速线时，注意低点的选择。投资者选择的低点不能距离高点太近，否则无法对价格的变动产生影响。

第四章

K 线图及其组合形态

K 线图是期货技术分析的基础，也是最重要的一种技术分析方法。炒期货先要能够看懂 K 线图。K 线因其形状似一根根蜡烛，又被称为蜡烛图；又因这些 K 线有“黑白”之分，也被叫作阴阳线。

第一节　K 线基本结构及交易含义

K 线最先起源于日本的米市交易，后经美国证券投资学者改进，逐渐应用于各类投资市场。

一、K 线构成及核心价格

K 线由实体和影线两部分组成，能够反映一个完整交易周期内的开市价、最高价、最低价和收市价等 4 个价格。其中，上影线的顶端代表这一交易周期的最高价，下影线的末端代表这一交易周期的最低价，实体的上下两端分别代表这一交易周期的开市价和收市价，如图 4-1 所示。

开市价：又称开盘价，是指某种证券在证券交易所每个交易周期开盘后的第一笔交易的成交价格。

最高价：指某种证券在每个交易周期从开盘到收盘的交易过程中所产生的最高价格。

最低价：指某种证券在每个交易周期从开盘到收盘的交易过程中所产生的最低价格。

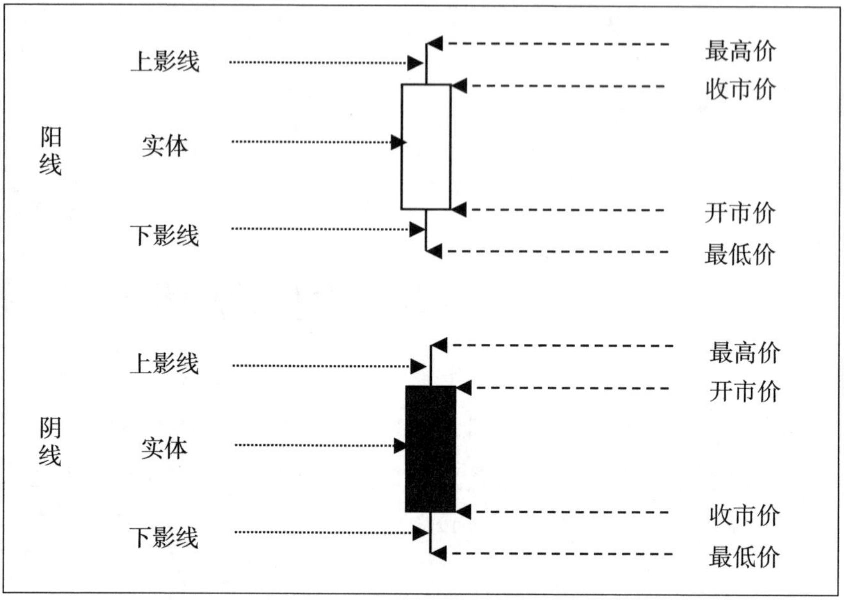

图 4-1　K 线的基本形态

收市价：指某种证券在每个交易周期最后一笔交易的成交价格。投资者可据以预测未来的市场行情。

二、关于 K 线核心价格的解读

相比其他技术分析工具，K 线提供了最为基础但又十分重要的几个价格。

1. K 线的分析周期

通常情况下，各类期货交易软件给出的默认分析周期为日。也就是说，每根 K 线所反映的四个价格都是日内的四个核心价格，包括每个交易日的开市价、收市价、最高价和最低价。若将分析周期调整为 60 分钟，则这四个价格只能反映一个小时内的价格情况。分析周期调整为周，也是同样道理。

2. 开市价

在交易日内，开市价与收市价承载了最多的信息和投资者情绪，其中又以开市价更为重要。

通常情况下，期货开市前，都会有一个休市期，少则几个小时，多则几天（遇法定节假日休市）。在休市期内，整个国际市场、国内市场都可能出现较多的事件，从而对各类商品价格产生较大的影响。因此，开市价往往会对全天价格的走势奠定一个基础。与此同时，很多交易日受休市阶段各类信息的影响，也都盼望着早点儿开市，以采取相应的交易行为，因而在开市阶段往往是一天中交易最为忙乱、价格波动最大的一个时期。

也正因如此，很多主力资金也喜欢在开市价上做功夫，比如用一笔较大的单子拉抬开市价，从而为一天的交易确立一个基本的基调。

3. 收市价

收市价，是另一个值得重点关注的价格。在期货市场上，计算保证金以及是否追加保证金都是通过收市价来计算的。很多技术指标，比如使用最为广泛的均线指标，都是通过计算收市价获得的。大资金也喜欢在临近收市的一刻入场交易，这就使得收市价格总会受到更多的重视。

4. 最高价与最低价

从技术分析角度来说，最高价和最低价的重要性要弱于开市价和收市价，但是，一些趋势转折期或波段高低点的最高价和最低价却可能成为投资者制定交易决策和判断价格支撑位与阻力位的重要参考标准。

三、基础 K 线解读：阳线

出现阳线说明该类证券在某一交易周期内的收市价高于开市价。阳线实体的上端表示收市价，下端表示开市价，实体的长短代表收市价相对于开市价的涨幅大小，如图 4-2 所示。

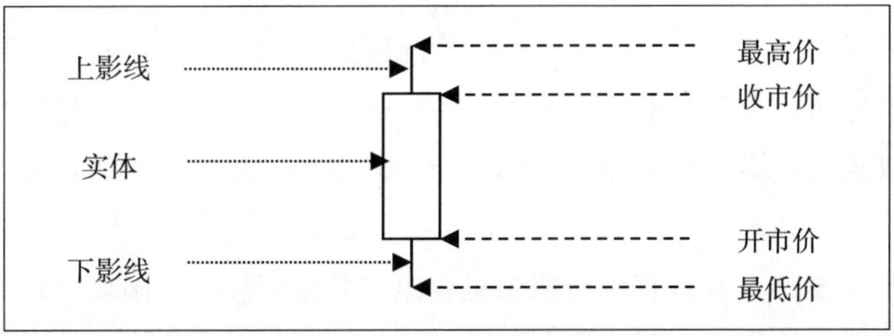

图 4-2　阳线的基本形态

阳线的基本交易含义如下。

第一，出现阳线表示做多盘多于做空盘，是价格走高的信号。

第二，阳线表示价格处于上涨趋势中，且实体越长，说明涨幅越大，涨势越猛。

第三，出现阳线说明在多空双方争斗中，多方占据了一定的优势，主导了价格未来的走势方向。

第四，影线的长度表示最高价和最低价之间的价差，影线越长，说明价格波动幅度越大，多空争斗越激烈。

下面来看一下豆粕 2205 合约的价格走势情况，如图 4-3 所示。

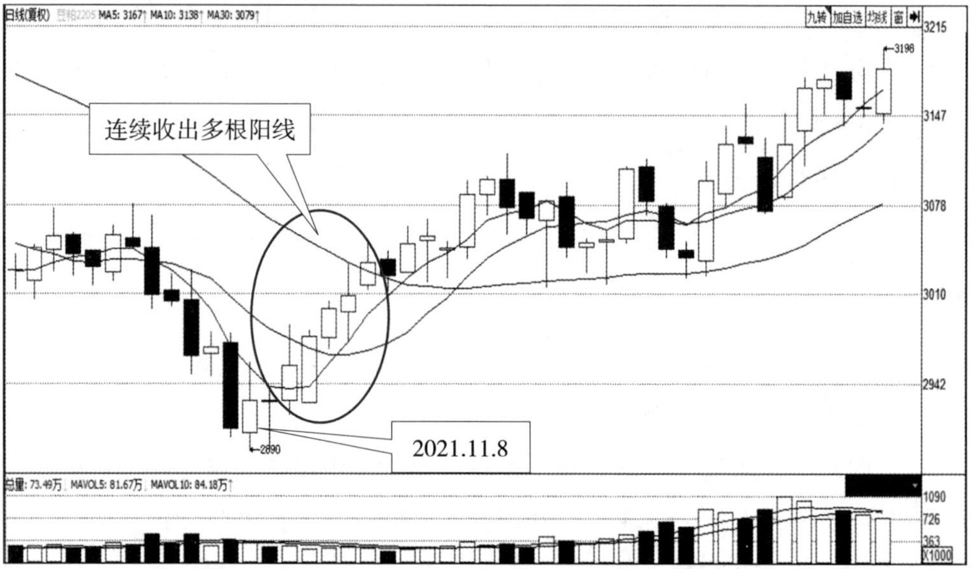

图 4-3　豆粕 2205 合约日 K 线走势图

如图 4-3 所示，豆粕 2205 合约的价格自 2021 年 11 月 8 日触及阶段底部后，出现了反向上升走势。该品种的价格 K 线在上升过程中连续拉出多根阳线，反映出做多力量主导了价格走出上升走势。此时，投资者也可以积极入场做多。

当然，价格上升过程中，偶尔也会出现几根阴线，但阳线出现的频率更高，这是上升趋势的一个显著特征。

四、基础 K 线解读：阴线

出现阴线说明该类证券在某一交易周期内的收市价低于开市价。阴线实体的上端表示开市价，下端表示收市价，实体的长短代表收市价相对于开市价的跌幅大小，如图 4-4 所示。

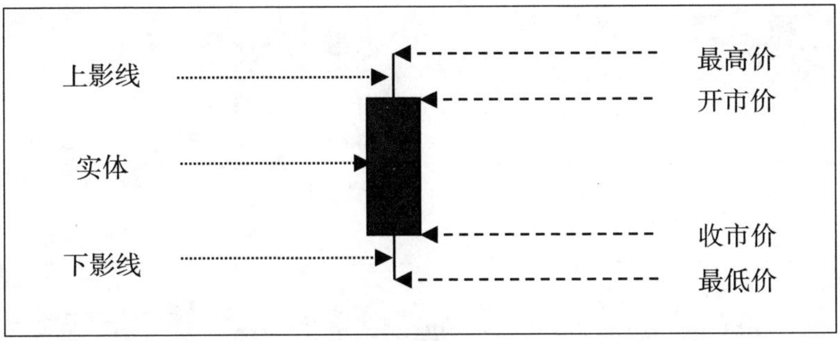

图 4-4　阴线的基本形态

阴线的基本交易含义如下。

第一，阴线表示做空盘多于做多盘，是价格走低的信号。

第二，阴线表示价格处于下跌趋势中，且实体越长，说明跌幅越大，跌势越猛。

第三，出现阴线说明在多空双方争斗中，空方占据了一定的优势，主导了价格未来的走势方向。

第四，影线的长度表示最高价和最低价之间的价差，影线越长，说明价格波动幅度越大，多空争斗越激烈。

下面来看一下焦炭 2205 合约的价格 走势情况，如图 4-5 所示。

如图 4-5 所示，焦炭 2205 合约的价格自 2021 年 10 月 19 日触及阶段顶部后，出现了反向下跌走势。该品种的价格 K 线在下跌过程中连续拉出多根阴线，反映出做空力量主导价格走出下跌走势。此时，投资者也可以积极入场做空。

当然，价格下跌过程中，偶尔也会出现几根阳线，但阴线出现的频率更高，这是下跌趋势的显著特征。

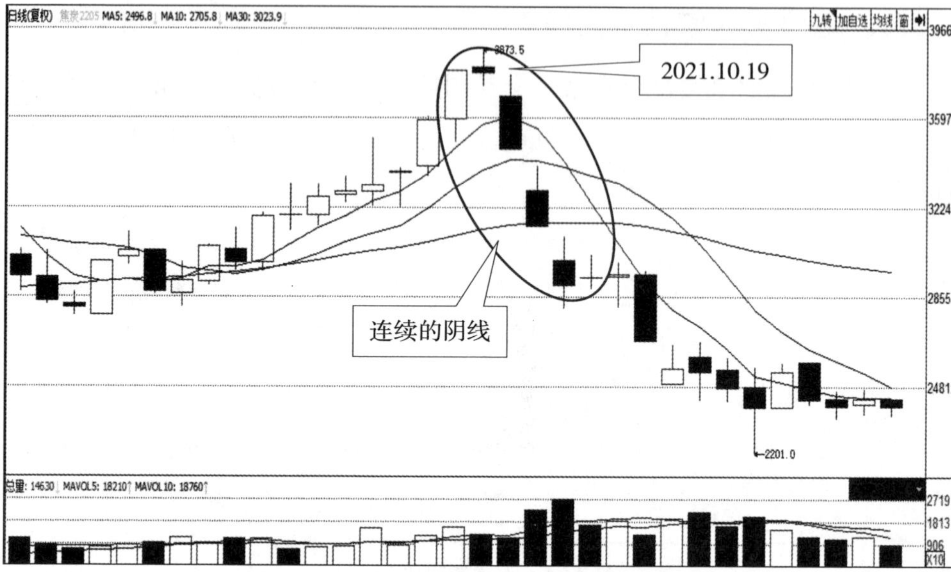

图 4-5　焦炭 2205 合约日 K 线走势图

五、基础 K 线解读：十字线

十字线，又称十字星线，是一种没有实体或实体可以忽略不计的、带有较长上影线和下影线的 K 线形态。这种 K 线以开市价为收市价，即开市价等于收市价（当然，在实战中，开市价和收市价允许存在一定的差异）。如图 4-6 所示。

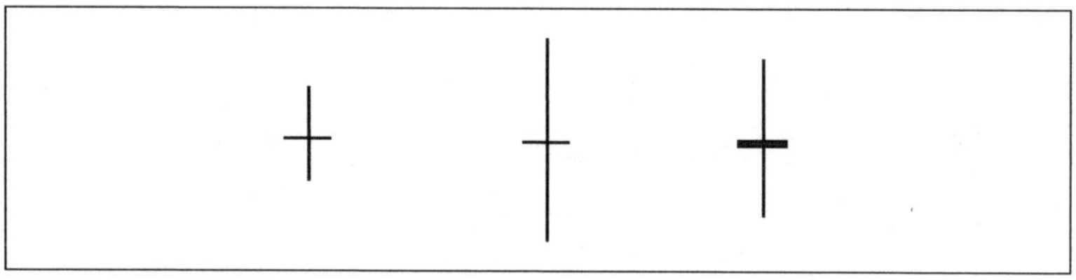

图 4-6　十字线

十字线属于比较特殊的 K 线，它的出现是多空双方经过激烈争斗后出现的一种势均力敌形态，也可以看成多空双方争斗暂时的休止符。其交易含义如下。

第一，十字线可以出现在各种趋势中，有趋势即将发生变化的意味。

第二，十字线形态中，上影线和下影线越长，则说明多空双方争斗越激烈，价格未来走势的不确定性越大。

第三，价格经过一段下跌后出现十字线，此后价格开始上升，则说明多方开始准备反击，未来价格有拐头向上的可能。如早晨之星形态在此期间经常出现。

第四，价格经过一段的上升后出现十字线，此后价格开始回落，则说明空方开始准备反击，未来价格有拐头向下的可能。如黄昏之星形态在此期间经常出现。

第五，价格在上升途中出现十字线后，能很快突破十字线顶端，则可认定价格将会继续走高，十字线只是上涨途中的一次短暂的“休息”。

第六，价格在下跌途中出现十字线后，能很快跌破十字线底端，则可认定价格将会继续走低，十字线只是下跌途中的一次短暂的“休息”。

下面来看一下塑料 2203 合约的价格走势情况，如图 4-7 所示。

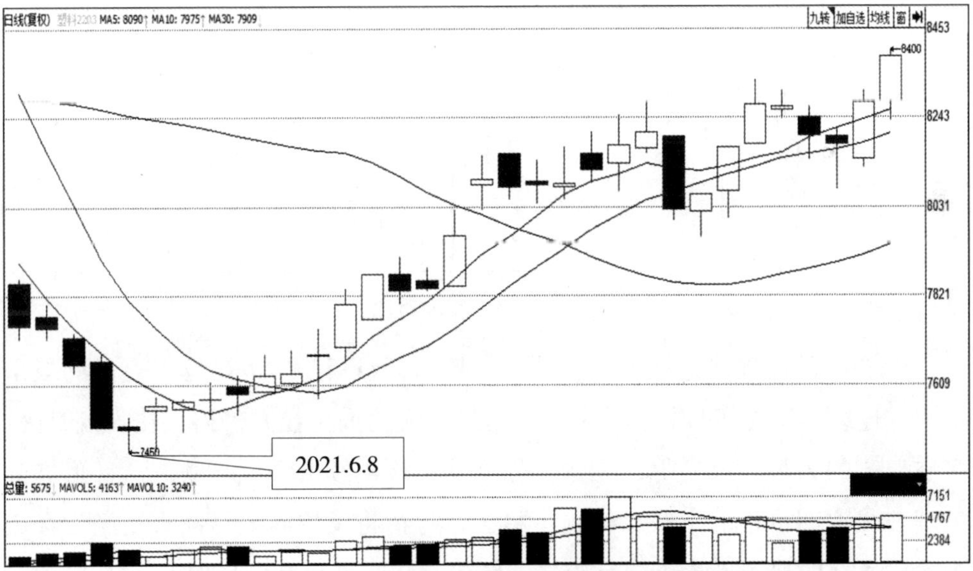

图 4-7　塑料 2203 合约日 K 线走势图

如图 4-7 所示，塑料 2203 合约的价格自 2021 年 6 月 8 日开始进入了上升通道。不过，价格触底反弹期间，曾多次收出十字线，表明多空双方的争斗比较激烈，也给行情走势带来了很大的不确定性。

第二节 K线基础形态及交易含义

K线，本质上就是期货价格运行的记录。因而当一些经典的单根或多根K线出现时，往往意味着市场可能会朝着某个方向运行。

一、锤头线与倒锤头线

1. 锤头线

锤头线，又称锤子线，其实就是一个位于底部区域的略带小实体的T字线，因其像锤头而得名。如图4-8所示。

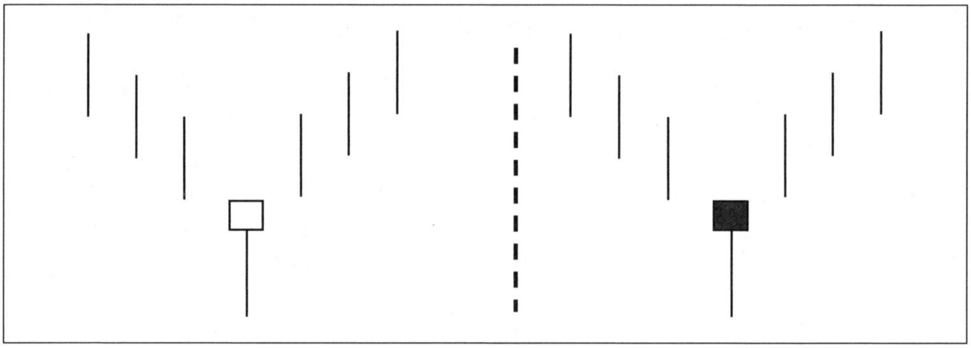

图4-8 锤头线

锤头线的出现多是在下跌行情中，价格开盘后，空方延续了之前的攻击动力，连续向下打压价格；接着，多方开始发力向上拉升价格。在收盘时段，多空双方的力量消耗殆尽，无法大幅推动价格继续上升或下跌。这种形态的出现往往说明价格的下跌已经到了尽头，行情将反转向上。锤头线经常会成为阶段底部的典型形态，具有较强的转势意味，其交易含义如下。

第一，锤头线中的实体可以是阳线，也可以是阴线，若为阳线，则价格未来止跌企稳的概率更大。

第二，锤头线出现的同时，若成交量同步萎缩，甚至出现地量，则更可印证价格已经见底。

第三，锤头线出现后，价格出现反弹，且向上突破了锤头线的顶部，则可说明价格上涨趋势已经确立，投资者可考虑开立多头仓位。

第四，价格在上涨趋势中出现阳线锤头线，且以涨停价报收，则说明价格可能迎来强势上升，入场做多的胜算更高。

下面来看一下燃油 2210 合约的走势情况，如图 4–9 所示。

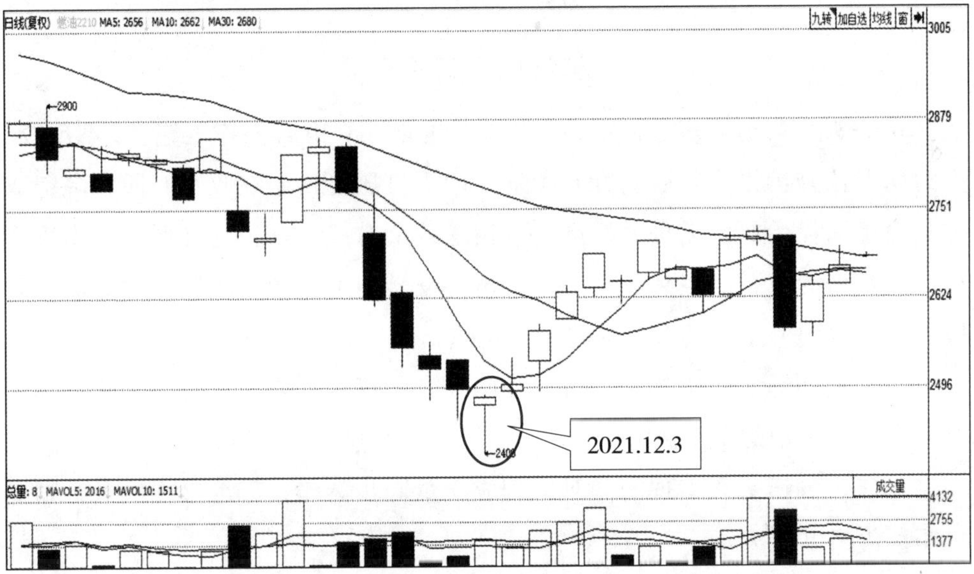

图 4–9　燃油 2210 合约日 K 线走势图

如图 4–9 所示，从 2021 年 9 月中旬开始，燃油 2210 合约的报价走出了一段下跌行情。

2021 年 12 月 3 日，该合约收出一根下影线很长的锤头线，表明下档接盘能力较强，后市有转向的可能，投资者应注意观察。次日，该合约报价收出一根小阳线，表明多方在与空方的争斗中开始占据了有利地位，价格未来走高的可能性很大。投资者可在价格突破 5 日均线后，择机入场做多。

2. 倒锤头线

倒锤头线其实就是一个位于底部区域的略带小实体的倒 T 字线，因其像倒立锤头而得名。如图 4–10 所示。

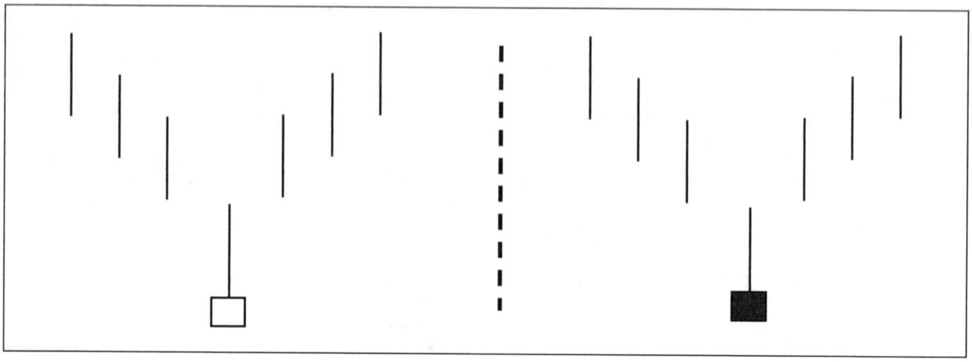

图 4-10　倒锤头线

倒锤头线的出现多是在下跌行情中，价格在开市后，多方突然发动反攻，大力向上拉升价格，其后空方开始发力向下打压价格。在收盘时段，多空双方的力量消耗殆尽，无法大幅推动价格继续上升或下跌。这种形态的出现往往说明价格的下跌已经到了尽头，行情将反转向上。倒锤头线经常会成为阶段底部的典型形态，具有较强的转势意味，其交易含义如下。

第一，倒锤头线中的实体可以是阳线，也可以是阴线，若为阳线，则价格未来止跌企稳的概率更大。

第二，倒锤头线出现的同时，若成交量同步萎缩，甚至出现地量，则更可印证价格已经见底。

第三，倒锤头线出现后，价格出现反弹，且向上突破了倒锤头线上影线的顶部，则可说明价格上涨趋势已经确立，投资者宜入场做多。

第四，价格在下跌趋势中出现阴线倒锤头线，且以跌停价报收，则说明价格可能迎来强势下跌，投资者可考虑加大空单力度。

下面来看一下沪镍 2207 合约的价格走势情况，如图 4-11 所示。

如图 4-11 所示，从 2021 年 9 月中旬开始，沪镍 2207 合约的报价走出了一段下跌行情。

2021 年 9 月 29 日，该合约收出一根上影线很长倒锤头线，投资者可密切关注后市价格走势情况。只要价格没有有效跌破 9 月 29 日最低点，就可认定倒锤头线形态有效。

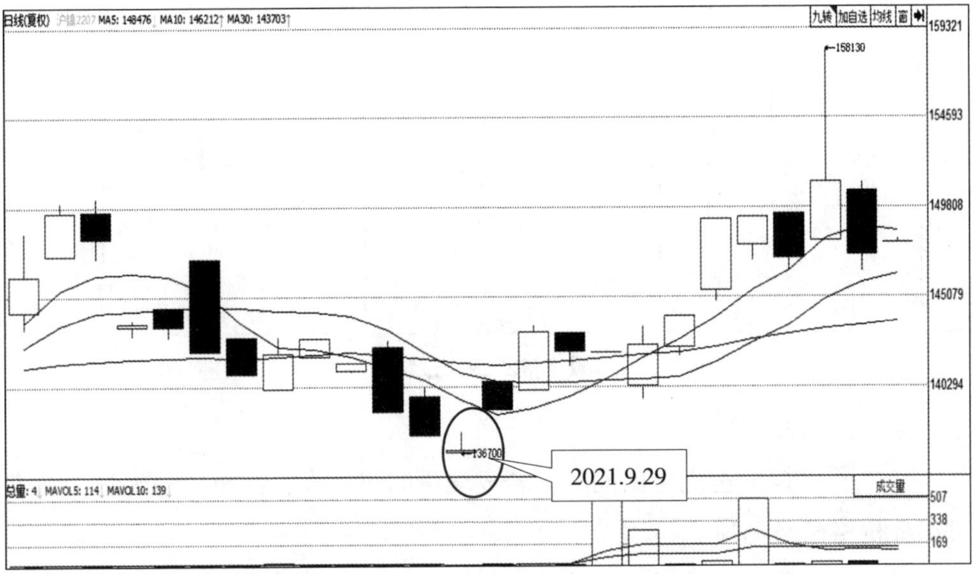

图 4-11　沪镍 2207 合约日 K 线走势图

次日，该合约报价高开低走收出一根假阴线，表明多方在与空方的争斗中开始占据了有利地位，价格未来走高的可能性很大。投资者可择机入场做多。

二、射击之星与吊颈线

1. 射击之星

射击之星其实就是一个位于顶部区域的略带小实体的倒 T 字线。它的实体有阴阳之分，上影线通常很长（至少是实体长度的两倍），一般出现在阶段行情的顶部区域，因其像一个射出的箭而得名。如图 4-12 所示。

射击之星多是出现在上涨行情中，价格在开市后，多方延续了之前的上攻动力，直接高开；接着，空方开始发力向下打压价格。在收盘时段，多空双方的力量消耗殆尽，无法大幅推动价格继续上升。出现这种形态的往往说明价格的上涨已经到了尽头，行情将反转向下。射击之星经常会成为阶段顶部的典型形态，具有较强的转势意味，其交易含义如下。

第一，射击之星中的实体可以是阳线，也可以是阴线，若为阴线，则价

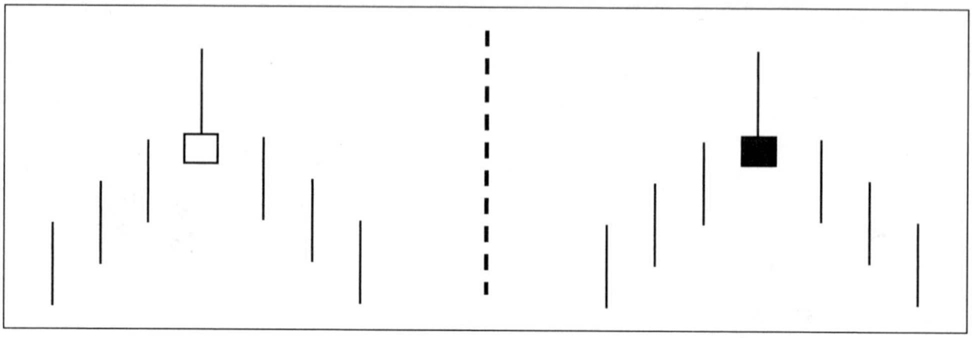

图 4-12　射击之星

格未来下跌的概率更大。

第二，出现射击之星的同时，若成交量同步放大，甚至出现天量，则更可印证价格已经见顶。

第三，出现射击之星后，若价格出现回调，且跌破射击之星的最低价，则意味着价格下行趋势已经展开，投资者可考虑开立空头仓位，或平掉多头仓位。

第四，价格在下跌趋势中出现阴线射击之星，且以跌停价报收，则可坚决看空。

下面来看一下线材指数的走势情况，如图 4-13 所示。

如图 4-13 所示，自 2021 年 9 月初开始，线材指数走出了一波快速上涨行情。

2021 年 9 月 28 日，该指数收出一根射击之星 K 线，这极有可能是转势信号。而且当日成交量出现了大幅增加，这更说明行情存在转势的可能。

下一交易日（9 月 29 日），该指数收出一根低开低走的小阴线，下降趋势基本确立，持有多头仓位的投资者可考虑平仓操作，也可以考虑加开空头仓位。

2. 吊颈线

吊颈线其实就是一个位于顶部区域的略带小实体的 T 字线。它的实体有阴阳之分，下影线通常很长（至少是实体长度的两倍），一般出现在阶段行情的顶部区域，因其像一个吊在半空中的人而得名。如图 4-14 所示。

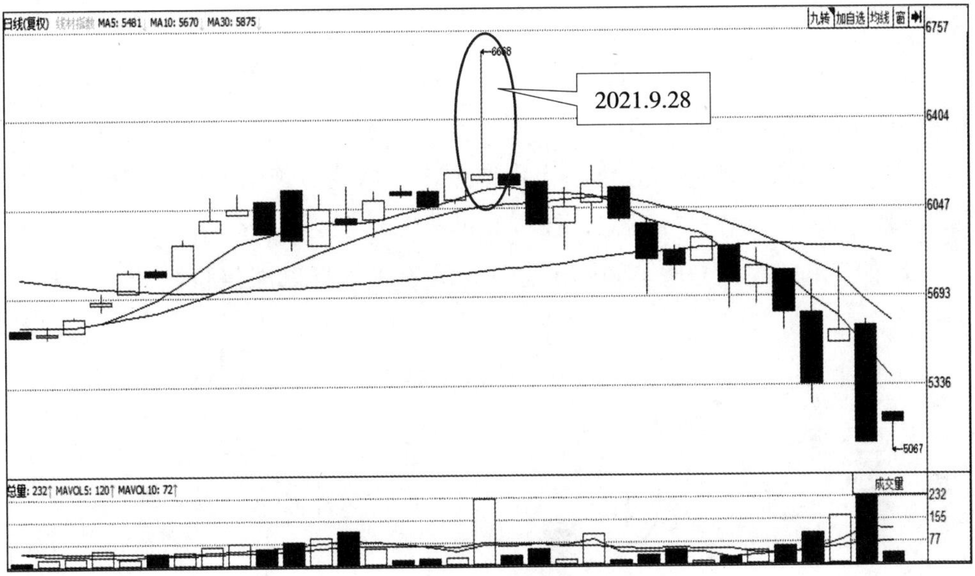

图 4–13　线材指数日 K 线走势图

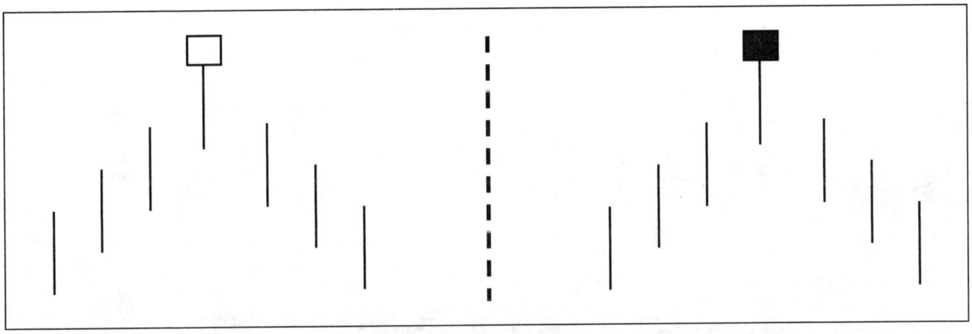

图 4–14　吊颈线

吊颈线多出现在上涨行情中，价格在开市后，多方延续了之前的上攻动力，直接高开；接着，空方开始发力向下打压价格；此后，多方又奋力反攻收复失地。在收盘时段，多空双方的力量消耗殆尽，无法大幅推动价格继续上升或下跌。出现这种形态往往说明价格的上涨已经到了尽头，行情将反转向下。吊颈线经常会成为阶段顶部的典型形态，具有较强的转势意味，其交易含义如下。

第一，吊颈线中的实体可以是阳线，也可以是阴线，若为阴线，则价格未来下跌的概率更大。

第二，出现吊颈线的同时，若成交量同步放大，甚至出现天量，则更可印证价格已经见顶，未来看跌。

第三，出现吊颈线后，价格出现回调，且跌破吊颈线下影线的末端，则可说明价格下行趋势已经确立，投资者可考虑开立空头仓位。

第四，价格在上升趋势中出现阳线吊颈线，且以涨停价报收，可积极做多。

下面来看一下沪锌 2203 合约的价格走势情况，如图 4–15 所示。

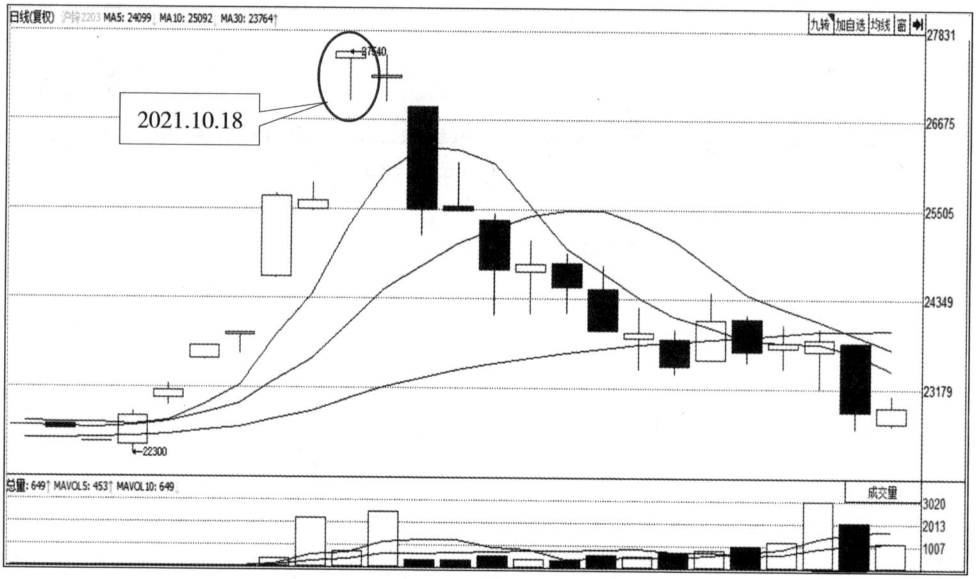

图 4–15　沪锌 2203 合约日 K 线走势图

如图 4–15 所示，从 2021 年 10 月 8 日开始，沪锌 2203 合约的价格走出了一波快速上涨行情。

2021 年 10 月 18 日，该合约收出一根吊颈线，这极有可能是转势信号。但当日成交量萎缩，只相当与前一日的三分之一，还不能完全肯定走势将向下。

下一交易日（10 月 19 日），该合约收出一根低开低走的十字线，下降趋势基本确立，持有多头仓位的投资者可考虑平仓操作，也可以考虑加开空头仓位。

三、孕线：阳孕阴与阴孕阳

孕线形态，是指在一根较大的 K 线（阳线或阴线）出现后，次日出现一根颜色相反的实体较小的 K 线（阴线或阳线）。该种形态的出现说明市场在原运行轨道加速过程中出现了反向力量，一个新的行情正在孕育之中。它属于比较经典的反转形态。

当孕线出现在一段持续的下跌走势之后，前一根 K 线是阴线，后一根 K 线是阳线，则称为阴孕阳或多头母子。该形态表示之前处于强势的空方力量在减弱，多方开始发力，通常表现为见底信号，如图 4-16 所示。

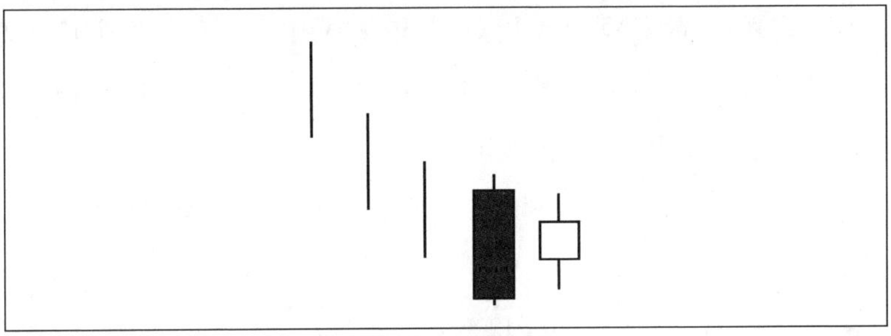

图 4-16 阴孕阳

当孕线出现在一段持续的上涨走势之后，前一根 K 线是阳线，后一根 K 线是阴线，则称为阳孕阴或空头母子。该形态表示之前处于强势的多方力量减弱，空方开始发力，通常表现为见顶信号，如图 4-17 所示。

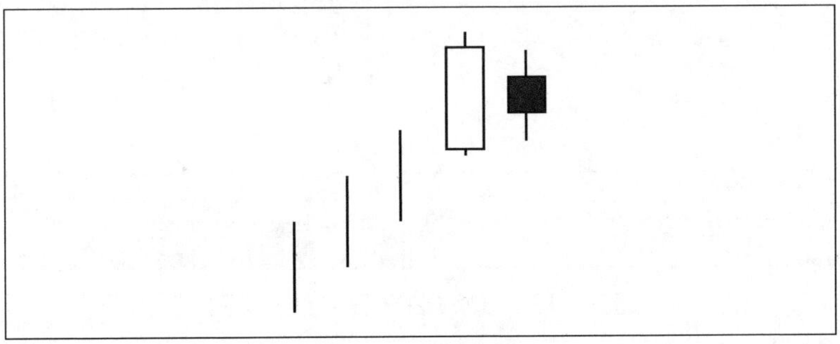

图 4-17 阳孕阴

孕线的出现表明在市场中存在着一种犹豫心理，它具有一定的趋势反转含义，但其反转信号的强度不如包线。从实体的长度上来说，孕线的两根 K 线的实体越长，行情发生发转的可能性就越大。

第一，在连续下跌走势中出现阴孕阳形态，表示空头力量减弱，价格可能即将见底或继续下跌的空间很小，这时投资者不宜轻举妄动，而应该耐心观察。当有其他信号证明价格将上涨时，再进行做多操作。

第二，在连续上涨走势中出现阳孕阴形态，表示做多力量减弱，价格可能即将见顶或继续上涨的空间很小。这时投资者可考虑平掉部分多头仓位，轻仓观望。

第三，尽管第二根 K 线并不长，但其收市价也能从侧面反映反转的可能性。阴孕阳形态中，后一根阳线相对于前一根阴线而言，收市价越高，则反转向上的可能性越大。阳孕阴形态中，后一根阴线相对于前一根阳线而言，收市价越低，则反转向下的可能性越大。

下面先来看一下纸浆 2201 的日 K 线走势图，如图 4-18 所示。

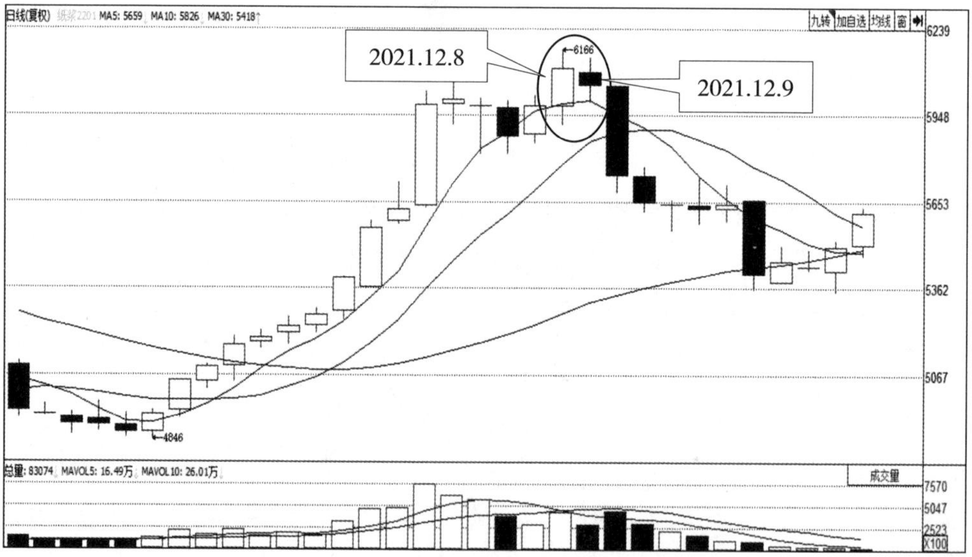

图 4-18　纸浆 2201 日 K 线走势图

如图4–18所示。纸浆2201合约的价格在经历了一波上涨行情之后，于2021年12月8日至9日走出了阳孕阴形态。

2021年12月8日，纸浆2201合约的价格收出一根中阳线。12月9日，该品种收出一根小阴线，这根小阴线的开市价低于前一日的收市价，而收市价高于前一日的开市价。它和前一日的中阳线共同形成了阳孕阴形态。这表明行情有出现反转的可能，投资者应抛弃多头思维，实施多翻空操作或看空操作。

下面再来看一下沥青指数的走势，如图4–19所示。

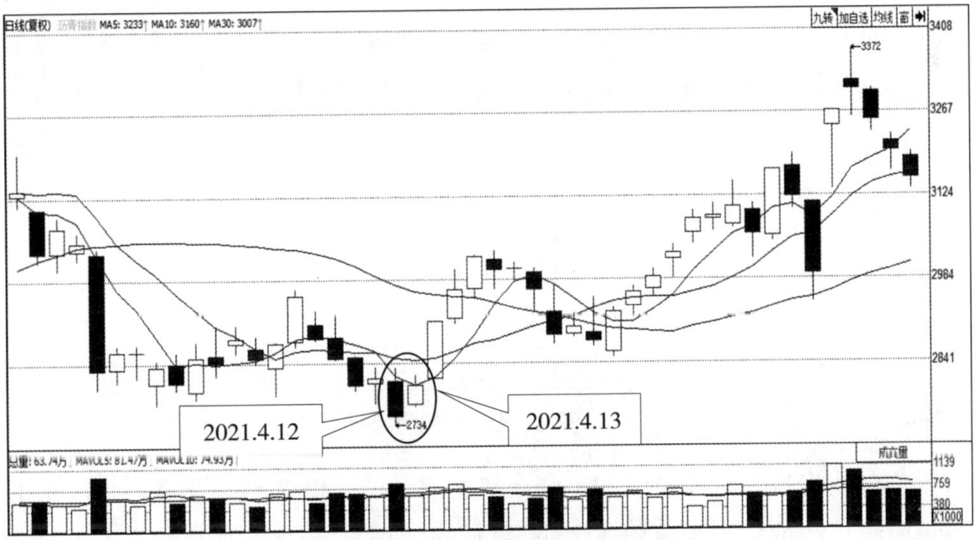

图4–19 沥青指数日K线走势图

如图4–19所示。沥青指数在经历了一波下跌行情之后，于2021年4月12日和13日这两天出现孕线形态。

2021年4月12日，沥青指数收出一根中阴线，从K线形态来说这是一种走势非常恶劣的形态。4月13日，该股收出一根小阳线，这根小阳线的开市价高于前一日的收市价，而收市价低于前一日的开市价。它和前一日的阴线共同形成阴孕阳形态，这预示着行情可能即将发生发转。

4月14日，该指数在K线图上再度收出一根大阳线，这说明多方已经具有一定的优势，投资者可考虑空翻多或多头开仓等操作。

四、包线：阳包阴与阴包阳

包线，又称怀抱线、穿头破脚、吞噬形态，由两根K线组成，前一根K线的实体较短，后一根K线的实体相对较长一些，且将前一根K线的实体完全包住。即前一根K线的最高价与最低价均处于后一根K线的最高价与最低价的波动范围内。这两根K线为一阴一阳，可以是阴线在前、阳线在后，也可以是阳线在前、阴线在后。

当包线出现在一段持续的下跌走势之后，前一根K线是阴线，后一根K线是阳线，则称之为阳包阴或多头吞噬。该形态表示之前强势的空方力量衰竭，多方开始占据主动并已压倒空方，是常见的见底信号，如图4-20所示。

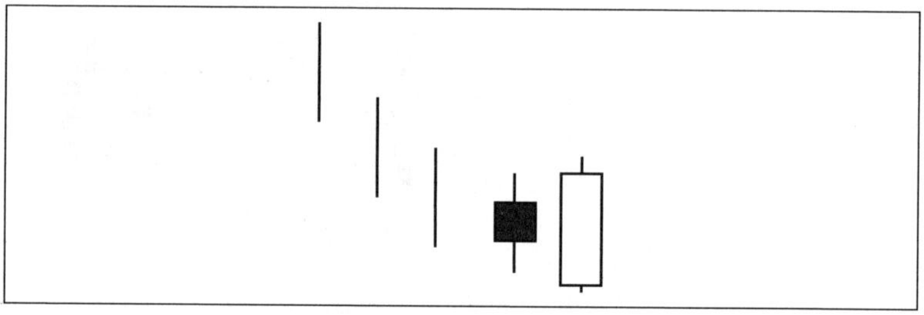

图4-20 阳包阴

当包线出现在一段持续的上涨走势之后，前一根K线是阳线，后一根K线是阴线，则称之为阴包阳或空头吞噬。该形态表示之前强势的多方力量衰竭，空方开始占据主动并已压倒多方，是常见的见顶信号，如图4-21所示。

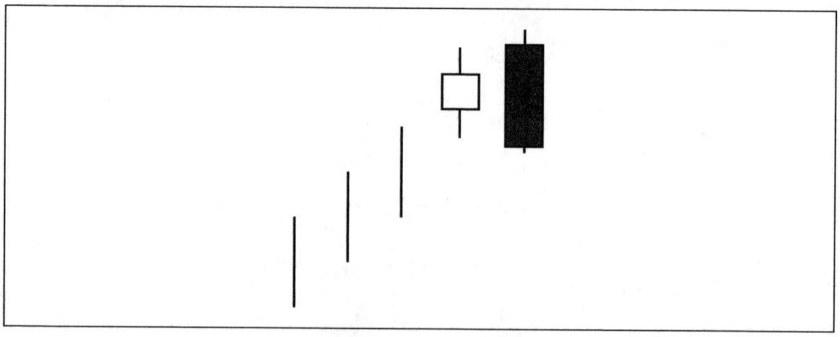

图4-21 阴包阳

包线说明原本占据优势的空方（多方）的力量几乎被完全消耗，多方（空方）已经成为主导力量，市场有发生反转的可能。

第一，在连续上涨走势中出现阴包阳形态，表明做空力量明显强过做多力量，属于见顶回落的信号，投资者宜在次日采取逢高做空的策略。

第二，在连续下跌走势中出现阳包阴形态，表明做多力量明显强过做空力量，是触底回升的信号，投资者宜在次日采取做多策略。如果投资者依照该形态执行做多操作，则应将止损位设在阳包阴形态中阳线的最低价上，一旦价格跌破该价位，投资者应尽快平仓止损。

第三，投资者在操作中需要注意的是，在识别包线信号时，应该看两根 K 线实体部分是否“吞噬”，即后一根 K 线的实体部分是否包住了前一根 K 线的实体部分，不要将上下影线计算在内，否则会引发错误的操作。

第四，如果在发生吞噬的当天，伴随着成交量的放量配合，则可确认为转势信号。如果第二根 K 线的实体能吞噬前面好几天的实体，则表明反转的力量很大。

下面来看一下 PVC（聚氯乙烯，英文名 Polyvinyl chloride，简称 PVC）2211 合约的日 K 线走势图，如图 4-22 所示。

如图 4-22 所示。PVC2211 合约的价格在经历了一波上涨行情之后，在 2021 年 10 月进入顶部区域。其后，该品种于 2021 年 10 月 12 日和 13 日走出了阴包阳形态。

2021 年 10 月 13 日，PVC2211 合约收出一根大阴线，并将 12 日的阳线完全包住。之前阳线的收市价低于当日的开市价，而开市价高于当日的收市价。这根阴线和前一日的中阳线共同形成了阴包阳形态。这表明行情有出现反转的可能，投资者应由多转空或看空开仓。

其后，该品种出现了一段时间较长的下跌走势。

下面来看一下玉米 2207 合约的日 K 线走势图，如图 4-23 所示。

如图 4-23 所示。玉米 2207 合约在经历了一波下跌行情之后，于 2021 年 9 月 17 日和 22 日这两天出现包线形态。

2021 年 9 月 17 日，玉米 2207 合约收出一根小阴线，从 K 线形态来说，

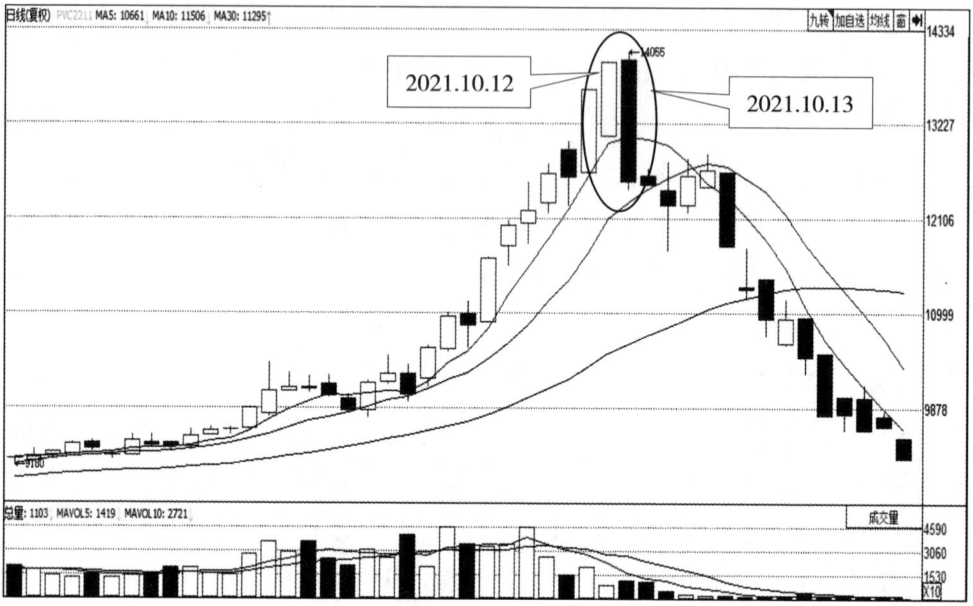

图 4-22　PVC2211 合约日 K 线走势图

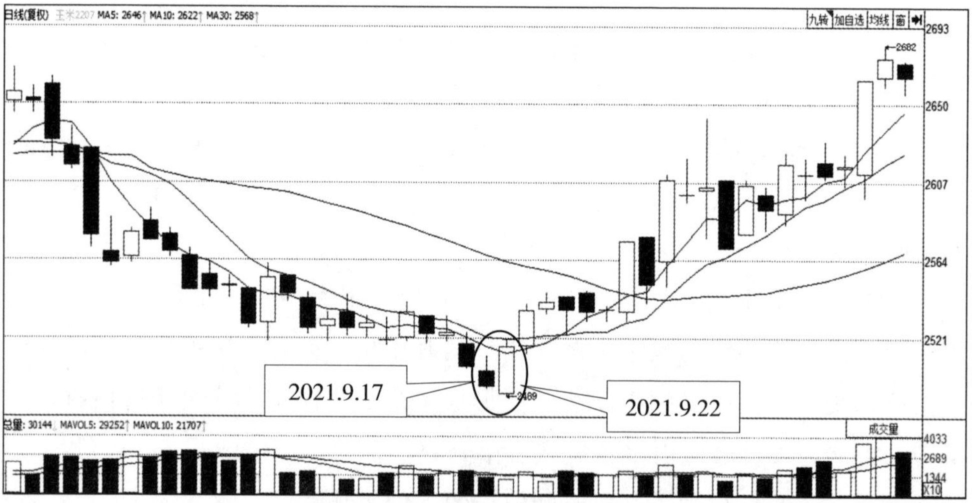

图 4-23 玉米 2207 合约日 K 线走势图

合约价格未来继续走低的可能性很大。9 月 22 日（9 月 18 日至 21 日中秋休市），该合约价格收出一根大阳线，这根大阳线的开市价低于前一日的收市价，而收市价高于前一日的开市价。它和前一日的阴线共同形成阳包阴形态，这预示着行情可能即将发生发转。

9 月 23 日，该品种高开高走在 K 线图上再度收出一根小阳线，这说明多方已经具有一定的优势，投资者可考虑空翻多或多头开仓等操作。

五、旭日东升

旭日东升通常出现在一轮显著的下跌行情之后，它也是由一阴一阳两根 K 线组成。先是收出一根大阴线或中阴线，接着又收出一根高开高走的大阳线或中阳线，且这根阳线的收市价高于前一根阴线的开市价，如图 4-24 所示。

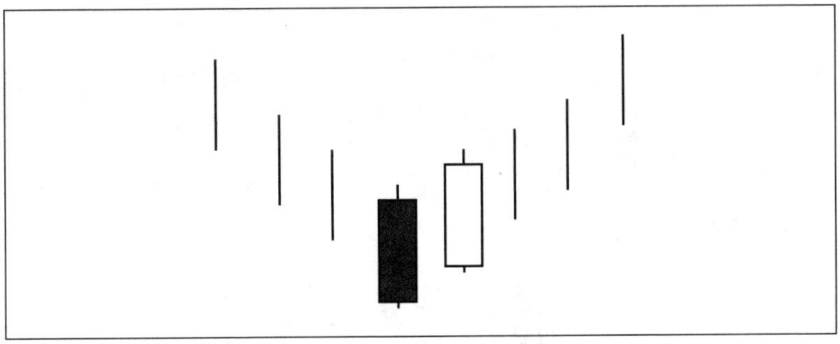

图 4-24　旭日东升

只有黑暗过后才可能会旭日东升，即市场在前期经历过一段长时间的下跌。旭日东升的第一根阴线表示原来的下跌趋势延续，不过这一天空方几乎将能量释放殆尽。第二根高开高走的阳线表示开市后多方就占据主动，而空方因无力抵抗节节败退，最终，多方以绝对的优势取得胜利。

旭日东升都预示着行情由阴转晴，未来变得更加光明，是较为强势的看涨信号，其操作要点包括以下几点。

第一，当连续下跌之后出现旭日东升形态时，投资者不宜继续看空，而应该转变思维，寻找合适的机会逢低做多。

第二，如果在出现旭日东升形态后价格不升反降，则表示形态失败，投资者应执行多翻空或看空卖出操作。

第三，旭日东升形态成立后，投资者可在次日价格突破阳线最高价时执行买入开仓操作。

第四，以旭日东升形态为标准开仓买入合约，应该将该形态第一根阴线的最低价设为止损位。当价格跌破该位置时，投资者应进行止损操作。

第五，旭日东升形态中第二根阳线的实体部分越大，收市价越高，则后市上涨的力度就越大。如果在收出阳线这一天，同时伴随着成交量的放大，则看涨信号更为强烈。

下面来看一下塑料指数的60分钟K线走势图，如图4–25所示。

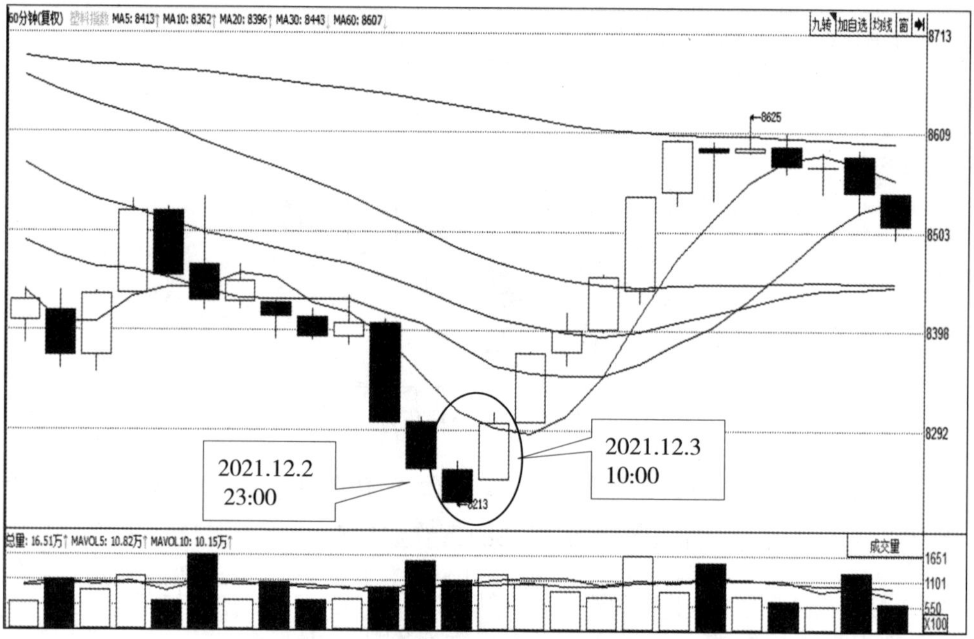

图4–25 塑料指数60分钟K线走势图

如图4–25所示，经过一段时间的下跌之后，2021年12月2日23:00到12月3日10:00，塑料指数的60分钟K线图上出现了旭日东升形态。

2021年12月2日23:00，塑料指数平开低走，收出一根中阴线。12月3日10:00，该指数高开高走，当天收出一根大阳线。这根阳线的收市价高于前一根阴线的开市价，两者共同组成了旭日东升形态，这预示着行情有回暖的迹象。

此时，投资者应将看空思维转换成看多思维。激进的投资者可在次一交易周期逢低看多开仓，稳健的投资者则可以选择在价格突破旭日东升形态大阳线的最高价时再开仓做多。

六、曙光初现

曙光初现一般出现在下跌行情中，由一阴一阳两根 K 线组成。先是收出一根大阴线或中阴线，接着又收出一根跳空低开的大阳线或中阳线，且这根阳线收市价所处的位置在前一日阴线实体的中部以上，如图 4–26 所示。

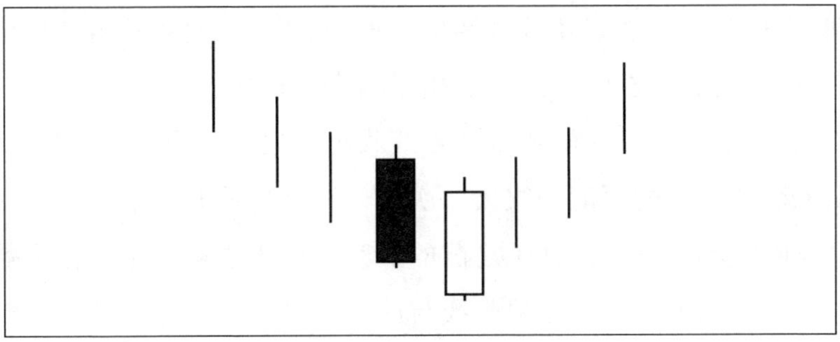

图 4–26　曙光初现

曙光初现的第一根阴线表示原来的下跌趋势延续。第二根低开高走的阳线表示，开盘初始时空方仍占据优势，因而开市价与前一根阴线的收市价之间有一定的跳空。但之后多方开始发力，不仅填补了这一跳空缺口，还在收盘时将价格拉升至前一日阴线实体 1/2 以上位置，好像要将前一日阴线贯穿。因而曙光初现又被称为贯穿模式。

曙光初现预示着行情由阴转晴，未来变得更加光明，是较为强势的看涨信号，其操作要点包括以下几点。

第一，当在连续下跌之后出现曙光初现形态时，投资者不宜继续看空，而应该转变思维，寻找合适的机会逢低开仓做多。

第二，在曙光初现形态中，第二根阳线的实体部分应超越前一日阴线实体部分一半以上，曙光初现形态才会有意义。

第三，如果在出现曙光初现形态后价格不升反降，则表示形态失败，投资者应由多转空，积极做空。

第四，价格向上突破曙光初现的阴线最高价，则可执行做多开仓操作。

第五，以曙光初现形态为标准执行买入开仓操作，应该将该形态第二根阳线的最低价设为止损位。一旦价格跌破该位置，则应平仓止损。

第六，曙光初现形态中第二根阳线的实体部分越大，收市价越高，则后市上涨力度就越大。如果在收出阳线这一天，同时伴随着成交量的放大，则看涨信号更为强烈。

下面来看一下铁矿主连日 K 线走势图，如图 4–27 所示。

如图 4–27 所示。铁矿主连合约价格自 2021 年 5 月中旬触顶后出现了一波下跌行情，于 5 月 26 日、27 日走出了曙光初现形态。

2021 年 5 月 26 日，铁矿主连日 K 线收出一根大阴线，从 K 线形态来说，该品种未来继续走低的可能性很大。次日，该品种低开高走收出了一根大阳线，且这根阳线不仅成功弥补了之前的低开，还将收市价定格在了前一交易时段阴线的中部以上位置。这根阳线与前一交易时段的阴线共同组成了曙光初现形态，这预示着该品种已经实现阶段性沉底。

此时，投资者可开始进行看多开仓操作，并将止损位设置在曙光初现形态的最低价位置。只要价格没有跌破该位置，投资者就可以继续持仓。

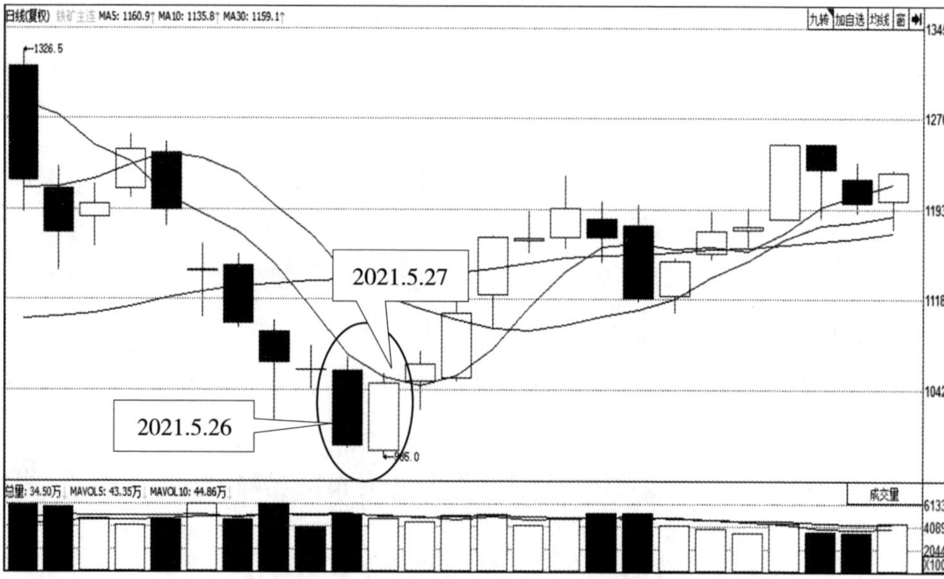

图 4–27 铁矿主连日 K 线走势图

七、乌云盖顶

乌云盖顶，一般出现在上涨行情中，由一阳一阴两根 K 线组成；先是收出一根大阳线或中阳线，接着又收出一根跳空高开的大阴线或中阴线，且这根阴线收市价所处的位置在前一日阳线实体的中部以下。如图 4–28 所示。

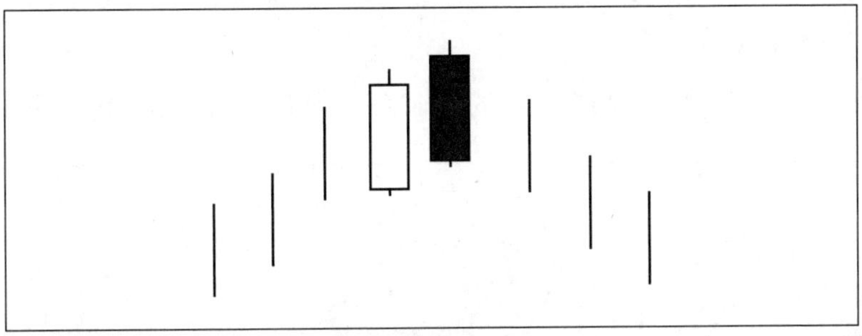

图 4–28 乌云盖顶

乌云盖顶的第一根阳线表示原来的上涨趋势延续。第二根阴线表示，开盘初始时多方仍占据优势，因而开市价与前一根阳线的收市价之间有一定的跳空，但之后空方开始发力，不仅填补了这一跳空缺口，还在收盘时将价格压至前一日阴线实体 1/2 以下位置，好像要将前一日阳线覆盖，因而乌云盖顶又被称为覆盖线。

乌云盖顶预示多头强势的格局即将终结，价格见顶回落，属于强烈的看跌信号。

第一，当在连续上涨之后出现乌云盖顶形态时，投资者不宜继续看多，而应该提高警惕，适时平仓卖出。

第二，乌云盖顶形态出现后，如果市场马上进入下降通道，往往相应的下跌力度并不大；相反，如果有一个短暂的调整期，则在蓄势之后会爆发出强劲的下跌力量。

第三，乌云盖顶形态中第二根阴线的实体部分越大，收市价越低，则后市下跌的力度越大。如果在收出阴线这一天同时伴随着成交量的放大，则进一步证明后市将下跌。

第四，乌云盖顶形态中，第二根阴线的实体部分应扎入前一日阳线的实体部分一半以下，乌云盖顶形态才会有意义。

第五，无论乌云盖顶出现在高位还是低位，都是非常危险的信号，投资者应保持警觉，不宜再坚守多头思维。不过在低位出现乌云盖顶，极有可能是庄家设的局，投资者还应及时跟踪市场走势，如果发现下跌停滞，有反弹迹象，则可考虑补回。

下面来看一下鸡蛋 2202 合约的日 K 线走势图，如图 4–29 所示。

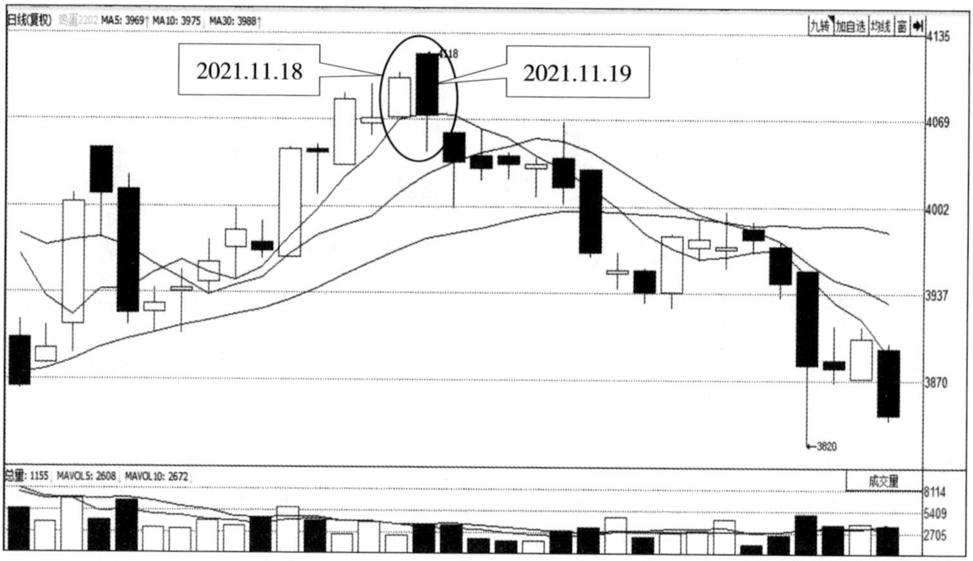

图 4–29　鸡蛋 2202 合约日 K 线走势图

如图 4–29 所示。鸡蛋 2202 合约的价格经历了一波上涨行情之后，在 2021 年 11 月开始进入高位。其后，该品种价格于 2021 年 11 月 18 日和 19 日走出了乌云盖顶形态。

2021 年 11 月 18 日，鸡蛋 2202 合约收出一根中阳线，这说明多方仍占据主导地位。其后的 11 月 19 日，鸡蛋 2202 合约价格高开低走，在 K 线图上留下了一根大阴线。该 K 线在收盘时将指数打压到了前一日的开市价附近，形成了一根大阴线。这根阴线深入到前一根大阳线实体的中部以下位置，两根 K 线共同组成了乌云盖顶形态。这种形态的出现预示着鸡蛋行情已经到达阶段性顶部，投资者看到后应该保持警觉，并考虑将部分多头仓位平仓。

此后，鸡蛋 2202 合约跳空低开，空方优势更加明显，持有多头仓位的投资者宜立即平仓，也可考虑多转空。

八、倾盆大雨

倾盆大雨通常出现在一轮显著的上涨行情之后，由一阳一阴两根 K 线组成；先是收出一根大阳线或中阳线，接着又收出一根低开低走的大阴线或中阴线，且这根阴线的收市价低于前一根阳线的开市价，如图 4-30 所示。

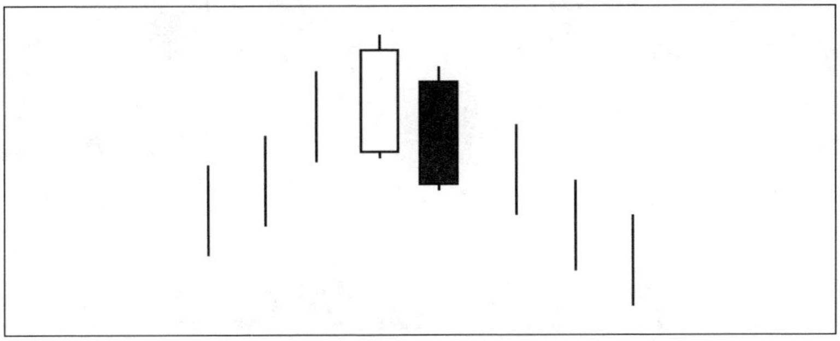

图 4-30　倾盆大雨

倾盆大雨的第一根阳线表示原来的上涨趋势延续，不过这一天多方几乎将能量消耗殆尽。第二根低开低走的阴线表示一开盘空方就占据主动，而多方无力抵抗节节败退，最终空方以绝对的优势取得胜利。

倾盆大雨预示着市场价格将见顶回落，属于强烈的看跌信号。

第一，当在连续上涨之后出现倾盆大雨形态时，投资者不宜继续看多，而应该提高警惕，适时多头平仓或卖出开仓。

第二，出现倾盆大雨形态后，如果市场马上进入下降通道，往往相应的下跌力度并不大；相反，如果有一个短暂的调整期，则会在蓄势之后爆发出强劲的下跌力量。

第三，倾盆大雨形态中第二根阴线的实体部分越大，收市价越低，则后市下跌的力度越大。如果在收出阴线这一天同时伴随着成交量放大，则进一步证明后市将下跌。

第四，倾盆大雨出现在高位还是低位，都是非常危险的信号，投资者应保持警觉，持有多头仓位的投资者以出局为宜。

下面来看一下焦炭 2207 合约日 K 线走势图，如图 4-31 所示。

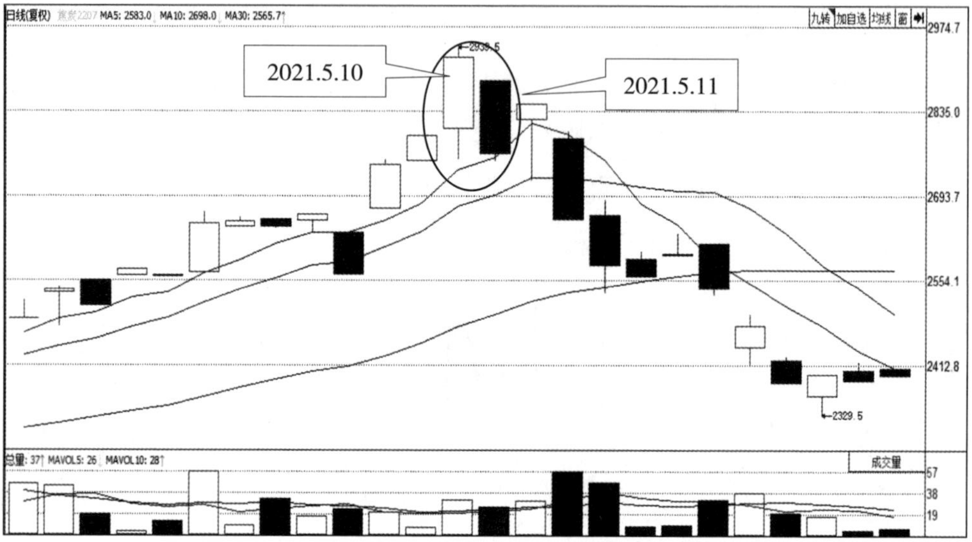

图 4-31 焦炭 2207 合约日 K 线走势图

如图 4-31 所示。焦炭 2207 合约 2021 年 3 月下旬出现了一波上涨行情之后，在 2021 年 5 月 10 日、5 月 11 日 K 线图上走出了倾盆大雨形态。

5 月 10 日，焦炭 2207 合约收出一根大阳线，这说明多方仍占据主导地位。其后的 5 月 11 日，焦炭 2207 合约低开低走，在 K 线图上留下了一根大阴线。该 K 线在收盘时将指数打压到了前一日的开市价下方，形成了一根大阴线。两根 K 线共同组成了倾盆大雨形态。这种形态的出现预示着焦炭 2207 合约行情已经到达阶段性顶部，空方优势比较明显，持有多头仓位的投资者宜平仓，空仓投资者可考虑开空仓操作。

九、黄昏之星

与早晨之星相对的是黄昏之星。黄昏之星又称暮星、迟暮之星，通常由三根 K 线组成，第一根大阳线将价格拉升至较高位置，第二根拉出向上跳空十字星线，第三根大阴线重新将价格打压至较低位置。如图 4-32 所示。

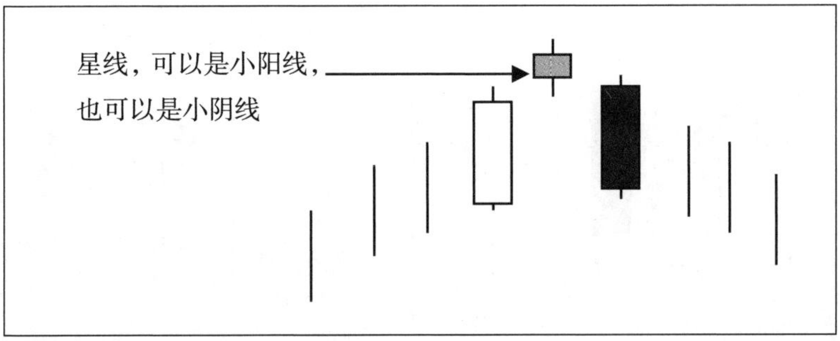

图 4-32　黄昏之星

黄昏之星形态中的第一根大阳线，表明多方仍占据绝对的优势，空方无任何还手之力；次日，多方再度发力，价格跳空高开，但空方开始发动反攻，双方经过激烈的交锋，最终形成了一个相对平衡的局面，在 K 线图上留下了一根小星线；第三个交易日，空方在前一交易日反攻的基础上再度发力，趁机巩固成果，将多方击退。至此，三根 K 线形成了一个趋势转折形态，预示价格将触顶回落。其交易含义如下。

第一，黄昏之星形态是典型的多空转换形态，它的出现说明价格已经由多方主导转为空方主导，未来价格下跌的可能性较大。

第二，黄昏之星形态中中间的十字星（星线也可以是锤头线、倒锤头线、十字线、T 字线、倒 T 字线等）实体越小，与阳线之间的跳空距离越大，则未来价格反转向下的概率越大。如果该十字线与前后两根 K 线之间均出现缺口，就构成了弃婴（舍字线）形态，反转信号更强烈。如图 4-33 所示。

第三，投资者按照黄昏之星形态执行做空操作后，若价格不跌反涨，投资者可在价格重新向上突破中间十字星线的最高价时执行平仓操作或反手开立多头仓位。

第四，黄昏之星形态中，第三根阴线出现时，若成交量同步放大，则可增强价格进一步下跌的概率。

下面来看一下螺纹 2209 合约的价格走势情况，如图 4-34 所示。

如图 4-34 所示，螺纹 2209 合约在上涨行情末期的 2021 年 7 月 29 日、30 日和 8 月 2 日这三个连续的交易日里形成了黄昏之星形态。

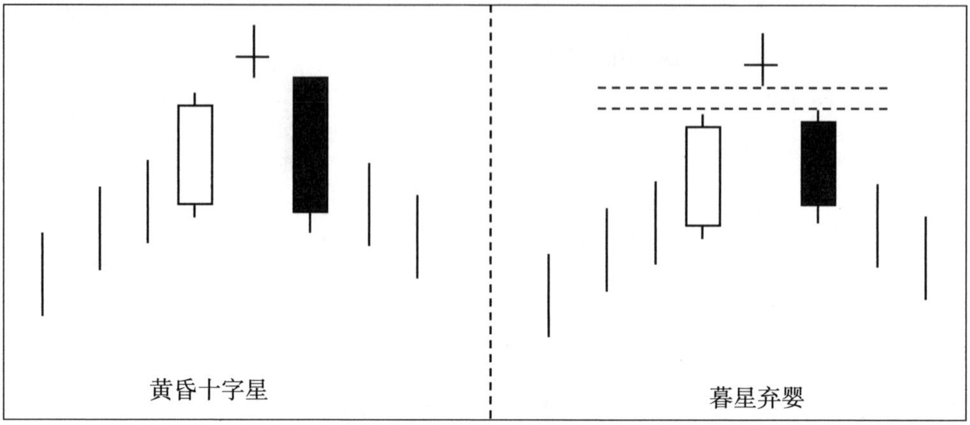

图 4-33　黄昏十字星和暮星弃婴形态

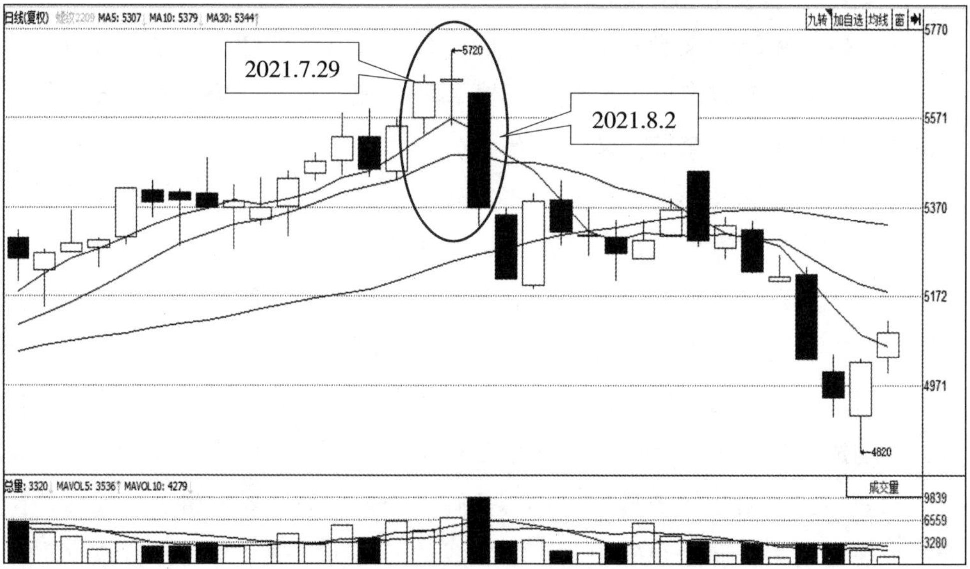

图 4-34　螺纹 2209 合约价格日 K 线走势图

2021 年 7 月 29 日，螺纹 2209 合约收出一根带影线的中阳线，表明上档存在较大的抛压。

7 月 30 日，该品种合约的价格跳空高开，并收出一根十字星线，这表明多空双方处于胶着状态，后市情况不明。

8 月 2 日，该品种价格跳空低开，收出一根大阴线，说明市场已经进入了空头状态。

这三根 K 线共同组成了黄昏之星形态，这是后市看跌的征兆。

十、早晨之星

早晨之星，又称晨星、启明星、希望之星，通常由三根 K 线组成，第一根大阴线将价格打压至较低位置，第二根收出向下跳空十字星线，第三根大阳线重新将价格拉升至较高位置。如图 4-35 所示。

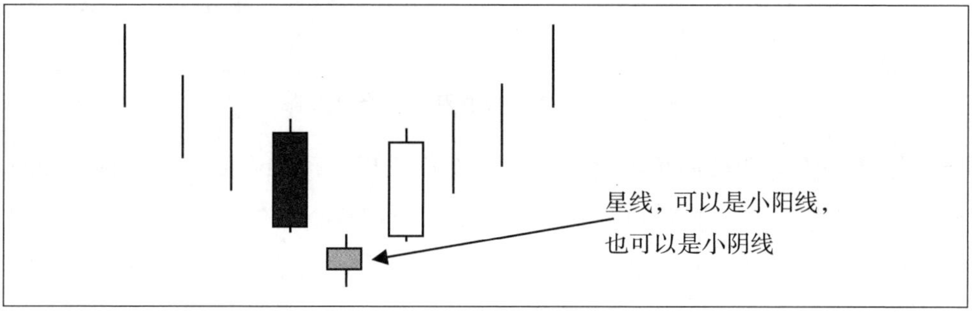

图 4-35 早晨之星

早晨之星形态中的第一根大阴线，表明空方仍占据绝对优势，多方无任何还手之力；次日，空方再度发力，价格跳空低开，但多方开始发动反攻，双方经过激烈的交锋，最终形成了一个相对平衡的局面，在 K 线图上留下了一根小星线；第三个交易日，多方在前一交易日反攻的基础上再度发力，趁机巩固成果，将空方击退。至此，三根 K 线形成了一个趋势转折形态，预示价格将企稳反弹。其交易含义如下。

第一，早晨之星形态是典型的多空转换形态，它的出现说明价格已经由空方主导转为多方主导，未来价格上升的可能性较大。

第二，早晨之星形态中中间的十字星（星线也可以是锤头线、倒锤头线、十字线、T 字线、倒 T 字线等）实体越小，与阴线之间的跳空距离越大，则未来价格反弹向上的概率越大。如果该十字线与前后两根 K 线之间均出现缺口，就构成了弃婴（舍字线）状态，反转信号更强烈。如图 4-36 所示。

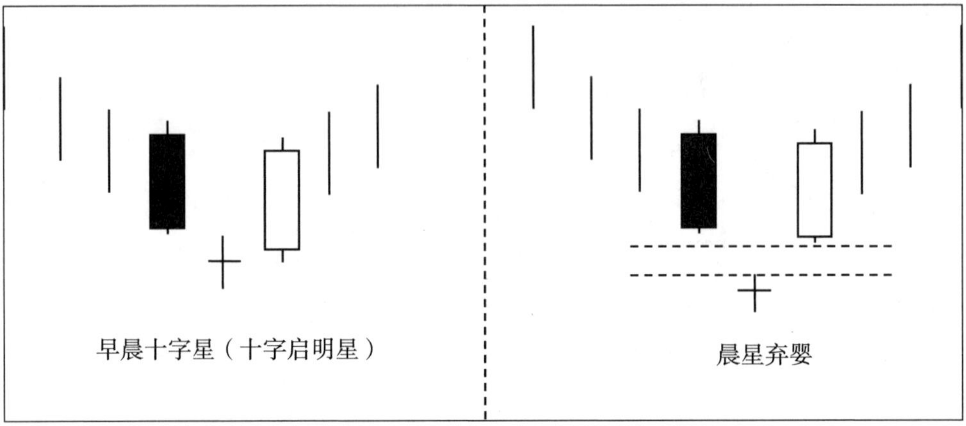

图 4-36　早晨十字星和晨星弃婴形态

第三，投资者按照早晨之星执行做多操作后，可将中间十字星线的最低价设置为止损位，一旦价格跌破此位置即可执行平仓操作。

第四，早晨之星形态中，第三根阳线出现时，若成交量同步放大，则可增强价格进一步上升的概率。

下面来看一下焦炭 2212 合约的价格走势情况，如图 4-37 所示。

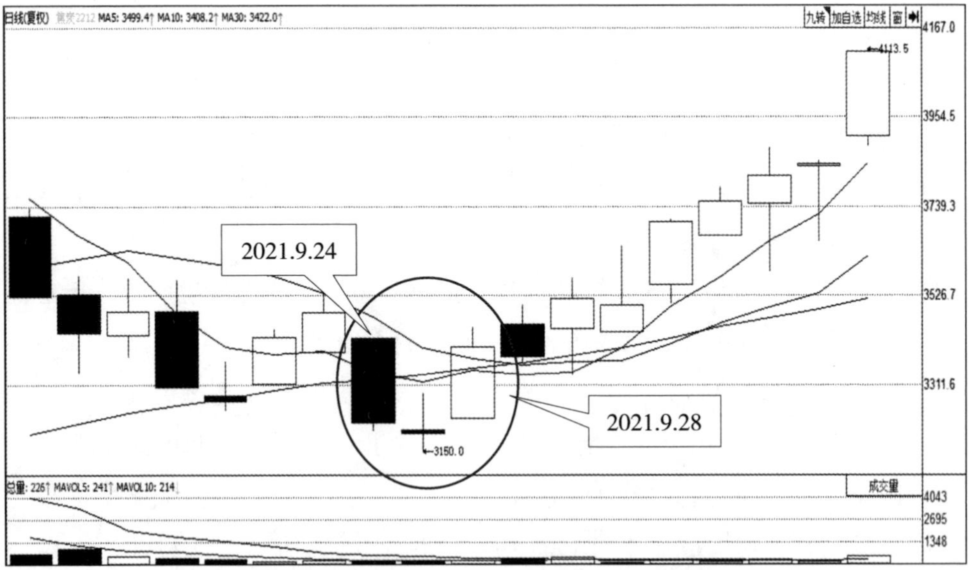

图 4-37　焦炭 2212 合约价格日 K 线走势图

如图 4–37 所示，焦炭 2212 合约的价格在下跌行情末期的 2021 年 9 月 24 日、27 日和 28 日这三个连续的交易日里形成了早晨之星形态。

2021 年 9 月 24 日，焦炭 2212 合约收出一根大阴线，表明价格存在继续走低的可能。

9 月 27 日，该品种合约的价格跳空低开，并收出一根十字星线，这表明多空双方处于胶着状态，后市情况不明。

9 月 28 日，该品种价格跳空高开，收出一根大阳线，说明市场已经进入了多头状态。

这三根 K 线共同组成了早晨之星形态，这都是后市看涨的征兆，投资者可考虑积极入场做多。

第三节　反转日形态及交易含义

反转日，顾名思义，就是价格运行趋势发生反转的交易日。通常情况下，在上升或下跌趋势中，某类商品在一个交易周期内触及最高点或最低点价格后，价格开始出现明显的转向痕迹，这类 K 线就被称为反转日形态。

从本质上来说，反转日形态本身只是在一个交易日内多空力量对比发生逆转而形成的一种形态，对未来的价格走势具有一定的引导作用，但并非预示整个价格走势一定会发生反转。

一、顶部反转日

顶部反转日形态，与射击之星形态有些相似，但是对形态的要求更为严格。顶部反转日 K 线的上影线要创出新高，而收市价还要低于前一个交易日的收市价。如图 4–38 所示。

顶部反转日的形成与价格的惯性冲高有关。在上升趋势中，前一个交易日若能以阳线报收，而反转日出现当天，价格高开高走，则属于典型的价格惯性上冲，也反映出多头实力达到了极强水平。当日，价格触顶反转向下，并收于前日收市价下方，则说明空方实力已经展现，并强于多头实力，未来

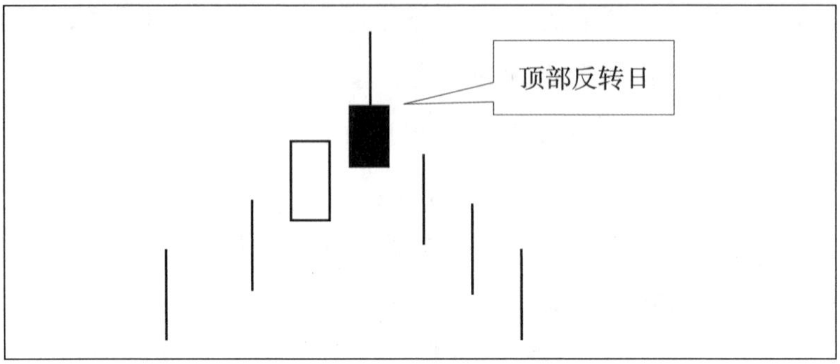

图 4-38 顶部反转日

价格走低的概率极高。

顶部反转日的操作要点如下。

第一，顶部反转日形态并非精确的反转信号。事实上，当顶部反转日形态出现后，有时价格并不会立即转入下跌，而是会出现短暂的休整，至于未来是上升还是下跌，则具有很大的不确定性。

第二，反转日当天的价格波动幅度要超过前一天的 40% 以上。

第三，从操作角度来看，顶部反转日形态出现后，持有多头仓位的投资者宜执行平仓操作，但却不宜立即开空单，要等到明确的下跌信号出现后再开立空头仓位。

第四，顶部反转日形态出现后，若价格不跌反涨，说明形态失败。投资者可在价格向上突破反转日最高点后重新考虑入场做多。

第五，顶部反转日出现当天，成交要尽可能活跃，成交量同步出现了极大值或天量，则更可印证顶部反转日形态的成立。

下面来看一下苯乙烯 2112 合约的价格走势情况，如图 4-39 所示。

如图 4-39 所示。苯乙烯 2112 合约的价格经历了一波上涨行情之后，在 2021 年 10 月中旬开始进入高位。其后，该品种价格于 2021 年 10 月 12 日走出了顶部反转日形态。

2021 年 10 月 11 日，苯乙烯 2112 合约收出一根大阳线，这说明多方仍占据主导地位。其后的 10 月 12 日，苯乙烯 2112 合约价格高开低走低收，在 K 线图上留下了一根带长上影线的中阴线。该 K 线在收市时将价格打压

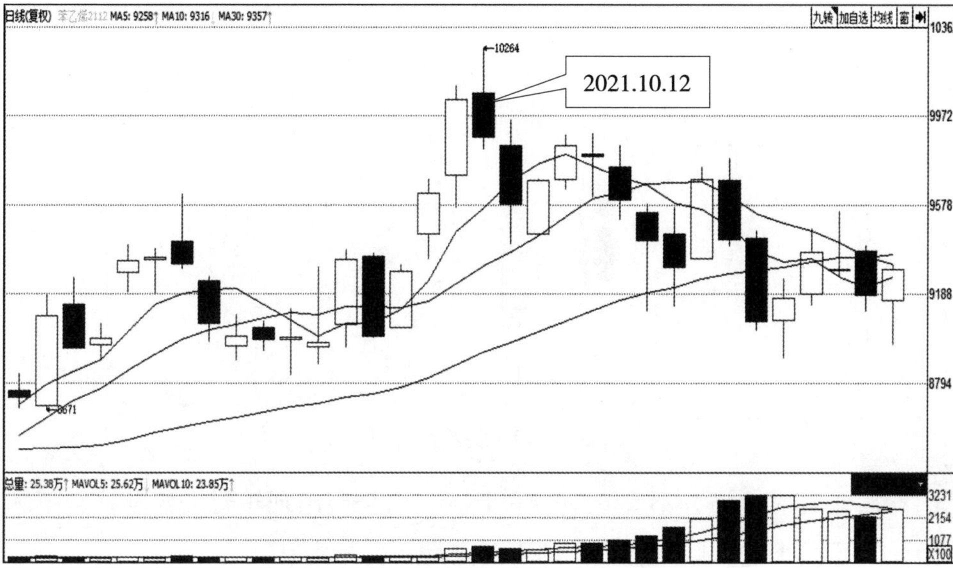

图 4-39　苯乙烯 2112 合约日 K 线走势图

到了前一日收市价下方，这标志着顶部反转日形态正式成立。

此后，苯乙烯 2112 合约跳空低开，空方优势更加明显，持有多头仓位的投资者宜立即平仓。

二、底部反转日

底部反转日形态与锤头线形态有些相似，但是对形态的要求更为严格。底部反转日 K 线的下影线要创出新低，收市价还要高于前一个交易日的收市价。如图 4-40 所示。

底部反转日的形成与价格惯性走低有关。在下降趋势中，前一个交易日若能以阴线报收，而反转日出现当天价格低开低走，则属于典型的价格惯性下行，也反映出空头实力达到了极强水平。当日，价格触底反转向上，并收于前日收市价上方，则说明多方实力已经展现并强于空头实力，未来价格走高的概率极高。

底部反转日的操作要点如下。

第一，底部反转日形态并非精确的反转信号。事实上，当底部反转日形

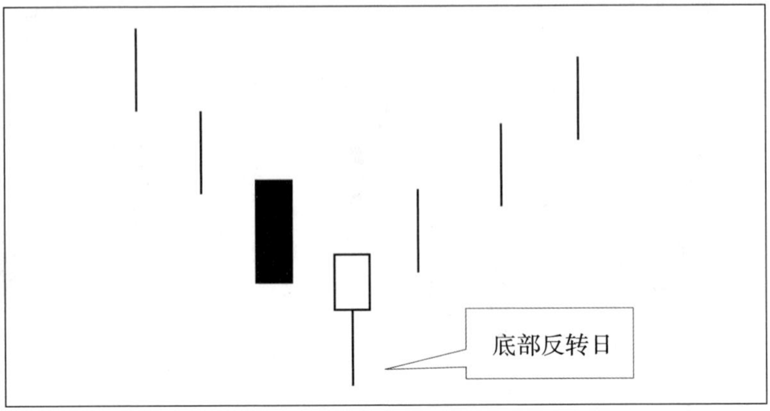

图 4-40 底部反转日

态出现后，有时价格并不会立即转入上涨，而是会出现短暂的休整，至于未来是上升还是下跌，则具有很大的不确定性。

第二，反转日当天的价格波动幅度要超过前一天的 40% 以上。

第三，从操作角度来看，底部反转日形态出现后，持有空头仓位的投资者宜执行平仓操作，但不宜立即开多单，而要等到明确的上涨信号出现后再开立多头仓位。

第四，底部反转日形态出现后，若价格不涨反跌，说明形态失败，投资者可在价格向下跌破反转日最低点后重新考虑入场做空。

下面来看一下焦煤主连的价格走势情况，如图 4-41 所示。

如图 4-41 所示。焦煤主连合约的价格经历了一波下跌行情之后，在 2021 年 5 月中旬开始进入低位。其后，该品种价格于 2021 年 5 月 24 日走出了底部反转日形态。

2021 年 5 月 21 日，焦煤主连合约收出一根大阴线，这说明空方仍占据主导地位。其后的 5 月 24 日（5 月 22 日、23 日周末休市），焦煤主连合约价格高开低走高收，在 K 线图上留下了一根带长下影线的小阳线。该 K 线在收市时将价格拉升到了前一日的收市价上方，这标志着底部反转日形态正式成立。

此后，焦煤主连合约跳空高开，多方优势更加明显，持有空头仓位的投资者宜立即平仓。

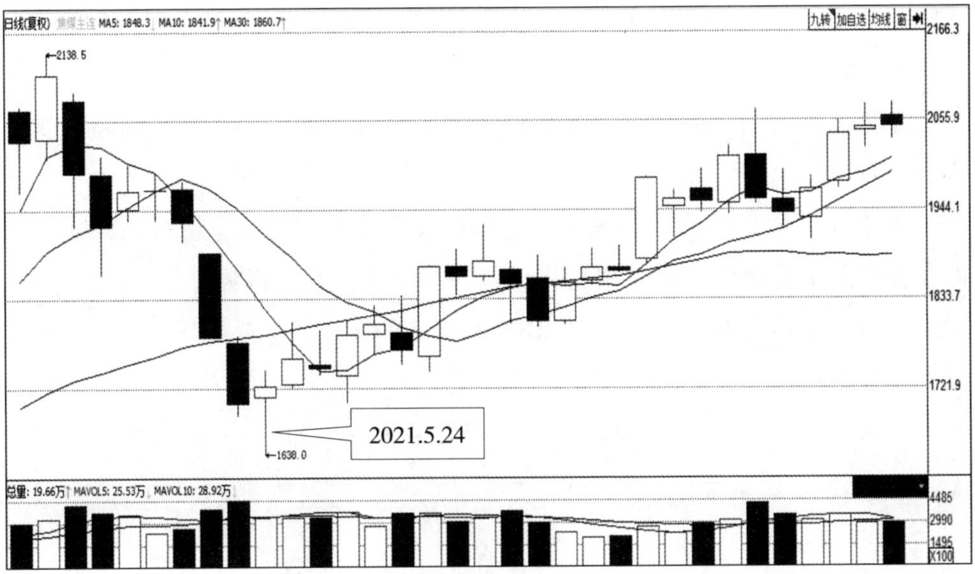

图 4-41　焦煤主连合约日 K 线走势图

三、关键反转日

前面曾经介绍过，反转日形态出现后，价格未必会立即出现反转，很可能会出现短暂的调整。但是，若价格真的如形态名称所描述的出现了行情反转，那么，这个反转日就可以称为关键反转日。

不过，为了能够先一步辨识关键反转日，很多投资研究者还是希望通过反转日当天价量形态的研判来提升反转信号的准确度，并进而锁定关键反转日。

关键反转日的判断，一般可从以下几个角度进行分析。

第一，反转日出现前，价格应该处于一波幅度较大的上升或下跌过程。前期波动幅度越大，反转日为关键反转日的概率也就越大。

第二，反转日当日的价格波动幅度要足够大，波动幅度最好能够达到前一个交易日的 50% 以上。

第三，反转日收市价格相比前一个交易日要呈现明显的逆转，即上升趋势中，要低于前一个交易日的收市价，若能低于前一个交易日最低价更好；

下降趋势中，收市价要高于前一个交易日的收市价，若能高于前一个交易日最高价更好。

第四，反转日当日所形成的极值（最高价或最低价），要大幅超过前一个交易日。

第五，反转日出现当日成交量一般会大幅放大，而持仓量可能会减少。即存在大量平仓盘，这是价格趋势反转的一个重要参照指标。

第六，若其他技术指标，如 RSI 指标与价格出现背离形态，更可印证关键反转日的成色。

下面来看一下动煤 2212 合约的价格走势情况，如图 4–42 所示。

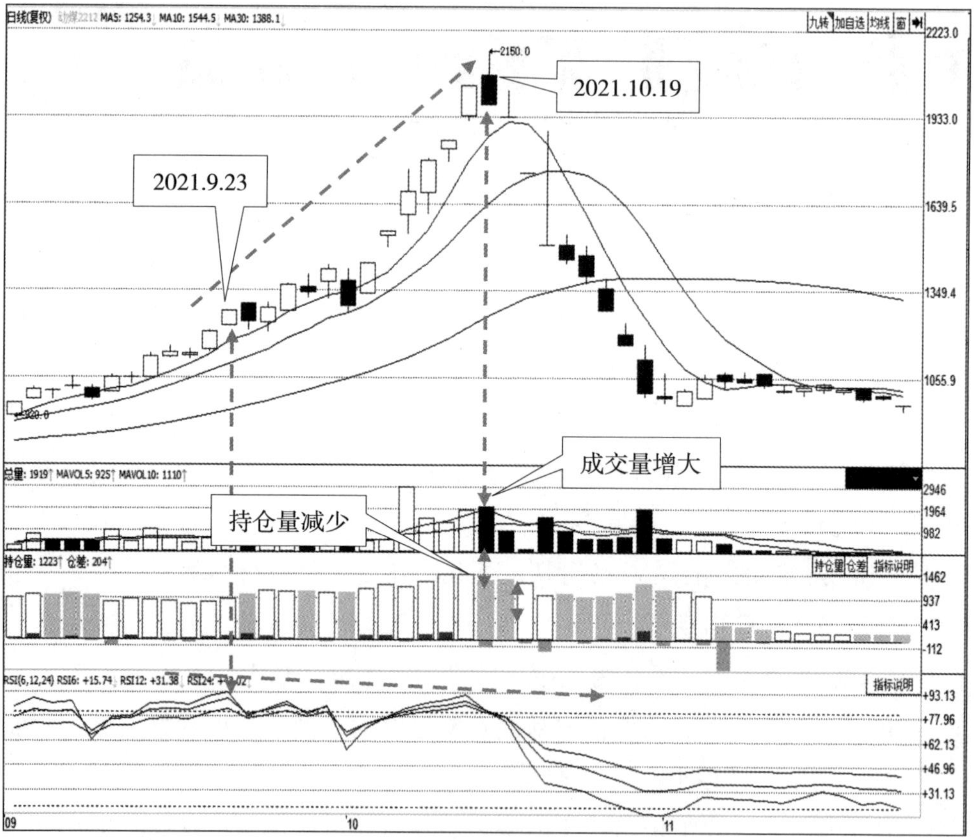

图 4–42　动煤 2212 合约日 K 线走势图

如图 4-42 所示，动煤 2212 合约的价格 2021 年出现了一波振荡上升走势，尤其是 9 月到 10 月中旬期间呈现了加速上升态势。

2021 年 10 月 19 日，该品种的报价大幅振荡，触顶后反向下跌，跌破了前日收市价，形成了反转日形态。观察当日的成交情况可知，成交量出现了放大，而持仓量却反向萎缩。观察 RSI 指标可以发现，尽管该品种的价格自 9 月 23 日到 10 月 19 日出现了较大幅度的上升，但 RSI 指标却并未同步创出新高，这属于 RSI 指标与价格出现了顶背离。

基于以上分析可知，该品种在 2021 年 10 月 19 日的 K 线形态，很有可能会构成关键反转日形态，投资者可平掉多头仓位，积极入场做空。

第四节 缺口形态及交易含义

缺口，意味着在交易过程中存在价格成交的空白地带。缺口的形成，是价格直接“跳过”了某个价格区域，而没有在这个区域产生过交易。

一、跳空缺口的形成

缺口的形成，本质上都是由于投资者缺乏交易意愿而造成的，但这种交易意愿的缺乏又由多种原因促成。

第一类：利好或利空突至。

期货交易并非全天 24 小时不休息地交易，而是每天都有固定的交易时段。在休市时间内，期货合约的基本面可能会出现一些变化，比如某些重要农产品主产区遭遇异常天气，某些矿产企业出现了一些险情，中东局势不稳等，诸如此类消息，都可能会严重影响下一个交易日期货合约的价格。次日期货开市时，很多期货合约的价格就会出现跳空下跌或上涨，进而在 K 线图上留下“缺口”。

关于这一点，在节假日后第一个交易日表现得更为明显。由于节假日休市时间较长，各种信息汇总得也多。比如，2021 年国庆假期后的第一个交易日，很多期货品种的价格相比前一交易日都出现了“跳涨”缺口，如图 4-43 所示。

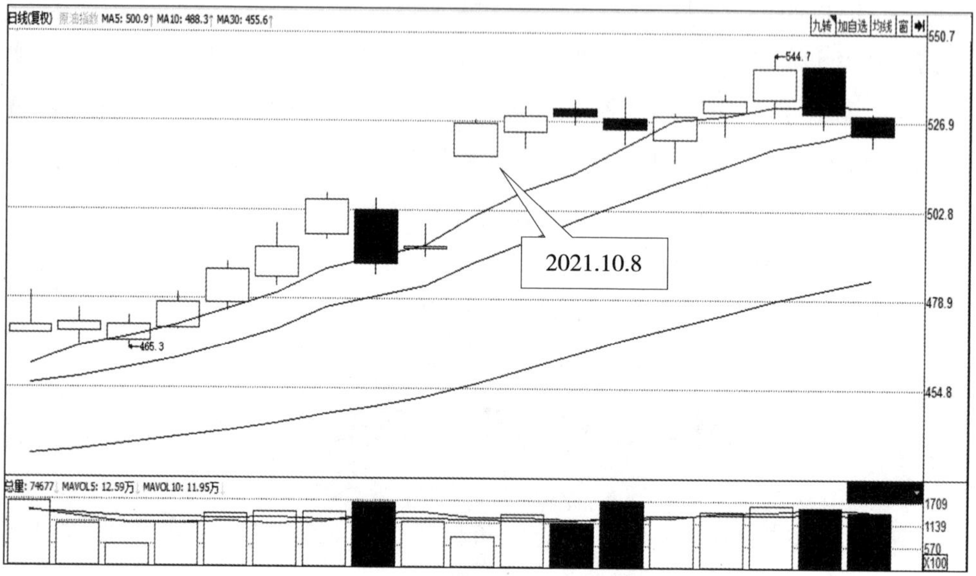

图 4-43　原油指数日 K 线走势图

如图 4-43 所示，原油合约的价格 2021 年下半年出现了连续上攻走势。在价格上升至 9 月底时，价格上升的势头因“国庆”假期而中断。其后，经过几个交易日的休市后，10 月 8 日开市后，原油合约的价格直接出现了跳空上升走势。由于该日开市价相比前一交易日的价格出现了巨大的跳空，在 K 线图上就留下了一个明显的“缺口”。

第二类：做多或做空力量使然。

在新的价格运动形成的初期或末期，价格的上升或下跌力量大幅增加，从而推动价格出现“跳跃”式前进，进而在 K 线图中留下“缺口”。伴随着“缺口”的出现，成交量会大幅增加。

在价格启动的初期或末期出现缺口时，持仓量不一定会增加，这是需要重点关注的缺口形态，在很多技术分析书籍中也称为“中继跳空”。

在价格趋势末期，伴随着成交量的增加，持仓量可能会出现萎缩的态势，这是获利盘平仓兑现产生的一个结果。在一些技术分析书籍中，也有的将此类缺口称为“衰竭跳空”，也就是这类缺口出现后，主力往往实力不济，这也是价格即将见顶或见底的信号。

比如，在价格从下跌趋势转为上升趋势初期，做多力量还在聚集，并希望在短期内将价格带离底部区域，这时，K 线图上就会产生一些放量上攻的“缺口”形态。

下面来看一下豆二主连合约的价格走势情况，如图 4-44 所示。

图 4-44　豆二主连合约日 K 线走势图

如图 4-44 所示，豆二合约的价格经过了九个多月的下跌后，在 2020 年 5 月中旬开始企稳反弹。该品种的价格经过一段时间的底部盘整后，于 6 月 22 日突破前期盘整区间，跳空高开，在 K 线图上留下了一个巨大的跳空缺口。

投资者观察当日形成的缺口可以发现，跳空当日成交量和持仓量同步大幅增加，这是主力资金大幅进场的标志。其后，该品种价格经过一波调整后，正式开启了上攻之路。

下面再来看一下铁矿石价格的走势情况，如图 4-45 所示。

图 4-45 铁矿 2204 合约日 K 线走势图

如图 4-45 所示，铁矿 2204 合约的价格经过了将近一年的大幅上升后，在 2021 年年初出现筑顶迹象。该品种的价格经过一段时间的顶部盘整与回调后，于 2021 年 2 月 3 日重新开始上升。不过，此阶段的上升无论成交量还是持仓量都不是很理想。

2021 年 2 月 18 日，受春节假期的影响，该合约价格在前几个交易日上升的基础上再度跳空上扬，形成了一个缺口。形成缺口当日成交量和持仓量双双走低，这说明资金入场意愿不强，未来上升动力不足。

此后，该品种的价格经过一段时间的顶部盘整后，开启了下跌行情。

第三类：交易过于清淡形成的缺口。

在 K 线图上，还有一类期货合约形成的价格缺口非常多，也基本上不具有任何研判的价值。这类缺口就是由于某一合约的成交量稀少，交易过于清淡所形成的缺口。研究这类缺口不仅没有多少意义，投资者更要远离这类品种，毕竟这类合约成交过于稀少，自己想要平仓时，很可能连对手盘都找不到。

目前，在期货市场上，非热门交易品种或热门交易品种的非主力合约，可能都存在交易清淡的现象，这类合约的 K 线图上会有非常多的缺口，但基本上没有多少研判意义。从技术角度来看，只有主力合约、交易比较活跃的合约才能更好地反映价格走势情况。

二、缺口的支撑与阻力

价格向上或向下完成跳空留下缺口后，一般会沿着跳空方向继续运行。当价格再次回到缺口附近时，会因缺口的支撑或阻力，促成价格朝着相反方向运行。

1. 缺口的支撑

处于上升趋势中的价格，在经历了一段上升后，出现向上跳空缺口。其后，若价格出现回调，则其回调至缺口位置时，很多先前没有执行买入建仓的投资者会将该位置看成较佳的入场位，纷纷入场开立多头仓位，从而推动价格上扬，此时，缺口位置发挥的作用就是支撑作用。下面来看一下菜油 2207 合约的价格走势情况，如图 4–46 所示。

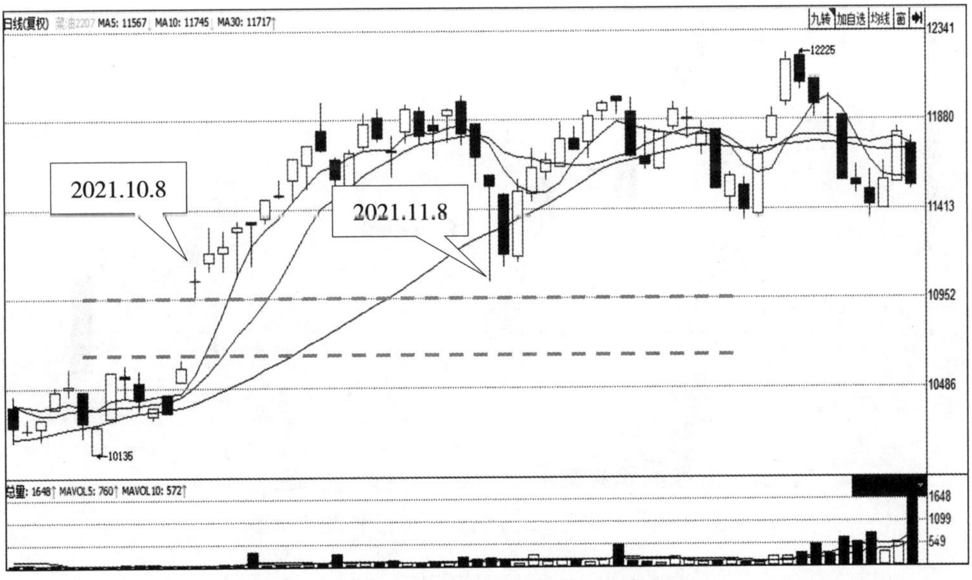

图 4–46　菜油 2207 合约价格日 K 线走势图

如图 4–46 所示，菜油 2207 合约的价格在 2021 年 10 月 8 日开市后出现了大幅跳空上扬态势，这与十一国庆休市有关。其后，该品种的价格在连续上攻一段时间后出现回调走势。

2021年11月8日，该品种价格在交易过程中出现了大幅走低的振荡状况，期间价格一度向下触及缺口位置，后因受到支撑而反弹向上。

其后的两个交易日，该品种价格再度来到缺口位置附近，均因该位置的支撑而重新上升，这说明该位置具有较强的支撑作用，

2. 缺口的阻力

处于下行趋势中的价格，在经历了一段下跌后，出现向下跳空缺口。其后，若价格出现反弹，则其反弹至缺口位置时，很多先前没有开立空头仓位的投资者会将该位置看成较佳的入场位，纷纷入场开立空头仓位，从而推动价格下行，此时，缺口位置发挥的作用就是阻力作用。下面来看一下菜粕2208合约的价格走势情况，如图4-47所示。

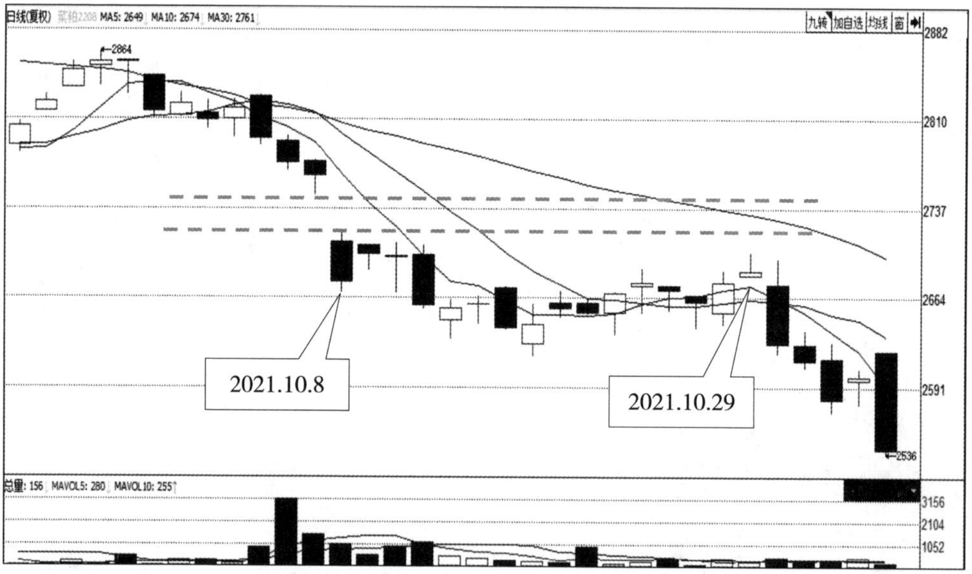

图4-47　菜粕2208合约价格日K线走势图

如图4-47所示，菜粕2208合约的价格在2021年10月8日开市后出现了大幅跳空下跌态势，这与十一国庆休市有关。其后，该品种的价格在连续下跌一段时间后出现反弹走势。

2021年10月29日，该品种价格在交易过程中出现了冲高的走势，期间价格一度向上触及缺口下方位置，后因受到阻力而回落。

其后，该品种的价格加快了下跌的步伐。

三、缺口回补与不回补

在多数情况下，价格跳空产生的缺口都会有一波回补走势。当然，缺口形成的原因不同，缺口回补的概率也不相同。比如，价格上升或下跌初期的突破性缺口，回补的概率是最低的。因为节假日休市或交易过于清淡形成的缺口，或者价格趋势进入末期后多空最后一搏形成的缺口，回补的可能性则要高很多。

从本质上来说，缺口的回补也是价格运行过程中的一种调整方式。对于投资者来说，缺口回补也是观察价格走势强弱程度以及未来运行趋势的一个机会。

1. 补足缺口，再出发

从以往的经验来看，缺口出现后，很有可能会出现回补走势，即价格K线通过回调或反弹将先前上升或下跌跳空的缺口补足。若出现回补走势，那么当缺口回补完成后，价格继续上升或下跌的概率也是很高的。

下面来看一下焦煤2201合约的价格走势情况，如图4-48所示。

如图4-48所示，焦煤2201合约的价格在2021年下半年出现了大幅上升走势。2021年8月24日，焦煤2201合约的价格在前一交易日涨停的基础上再度跳空高开，全天大幅振荡，并以十字线收市。该十字线与前一根阳线之间存在一个跳空的缺口。

其后，该品种的价格经过两个交易日的上升后开始出现回调。8月31日，该合约的K线已经将8月24日的缺口完全补回。

次日，该品种的价格重新开始上升。这说明回补缺口后，也就意味着价格调整结束，价格重归上升通道。

2. 有缺不补，后市如虎

在价格上升或下跌初期，有些缺口并未回补，而是直接上升或下降。这

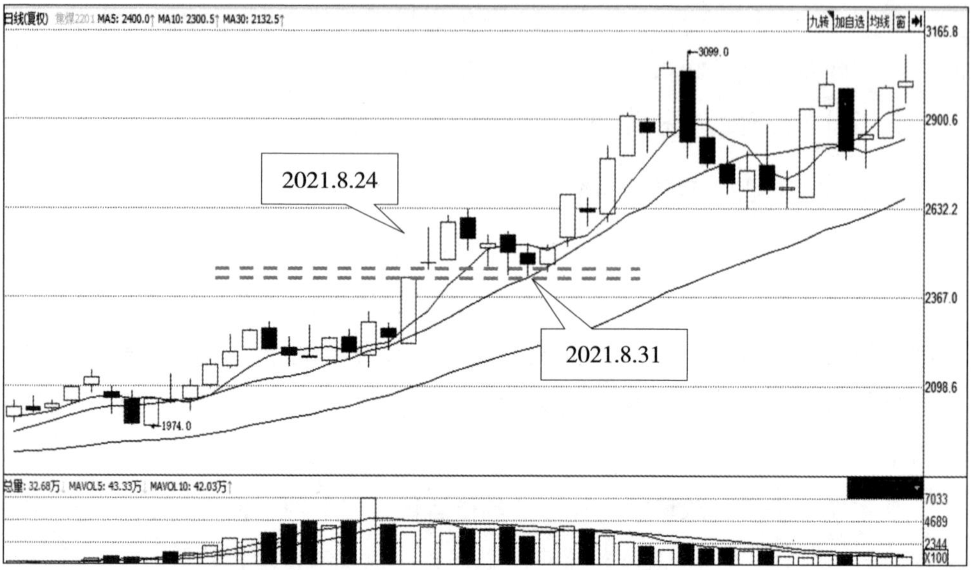

图 4-48　焦煤 2201 合约日 K 线走势图

意味着整个市场已经充满了做多或做空气氛，价格很有可能会进入强势上升或下跌通道。下面来看一下苹果 2204 合约的价格走势情况，如图 4-49 所示。

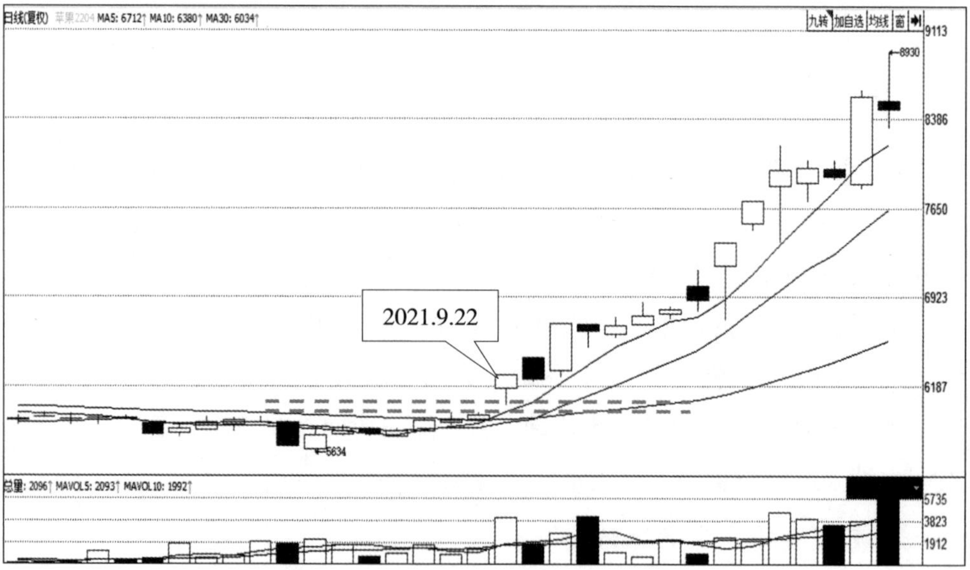

图 4-49　苹果 2204 合约日 K 线走势图

如图 4-49 所示，苹果 2204 合约的价格在 2021 年 9 月之前一直呈现横向振荡态势。

9 月 22 日，该品种价格突破跳空上升，并以涨停报收。当日 K 线与前一交易日 K 线形成了一个跳空缺口。此后几个交易日，该品种价格小幅调整后继续走高，毫无回补缺口的迹象，这说明该品种价格走势趋于强势，投资者可积极入场做多。

四、特殊缺口：岛形反转

在 K 线形态中，有一类形态与缺口密切相关，就是岛形反转形态。岛形反转形态的形成，实质上是由两个方向相反的跳空缺口构成的。其分为底部岛形和顶部岛形两类。

1. 底部岛形

底部岛形由一个向下跳空缺口和一个向上跳空缺口组成。如图 4-50 所示。

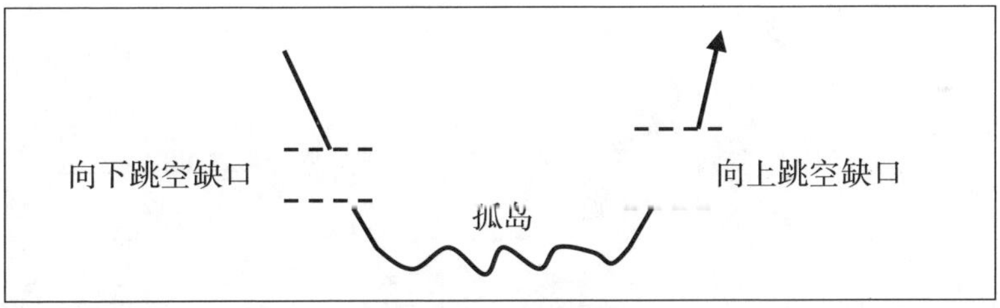

图 4-50 底部岛形

在底部岛形形态中，第一个向下跳空的缺口，对应的跳空一般为下降趋势末端空头的“最后一攻”，尽管力度非常之大，但却很难继续保持这一强度。其后，价格会在底部区域稍稍停留和盘整。其后出现向上跳空的缺口，则是多头进攻的信号，这也对应了上升趋势初期的跳空多为多头实力开始增强的表现。从这两个缺口的形成过程，也可以看出底部岛形实质上就是多空力量的一次彻底转换。此后，价格就由空头主导的下跌趋势，转为由多头主导的上升趋势。

一般来说，底部岛形属于典型的趋势反转信号，其操作要点包括如下几项。

第一，底部岛形是后市上涨的信号，提示投资者应从看空转向看多。所以，当向上跳空缺口形成时，投资者便可以入场做多。

第二，底部岛形两个缺口之间相隔的时间可能是一天，也可能是几天或几周。相隔的时间越长，总的换手率越高，说明市场从空头行情向多头行情转变得越彻底，后市上涨的力度也会越大。

第三，底部岛形一旦形成，原来属于阻力位的缺口就会变成支撑位，价格下探到这一位置时可能会受到支撑。

下面来看一下尿素指数的价格走势情况，如图 4-51 所示。

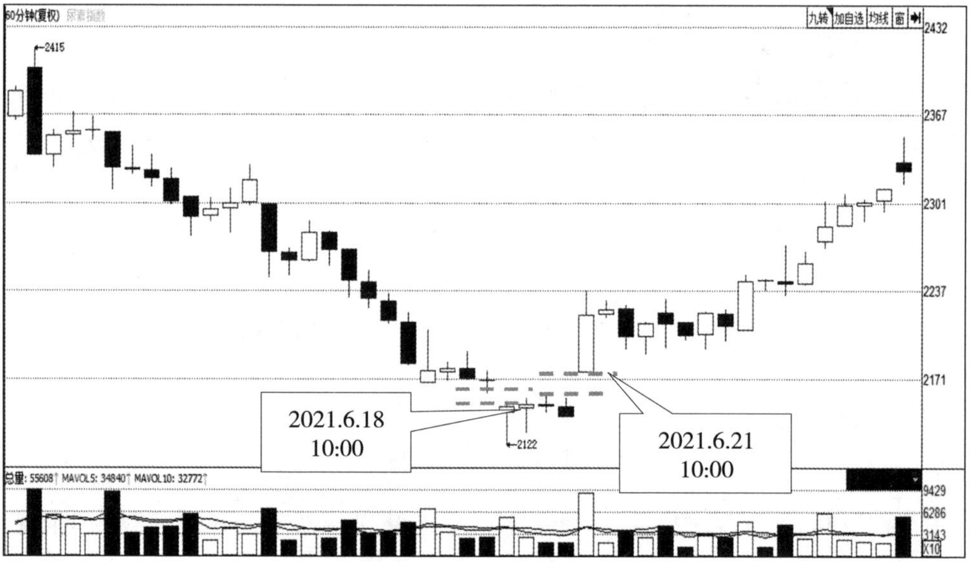

图 4-51　尿素指数 60 分钟 K 线走势图

如图 4-51 所示，尿素的价格在 2021 年 6 月初开始了一波下跌走势。从 60 分钟 K 线图上来看，该品种的下跌趋势有逐渐加速的态势。

2021 年 6 月 18 日 10:00，该品种的价格跳空下跌，并与前一交易日最后一小时 K 线形成了一个明显的缺口。此后的几个小时内，价格一直在底部振荡。

6月21日10:00开市后，该品种的价格直接跳空上升，并与之前的K线再度形成了一个缺口。至此，底部岛形正式成立。

该形态属于典型的底部反转形态，未来价格走高的概率极大。

2. 顶部岛形

顶部岛形由一个向上跳空缺口和一个向下跳空缺口组成。如图4-52所示。

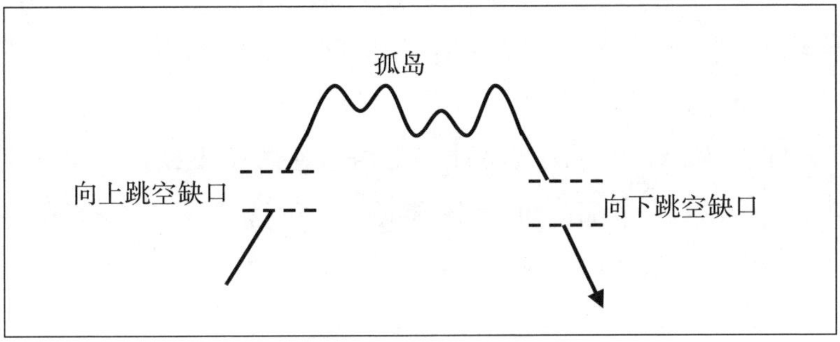

图4-52 顶部岛形

在顶部岛形形态中，第一个向上的跳空缺口，所对应的跳空一般为上升趋势末端多头的“最后一攻”，尽管向上跳空的力度非常之大，但却很难继续保持这一强度。其后，价格会在顶部区域稍稍停留和盘整。其后出现向下跳空的缺口，则是空头进攻的信号，这也对应了下降趋势初期的跳空多为空头实力开始增强的表现。

从这两个缺口的形成过程，也可以看出顶部岛形实质上就是多空力量的一次彻底转换。此后，价格就会由多头主导的上升趋势转为由空头主导的下跌趋势。

一般来说，顶部岛形属于典型的趋势反转信号，其操作要点包括如下几项。

第一，顶部岛形是后市下跌的信号，提示投资者应从看多转向看空。所以，当向下跳空的缺口形成时，投资者便可以入场做空。

第二，顶部岛形两个缺口之间相隔的时间可能是一天，也可能是几天或几周。相隔的时间越长，总的换手率越高，说明市场从多头行情向空头行情转变得越彻底，后市下跌的力度也会越大。

第三，顶部岛形一旦形态，原来属于支撑位的缺口就会变成阻力位，价格反弹到这一位置时很可能会受到阻力。

下面来看一下 PTA 指数的价格走势情况，如图 4–53 所示。

如图 4–53 所示，PTA 的价格在 2021 年 7 月初开始了一波快速上升走势。

2021 年 7 月 6 日 10:00，该品种的价格跳空上扬，并与前一交易日最后一小时 K 线形成了一个明显的缺口。此后的几个小时内，价格一直在顶部振荡。

7 月 6 日 22:00 开市后，该品种的价格直接跳空下跌，并与之前的 K 线再度形成了一个缺口。至此，顶部岛形正式成立。

该形态属于典型的顶部反转形态，未来价格走低的概率极大。

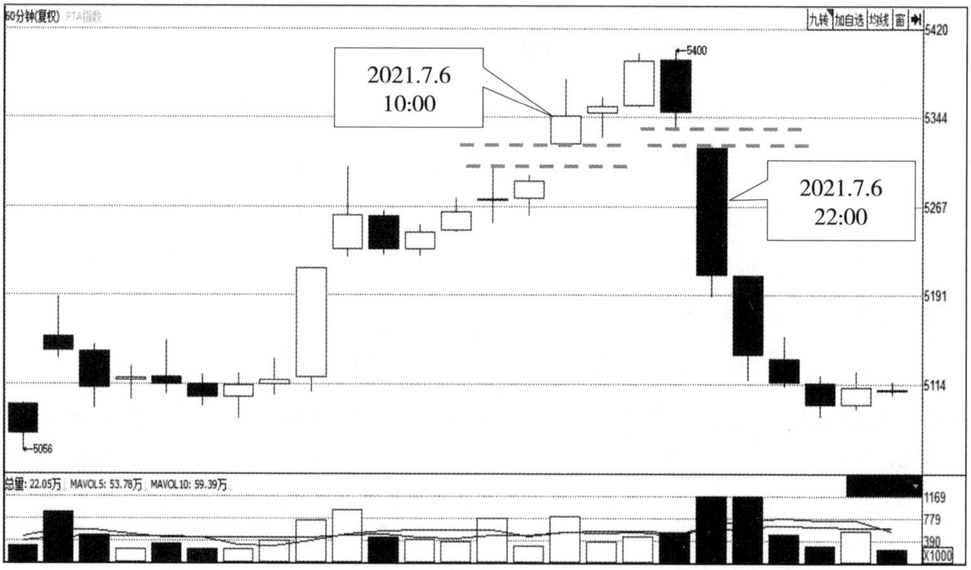

图 4–53　PTA 指数 60 分钟 K 线走势图

第五章

K 线反转形态

从一定意义上来说，“反转形态”这一术语的用词是不准确的。听到反转形态这个术语，往往使人误以为现有趋势将会突兀地结束，立即反转为新的趋势。实际上，这种情况很少发生。趋势的逆转，一般都是伴随着市场心理的逐渐改变逐步进行的，通常需要经过一个缓慢的、分阶段的演变过程。

趋势反转信号的出现，意味着之前的市场趋势可能发生变化，但是市场并不一定就此逆转到相反的方向上。弄清楚这一点，对交易是至关重要的。我们不妨用行驶中的汽车来打个比方。一波上升趋势就相当于一辆以时速 50 公里前进的汽车。汽车的刹车灯亮了，汽车随后停了下来。刹车灯相当于趋势反转信号，它表明先前的趋势（相当于汽车向前行驶）即将终止。现在汽车静止不动了，那么下一步司机是打算调头向相反方向行驶，还是停在那里不动，亦或是继续向前行驶呢？这就需要我们寻找更多的线索，通过更多的技术分析方法来反复确认形态是否能够成立，同时还要设置一定的止损位，在判断错误时及时止损离场。

总之，价格反转往往都不是一蹴而就的，主力操盘手法不同，市场环境不同，反转过程也会有所不同，在 K 线图上就会呈现出各类反转形态。这些反转形态按出现位置的不同，可以分为底部反转形态和顶部反转形态两类。

第一节　经典底部形态

价格经过一段时间的下跌后进入底部区域，有时价格会立即转入上升趋势，有时则会经过一系列盘整后才会启动上涨。价格在底部区域盘整过程中，会形成各类不同的底部形态。本节选取其中比较有代表性的几种，供读者参考。

一、V 形底

V 形底，又称尖底，出现在一段下跌行情的末尾。相对于其他底部形态，V 形底更加神出鬼没。很多时候，投资者还没有从价格下跌的思维中走出来，价格却已经快速脱离了底部区域。如图 5-1 所示。

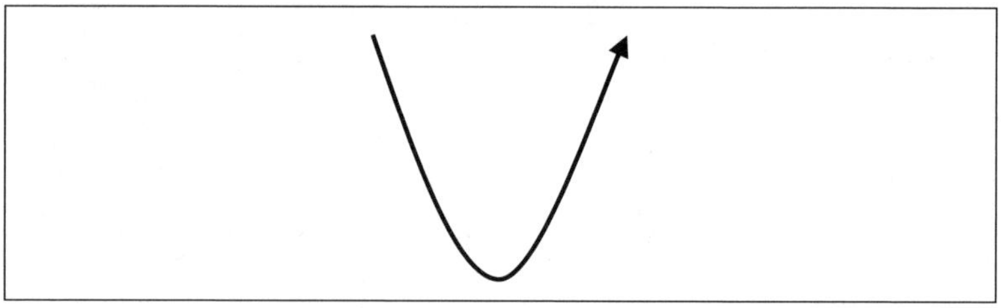

图 5-1　V 形底

在市场上，V 形底的判断非常困难。投资者很难像其他底部形态一样，通过各类技术指标的分析来准确识别底部反转形态的成立。该类形态先是空头发力向下打压价格，而后多方突然发力反攻，并快速收复失地，整个底部过程持续的时间非常短。

该形态的操作要点如下。

第一，当价格已经下跌了一段时间后，特别是一波明显加速下跌后出现了 V 形底形态，则反转信号的可靠性较高。

第二，在 V 形底形成的过程中，价格上涨的同时会伴随着成交量明显放大。成交量越大，看涨的信号就越强烈。

第三，在 V 形底的底部区域，若同时出现岛形反转形态，更可强化反转信号的有效性。

下面来看一下菜粕 2208 合约的 60 分钟 K 线走势图，如图 5-2 所示。

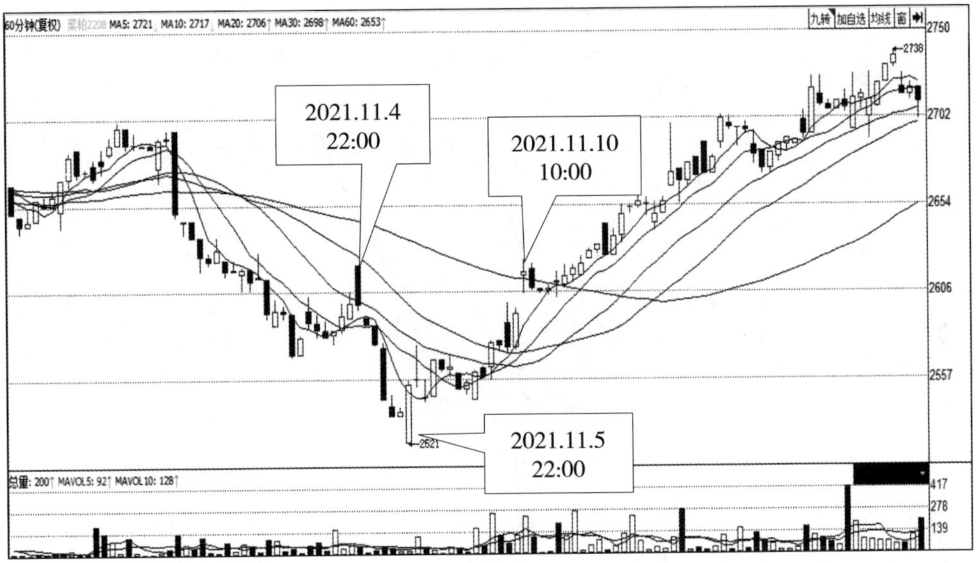

图 5-2 菜粕 2208 合约 60 分钟 K 线走势图

如图 5-2 所示，2021 年 11 月，菜粕 2208 合约的 60 分钟 K 线图上出现了 V 形底形态。

菜粕 2208 合约从 2021 年 8 月中旬开始下跌，到 2021 年 11 月初进入了振荡整理阶段。

2021 年 11 月 4 日 22:00，该合约价格高开低走收出一根大阴线，多空双方的平衡被打破，价格开始快速下跌。

2021 年 11 月 5 日 22:00，该合约价格收出一根低开高走的大阳线，说明下方有强大的买盘支撑，预示着行情极有可能出现反转。

此后，该合约价格启动了一波上升行情。当指数上升至 V 形底下跌起始位附近时，价格重新开始振荡。2021 年 11 月 10 日 10:00，该合约价格跳空高开收出一根十字阳线，这预示着价格振荡将结束，该指数已经完成了筑底走势，未来反弹向上的概率很大，投资者宜积极入场做多。

二、双底形态

双底，又称W形底，是由两个明显的价格低点构成的底部形态。如图5-3所示。

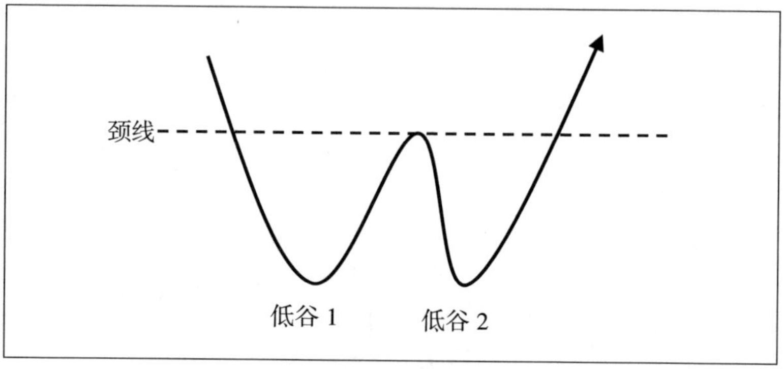

图 5-3　双底

双底形态，相比V形底经历了更多的振荡与调整，因而也可以看成更为坚实和可靠的底部反转形态。通过第一个反弹高点画一条水平直线，就得到了双底的颈线。价格突破该颈线，才能视为双底形态正式构筑完成。

双底是一种转势形态，该形态的出现预示着跌势将告一段落，行情将走入上升通道。

第一，双底形态是较为可靠的看涨信号，投资者看到此形态后可以考虑做多。

第二，通常情况下，当价格第二次探底且所探得的低点高于前一个低谷的低点时，称为二次探底不破底价。激进的投资者可以把握做多时机，适量买入，并把前一个低谷的低点设为止损点。

第三，价格突破颈线时，应该伴随着成交量的放大。如果成交量太小，则突破的效果会大打折扣，后市极有可能出现横盘振荡的走势。

第四，双底形态只有在价格经历一段时间的下跌后出现，才能被看成底部反转形态。如果在高价位区域出现与双底类似的形态，那么极有可能是表示下跌中继的矩形整理形态，这时投资者切勿将其视作双底形态进行操作。

下面来看一下菜油2201合约的15分钟K线走势图，如图5-4所示。

如图 5-4 所示，2021 年 12 月中旬，菜油 2201 合约 15 分钟 K 线图上出现了双底形态。

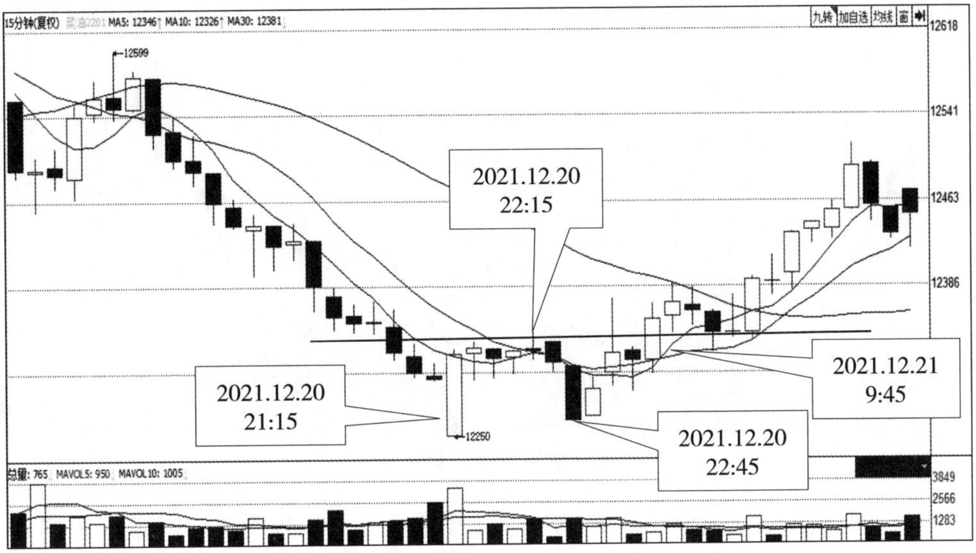

图 5-4　菜油 2201 合约 15 分钟 K 线走势图

2021 年 12 月 20 日 21:15，处于下跌行情中的菜油 2201 合约低开高走收出一根低位大阳线，并创出近期最低价。然后合约价格开始回升，从而形成了第一个低谷。这一回升持续的时间并不长。2021 年 12 月 20 日 22:15，该股上升遇到阻力，重新开始下跌。

2021 年 12 月 20 日 22:45，该合约价格收出一根大阴线，给人一种价格还将继续走低的感觉。其后价格再次开始回升，从而形成了第二个低谷。

2021 年 12 月 21 日 9:45，该合约价格突破了颈线位置，双底构筑完成，这是一个明确的做多买入信号。

其后该股出现了回调，但在颈线位置遇到支撑而再度上涨，此后投资者可追加做多仓位。

三、三重底

三重底出现在一段下跌行情的末尾，其形态表现为：价格在低位波动中经历了三次下跌，但都在低点获得支撑并反弹，从而形成了三个价格低谷，这三个价格低谷的低点大致处于同一价位上。如图 5-5 所示。

相比双底形态，三重底所需的时间更长，换手也更为充分，是更为可靠的底部反转形态。三重底形态完成后，价格上升的幅度和持续时间也可能会更长。

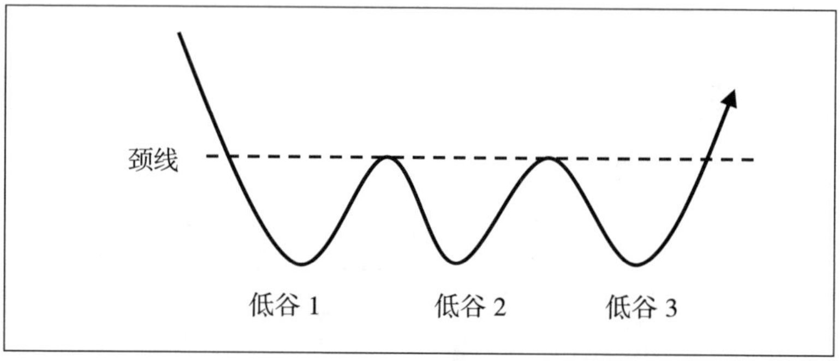

图 5-5　三重底

三重底是一种转势形态，该形态的出现预示着跌势将告一段落，行情将走入上升通道。

第一，三重底形态是较为可靠的看涨信号，投资者看到此形态后应考虑做多。

第二，通常情况下，当价格连续三次探底，且后两次所探得的低点高于前一个低谷的低点时，说明空头已经无力继续向下打压价格。激进的投资者可以把握做多时机，适量买入，并把前一个低谷的低点设为止损点。

第三，价格在突破颈线时，应该伴随着成交量的放大。如果成交量太小，则突破的效果会大打折扣，后市极有可能出现横盘振荡的走势。

第四，与双底形态相似，三重底形态只有在价格经历一段时间的下跌后出现，才能被看成底部反转形态。如果在高价位区域出现与三重底类似的形态，那么极有可能是表示下跌中继的矩形整理形态，这时投资者切勿将其按照三重底形态进行操作。

第五，当价格突破颈线后，也可能在不久之后回抽到颈线附近予以确认，如图 5-6 所示。如果获得支撑，则证明形态有效，投资者可以放心做多。但是并不是所有的三重底形态突破后都会出现回调，所以投资者不能把这种回抽当作唯一的买入点。

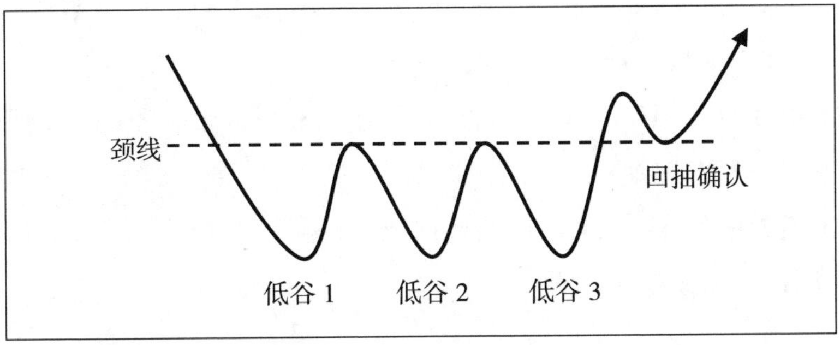

图 5-6　三重底的反抽确认

第六，三重底的最低点与颈线之间的垂直距离越大，通常表示未来价格上涨的幅度越大。

下面来看一下菜油指数的 15 分钟 K 线走势图，如图 5-7 所示。

图 5-7　菜油指数 15 分钟 K 线走势图

如图 5-7 所示，2021 年 3 月中旬，菜油指数 15 分钟 K 线图上出现了三重底形态。

2021 年 3 月 19 日 9:45，处于下跌行情中的菜油指数低开高走收出一根低位小阳线，并创出近期最低价。此后指数开始回升，从而形成了第一个低谷。这一回升持续的时间并不长，2021 年 3 月 19 日 21:15，该指数再度创出阶段低点后反弹，形成了第二个低价。

2021 年 3 月 22 日 11:00，该指数价格收出一根带长下影线的阳线，带有明显的触底反弹迹象。

2021 年 3 月 22 日 21:15，该指数向上突破了颈线位置，三重底构筑完成，这是一个明确的做多买入信号。

四、头肩底

头肩底出现在下跌行情中，由三个低谷组成，左右两个低谷相对较浅，基本处在同一水平位置上。中间一个低谷的低点明显低于左右两个低谷的低点，其形态就像一个倒立的人的头部和两肩。如图 5-8 所示。

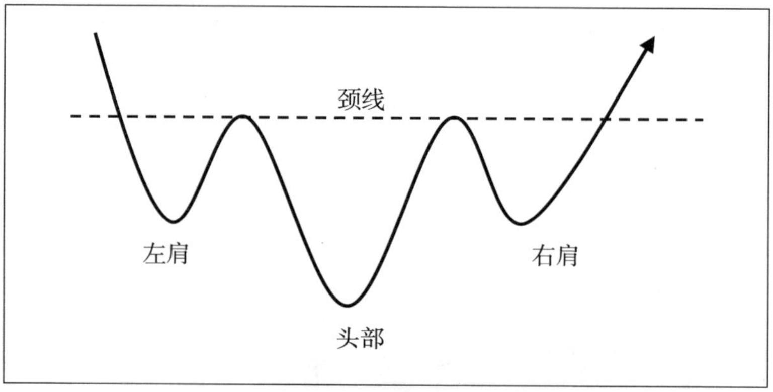

图 5-8　头肩底

头肩底形态的形成，反映出多空双方在底部价格区域进行了反复的争斗。当价格向上突破头肩底颈线位时，也就意味着价格已经彻底走出了底部区域。

头肩底形态是一种较为强烈的反转形态，表示空方力量被不断消耗，多方重新焕发生机。

第一，头肩底形态是较为可靠的牛市信号，此形态出现之后，常常会出现一波较为可观的上涨行情。因此，投资者看到头肩底形态后，应果断做多开仓。

第二，当价格冲破了阻力线（颈线）位置，表示头肩底形态构筑完成，这是头肩底形态的第一个多头信号。

第三，价格完成向上突破后，原来的阻力位就变成了支撑位，价格自高点回落至颈线位可能会受到一定的支撑。

第四，一般来说，价格向上突破头肩底颈线位时，需要有成交量放大相配合，若持仓量同步增加则更好。

下面来看一下生猪 2201 合约的 60 分钟 K 线走势图，如图 5–9 所示。

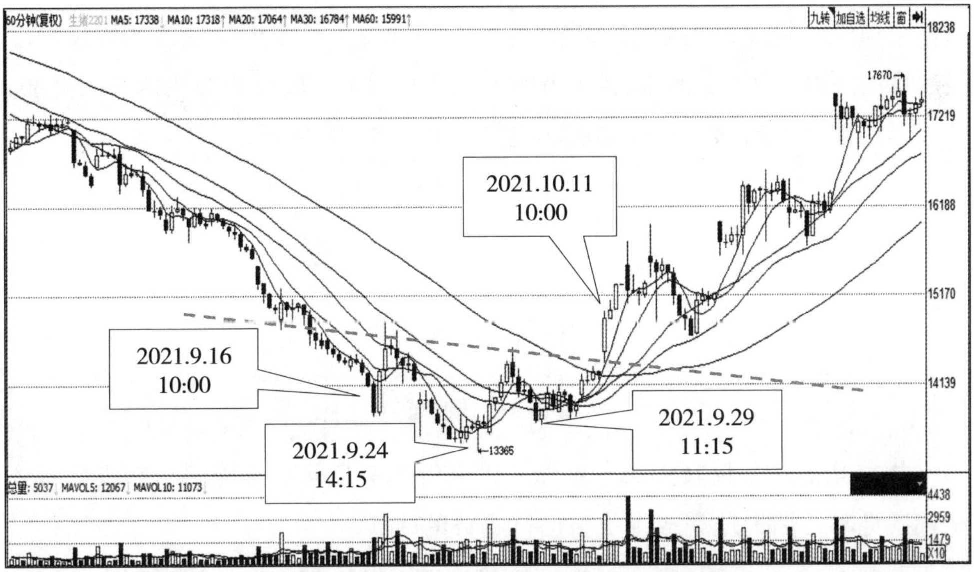

图 5–9 生猪 2201 合约 60 分钟 K 线走势图

如图 5–9 所示，2021 年 9 月—10 月，生猪 2201 合约 60 分钟 K 线走势图出现了头肩底形态。

2021 年 9 月中旬，生猪 2201 合约进入到了下跌行情中。

2021 年 9 月 16 日 10:00，生猪 2201 合约触及第一个低点后开始向上反弹，从而形成了头肩底的左肩。

经过了几个交易日的短暂反弹后，生猪 2201 合约又出现下跌。2021 年 9 月 24 日 14:15，该品种创出近段时间的最低价，然后探底反弹，形成一个头部形态。

其后，该品种经历了一波上升后再度回调。不过，这次回调力度明显较小。该品种在 2021 年 9 月 29 日 11:15 触及回调低点后重新上攻，从而形成了头肩底的右肩。

2021 年 10 月 11 日，该品种突破了阻力线（头肩底的颈线），至此，头肩底形态构筑完成。其后，该指数一路上攻。

五、圆弧底

圆弧底，又称圆形底、碟形底、碗形底，通常出现在价格运行的底部区域，也就是一波下跌行情结束时。其形态表现为：价格先是经过一段逐渐减慢速度的下跌，到达了底部；经过调整后，又开始了一段逐渐加快速度的上涨，从而形成了一个形状像圆弧的底部走势。如图 5-10 所示。

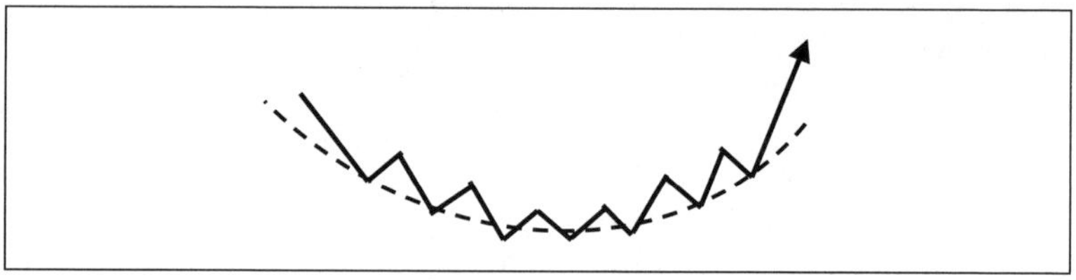

图 5-10　圆弧底

相比其他底部反转形态，圆弧底带来的趋势反转更加隐秘，在投资者还没有察觉时，悄悄地完成了价格运行趋势的转换。

圆弧底形态表示市场正在由空方主导的下跌行情逐渐转向多方主导的上涨行情，其操作要点如下。

第一，圆弧底形成的时间较长，使得换手极为充分，底部构筑极为坚实。因此，该形态中价格变化看似波澜不惊，但是一旦形成向上突破，往往会酝酿出汹涌澎湃的大浪，形成一轮非常可观的升势。

第二，圆弧底形态并没有一个明确的买入点。不过，价格走出圆弧底部时，往往会出现一波加速上升走势。

第三，在价格减速下跌的过程中，如果成交量随之减小，在价格加速上涨的过程中，成交量随之放大，即成交量也呈现明显的圆弧状，则见底信号的可靠性更高。

第四，圆弧底形成的时间越长，说明多空力量转换越彻底，价格后期上涨的可能性就越大。

下面来看一下塑料指数 60 分钟 K 线走势情况，如图 5-11 所示。

图 5-11　塑料指数 60 分钟 K 线走势图

如图 5-11 所示，塑料指数的 60 分钟 K 线于 2021 年 6 月形成了圆弧底形态。

2021 年 6 月 7 日 10:00，处于下跌趋势的塑料指数突然大幅下跌。随后下跌幅度越来越小，并逐渐转入上升，形成了近乎于圆弧形的底部反转形态。

6 月 15 日 22:00，该指数向上突破了 6 月 7 日快速下跌的起始位置，这标志着圆弧底形态正式成立。观察突破前的指数走势可知，该指数先前已经来到了下跌起始位置附近，但因受到阻力而进行了一定的振荡整理，直至 6 月 15 日 22:00 才完成突破。这说明在突破前，该指数已经进行了充分的调整，完成突破后，指数上升的概率自然会更高。

此后，该指数正式进入上升通道。

第二节　顶部形态的形成

顶部形态，是与底部相对的一类反转形态，该类形态的出现说明价格将由上升趋势转为下行趋势。

一、倒V形顶

倒V形顶，又称尖顶，出现在一段上涨行情的末尾，属于一种末日疯狂的上升与转折形态。处于上升趋势的价格突然加速上扬，接着又快速反转向下，整个转势过程持续时间一般非常短暂。如图5-12所示。

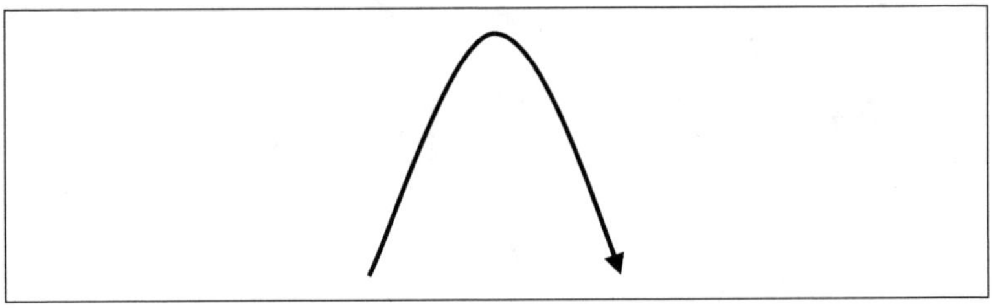

图5-12　倒V形顶

倒V形顶，一般是主力资金为了吸引其他投资者入场而刻意营造的一种上升氛围。本身已经上升的价格，出现了加速上扬态势，市场上的投资者很容易被赚钱效应吸引入场做多，而很多多头持仓者则趁机平仓，甚至有一些激进空头已经开始建立空头仓位。

倒V形顶的操作要点如下。

第一，当价格已经上涨一段时间后，出现了倒V形顶形态，则反转信号的可靠性较高。投资者看到此形态后，应该及时由做多思维调整至做空思维。

第二，倒V形顶的卖点很难把握，一般情况下，从最高点快速向下回落的两三天里，经验丰富的投资者已经能预感到倒V形顶的来临，他们会果断实施多头平仓或空头开仓操作。因此，当出现放量下跌时，投资者也应该迅速跟进加仓卖出。

第三，在倒 V 形顶形成的过程中，成交量可能会明显放大，但持仓量却可能出现下滑，这与获利多头仓位进行平仓有关。

第四，形成倒 V 形顶时，前期上涨的速度越快、幅度越大，那么后期的下跌就会越猛烈，相应的回调跌幅也就会越大。

下面来看一下玉米 2209 合约日 K 线走势图，如图 5-13 所示。

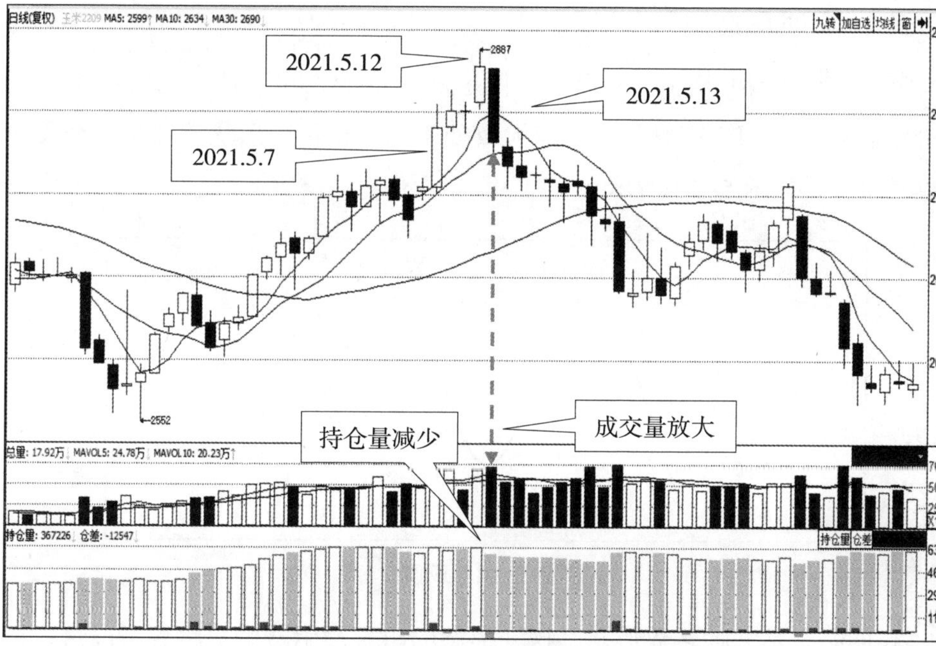

图 5-13　玉米 2209 合约日 K 线走势图

如图 5-13 所示，2021 年 5 月中旬，玉米 2209 合约的日 K 线图上出现了倒 V 形顶形态。

玉米 2209 合约在 2021 年 4 月下旬结束了横盘整理走势，重新进入上升通道。

2021 年 5 月 7 日，玉米 2209 合约以一根跳空高开阳线吹响了加速上升的号角。此后，该指数出现了一波快速上升走势。

2021 年 5 月 12 日，玉米 2209 合约跳空高开高走。次日，即 5 月 13 日，该品种 K 线低开低走，最终在 K 线图上留下了一根大阴线。此后，该价格反转向下运行。

观察 5 月 13 日的量价形态可以发现，尽管成交量出现放大，但持仓量却反向走低，这说明很多多头开始获利平仓。

此后，该品种价格振荡走低，并很快跌破了 5 月 7 日的最低价，这说明倒 V 形顶形态正式成立，价格进入下行通道。

二、双顶形态

双顶，又称 M 形顶，出现在一段上涨行情的末尾。该形态有两个明显的价格高峰，且两个高峰的最高点大致处于同一价位，形状就像是一个英文字母“M”。如图 5–14 所示。

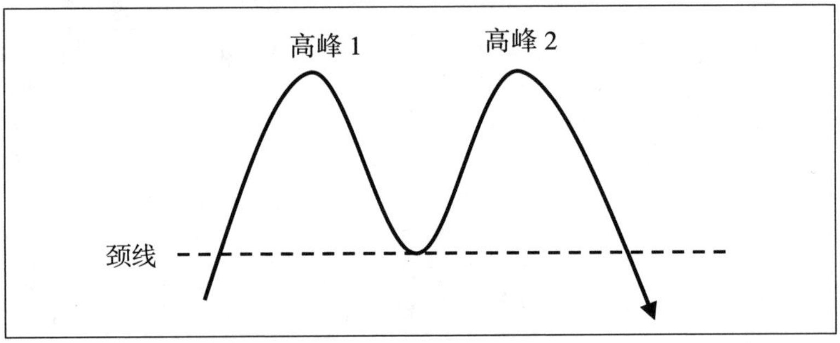

图 5–14　双顶

双顶形态是一种转势形态，这一形态的出现预示着涨势将告一段落，行情将走入下跌通道。

第一，双顶形态是较为可靠的看跌信号，投资者看到此形态后应考虑做空操作。

第二，双顶形态尚未形成时，一些经验老到的投资者便会提前嗅出危险，将手中的多头仓位平仓，并开始开空仓。

第三，双顶第一个明确的卖出信号出现在价格突破颈线位置时，这表明双顶形态基本形成，投资者应把握时机，尽快平掉多头仓位。

第四，在双顶形成的过程中，如果第二个高峰的成交量小于第一个高峰的成交量，第二个顶点低于第一个顶点，则看跌的信号更为强烈。

第五，如果在低价位区域出现与双顶类似的形态，那么极有可能是表示下跌中继的矩形整理形态，这时投资者切勿将其按照双顶形态进行操作。

下面来看一下乙二醇 2205 合约日 K 线走势图，如图 5-15 所示。

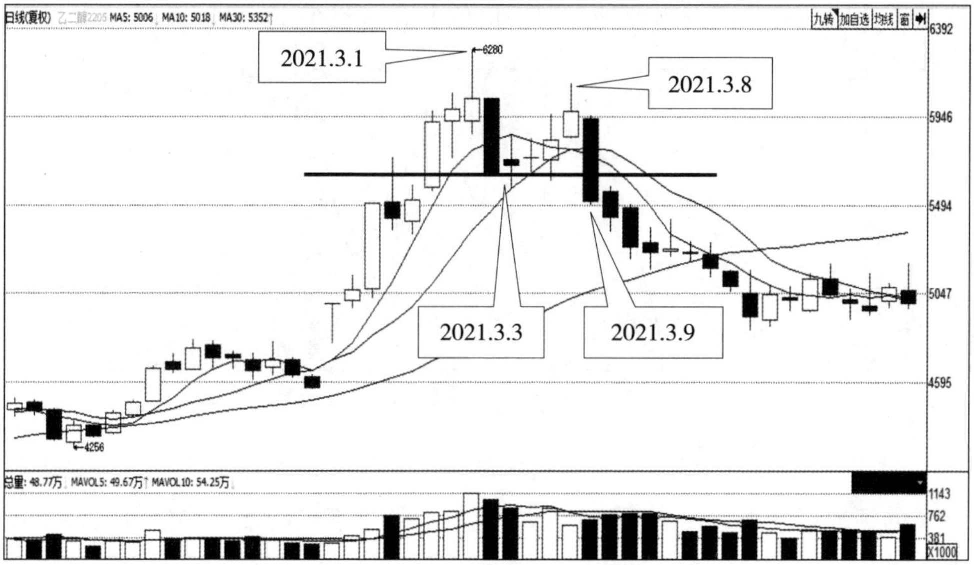

图 5-15　乙二醇 2205 合约日 K 线走势图

如图 5-15 所示，2021 年 3 月初，乙二醇 2205 合约的日 K 线图上出现了双顶形态。

2021 年 2 月底，振荡整理之后的乙二醇 2205 合约开启了新一轮的上涨行情。经过一番持续快速上涨，2021 年 3 月 1 日，收出一根上影线很长的小阳线，此后开始回调，从而形成了双顶的第一个高峰。

3 月 3 日，乙二醇 2205 合约的价格在下跌过程中获得支撑而反弹。但这次反弹持续时间较短，3 月 8 日，该合约价格重新开始向下，形成了第二个高峰，不过这次的高峰低于前一个高峰。至此，该股出现双顶形态的可能性较大。从第二个顶点下落的过程中，投资者应改变多头思维，实施做空操作。

2021 年 3 月 9 日，该合约价格跌破颈线位置，收出一根大阴线，双顶构筑完成，这时投资者应该将全力开始做空。

三、三重顶

三重顶，出现在一段上升行情的末尾，其形态表现为：价格在高位波动中经历三次上升，但都在高点获得阻力并下跌，从而形成了三个价格高峰，这三个价格高峰的高点大致处于同一价位上。如图 5-16 所示。

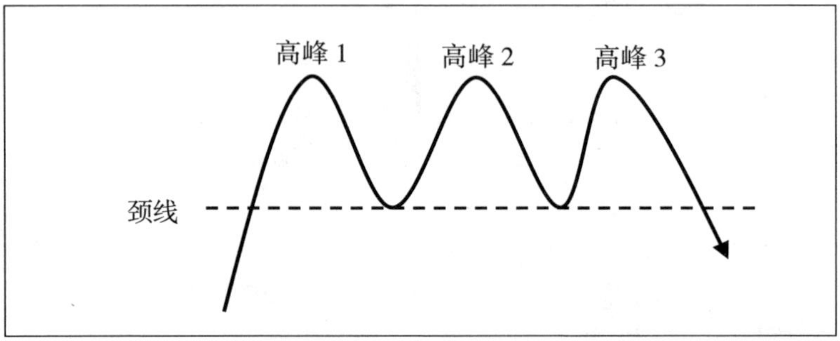

图 5-16　三重顶

相比双顶形态，形成三重顶所需的时间更长，换手也更为充分，是更为可靠的顶部反转形态。三重顶形态完成后，价格下跌的幅度和持续时间也可能会更长。

三重顶是一种转势形态，该形态的出现预示着涨势将告一段落，行情将走入下跌通道。

第一，三重顶形态是较为可靠的看跌信号，投资者看到此形态后应考虑做空。

第二，通常情况下，当价格连续三次冲高，且后两次探得的高点低于前一个高峰的高点时，说明多头已经无力继续向上拉升价格。激进的投资者可以把握做空时机，积极多转空。

第三，与双顶形态相似，三重顶形态只有在价格经历一段时间的上涨后出现，才能被看顶部反转形态。如果在低价位区域出现与三重顶类似的形态，那么极有可能是表示上涨中继的矩形整理形态，这时投资者切勿将其按照三重顶形态进行操作。

第四，当价格跌破颈线后，也可能在不久之后回抽到颈线附近予以确认，如图 5-17 所示。这时往往会受阻再度下跌，对于投资者来说，这仍是一次做空的良机。但这一回抽动作并不一定会出现，所以，投资者千万不能有等到回抽之后再“孤注一掷”的想法。

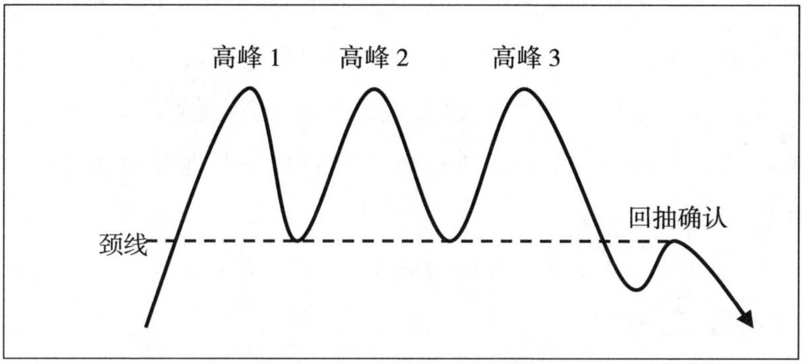

图 5-17　三重顶扩展形态

第五，三重顶形成的周期越长，顶部成交量越大，说明见顶的可能性越大，后市下跌的空间也会越大。

豆二 2202 合约 30 分钟 K 线的走势情况，如图 5-18 所示。

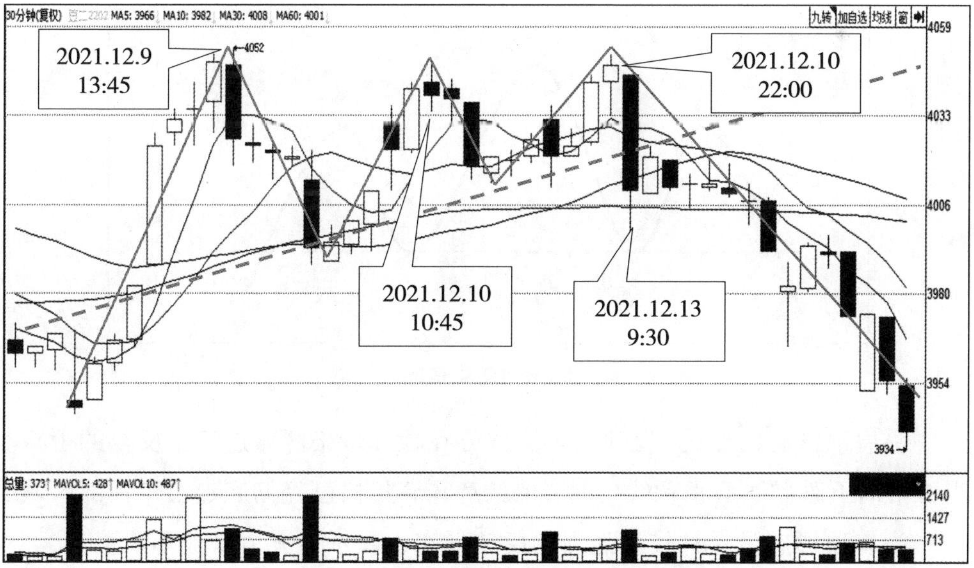

图 5-18　豆二指数 30 分钟 K 线走势图

如图 5-18 所示，2021 年 12 月中旬，豆二指数 30 分钟 K 线图上出现了三重顶形态。

2021 年 12 月 9 日 13:45，处于上涨行情中的豆二指数低开后，经历一小波上冲，低走收出一根大阴线，并创出近期最高价。此后指数开始回调，从而形成了第一个高峰。这一调整持续的时间并不长。2021 年 12 月 10 日 10:45，该指数再度创出阶段高点后回调，形成了第二个稍低的高峰。

2021 年 12 月 10 日 22:00，该指数价格收出一根带影线的小阳线，带有明显的触顶回落迹象。

2021 年 12 月 13 日 9:30，该指数向下跌破了颈线位置，三重顶构筑完成，这是一个明确的做空信号。

四、头肩顶

头肩顶出现在上涨行情中，由三个高峰组成，左右两个高峰相对较低，基本处在同一水平位置上，中间一个高峰的高点明显高于左右两个高峰的高点，其形态就像一个人的头部和两肩。如图 5-19 所示。

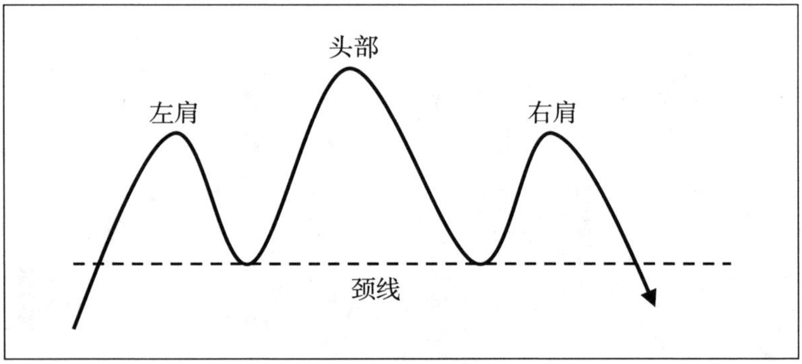

图 5-19 头肩顶

头肩顶形态的形成，反映出多空双方在顶部价格区域进行了反复的争斗。当价格向下跌破头肩顶颈线位时，也就意味着价格已经彻底走出了顶部区域。

头肩顶形态是一种较为强烈的反转形态，表示多方力量被不断消耗，空方重新焕发生机。

第一，头肩顶形态是较为可靠的熊市信号，此形态出现之后，常常会出现一波较为显著的下跌行情。因此，投资者看到头肩顶形态后，应果断做空。

第二，当价格跌破支撑线（颈线）位置，表示头肩顶形态构筑完成，这是头肩顶形态的第一个较为明确的做空信号。如果颈线向下倾斜，表示后市下跌的可能性更大，投资者更应该选择做空。

第三，价格完成向下突破后，原来的支撑位就变成了阻力位。当价格今后上升到这一位置时，投资者应加倍小心。

第四，头肩顶形态可能演变成多个头部或多个肩部形态，但是其基本的技术含义并没有改变，并不影响作为头肩顶形态来进行研判。

下面来看一下 PP（聚丙烯，英文名 polypropylene，简称 PP）指数的 60 分钟 K 线走势图，如图 5-20 所示。

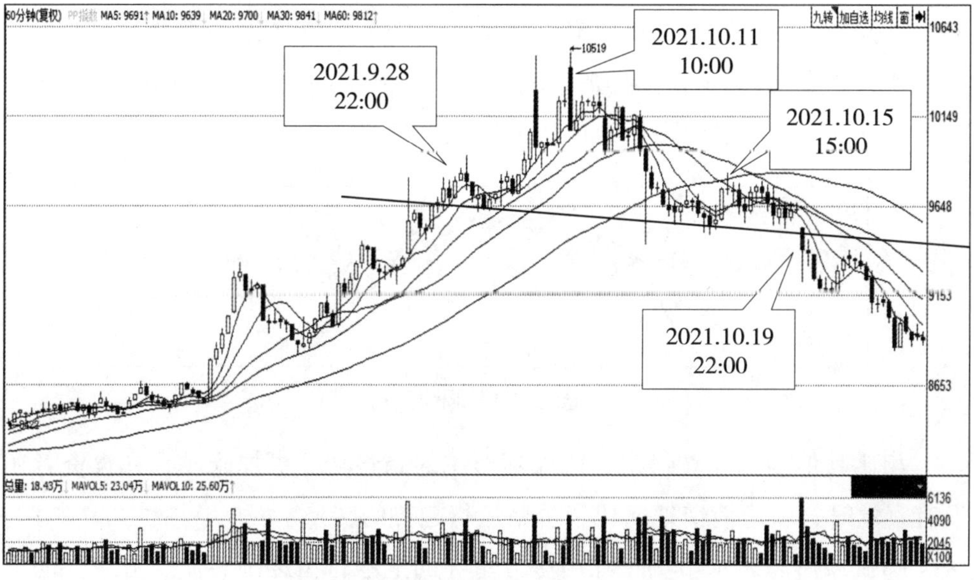

图 5-20 PP 指数 60 分钟 K 线走势图

如图 5-20 所示，2021 年 9 月—10 月，PP 指数 60 分钟 K 线走势图上出现了头肩顶形态。

2021 年 9 月初，PP 指数经过振荡整理后，重新开启了上涨行情。

2021 年 9 月 28 日 22:00，该指数到达相对高点后回落，从而形成了头肩顶的左肩。

经过一段时间的短暂回调后，该指数再次上冲并于 10 月 11 日 10:00 创出新高。之后价格又一次回落，从而形成了头肩顶形态的头部。

其后，该指数再次出现反弹走势，不过这次反弹仍然乏力。10 月 15 日 15:00，该指数再次从高点回落。这时，拥有丰富经验的投资者已经能够研判出 PP 指数走势将可能出现头肩顶形态，因此可能在右肩形成的过程中就开始做空开仓。

2021 年 10 月 19 日 22:00，PP 指数跌破支撑线（颈线），至此，头肩顶形态构筑完成，投资者应果断进行做空操作。

五、圆弧顶

圆弧顶，又称圆形顶、碟形顶、碗形顶，通常出现在价格运行的顶部区域，也就是一波上涨行情结束时。其形态表现为：价格先是经过一段逐渐减慢速度的上涨，到达了顶部；经过调整后，又开始了一段逐渐加快速度的下跌，从而形成了一个形状像圆弧的顶部走势。如图 5–21 所示。

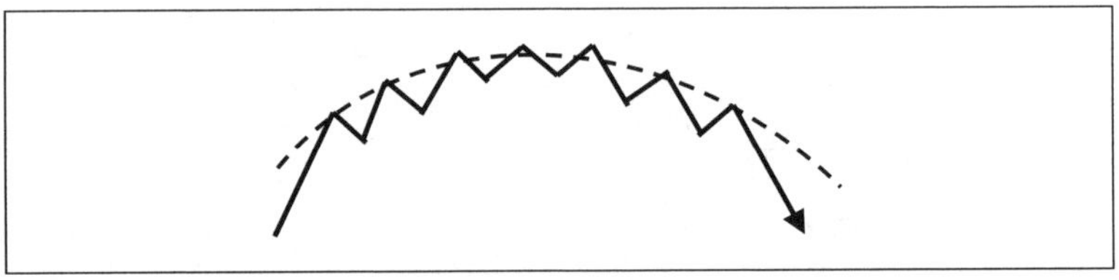

图 5–21 圆弧顶

相比其他顶部反转形态，圆弧顶形态的趋势转势更加隐秘，在投资者还没有察觉时，就已悄悄地完成了价格运行趋势的转换。

圆弧顶形态表示市场正在由多方主导的上涨行情逐渐转向空方主导的下跌行情，其操作要点如下。

第一，圆弧顶形成的时间较长，使得换手极为充分，顶部构筑极为坚实，因此，价格看似波澜不惊。但是一旦形成向下突破，往往会酝酿出汹涌澎湃的大浪，形成一轮非常可观的下跌。

第二，圆弧顶并没有一个明确的空头开仓点。不过，价格走出圆弧顶部时，往往会出现一波加速下跌走势。

第三，圆弧顶形成的时间越长，说明多空力量转换越彻底，价格后期下跌的可能性就越大。

下面来看一下动煤 2201 合约的 60 分钟 K 线走势情况，如图 5-22 所示。

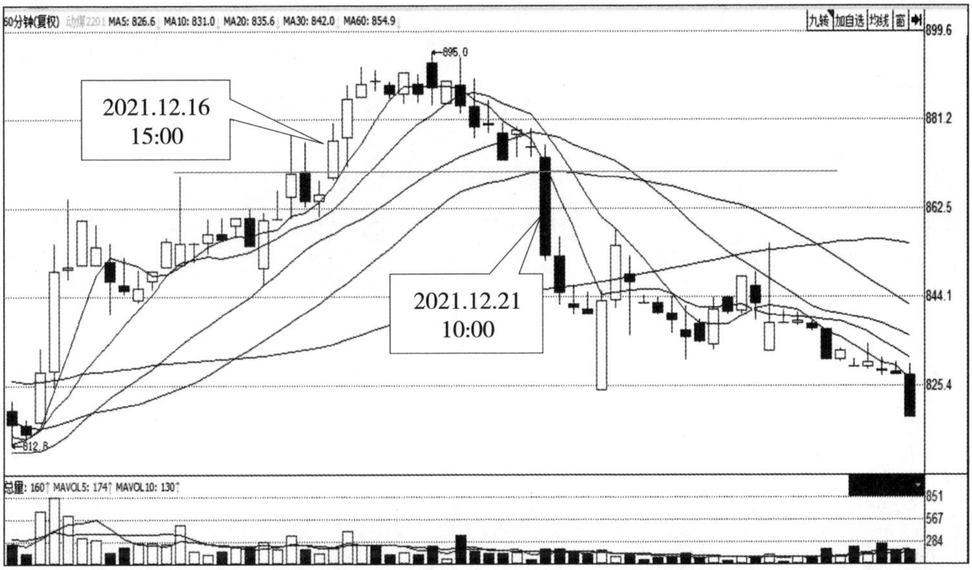

图 5-22 动煤 2201 合约 60 分钟 K 线走势图

如图 5-22 所示，动煤 2201 合约价格的 60 分钟 K 线于 2021 年 12 月形成了圆弧顶形态。

2021 年 12 月 16 日 15:00，处于上升趋势的动煤 2201 合约价格突然大幅上攻。随后上升幅度越来越小，并逐渐转入下跌，形成了近乎于圆弧形的顶部反转形态。

12 月 21 日 10:00，该品种向下跌破了 12 月 16 日快速上升起始位置，这标志着圆弧顶形态正式成立。

此后，该品种价格正式进入下行通道。

第六章

K 线整理形态

价格经过一段时间的上涨或下跌后，很可能会进入一个中继整理区间。在此过程中，价格 K 线可能会呈现各类典型的整理形态，如三角形、旗形、楔形、矩形等。当价格 K 线突破整理区域后，就会选择新的突破方向，此时，投资者可以根据价格突破的方向采取相应的交易策略。

第一节　三角形与突破

三角形，是一种非常常见的价格整理形态。价格在呈三角形的区域内振荡一段时间后，一般会重新选择突破方向，而突破方向往往又与三角形的形态有某些关联。这些三角形包括收敛三角形、上升三角形和下降三角形。当然，有些技术分析图书中也提及了扩散三角形，但这种形态，从严格意义上来说已经不属于整理形态了，本书不予讨论。

一、收敛三角形

收敛三角形又叫作对称三角形，可以出现在任何行情中。其形态表现为：市场在一段时间内出现反复振荡整理局面，每次上升的高点都低于前一个高点，而每次下降的低点都高于前一个低点，于是价格波动幅度越来越小。如果将这些高点和低点分别用直线连接，就形成了一个逐渐收敛的三角形。如图 6-1 所示。

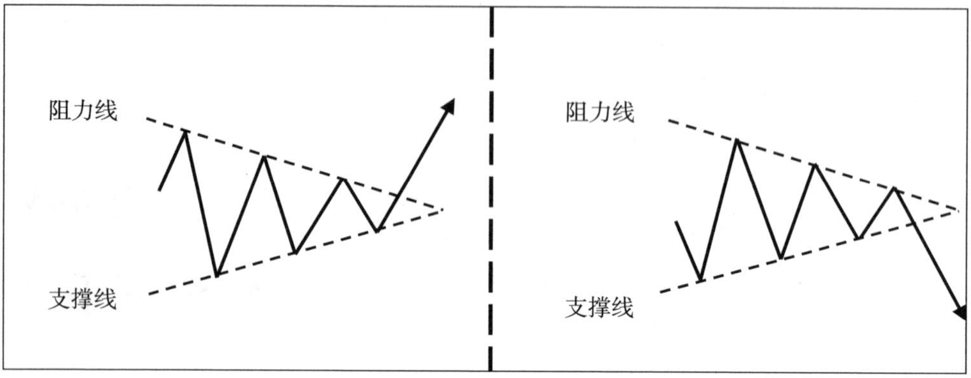

图 6-1 收敛三角形

收敛三角形有可能出现在大幅上涨后的顶部区域，亦有可能出现在深度下跌后的底部区域；但更多的时候，它会出现在上涨或下跌的途中，是对前一段行情的一种阶段性整理。

收敛三角形是一种整理形态，表示多空双方陷入了僵持局面，后市具有不确定性——既有可能上行，也有可能向下。

第一，收敛三角形形成后，若价格突破该形态的上边线，可以考虑做多操作；如果跌破该形态的下边线，应该多转空或看空开仓。

第二，收敛三角形如果在上涨行情中出现，那么最终选择向上突破的可能性较大；如果在下跌行情中出现，那么最终选择向下突破的可能性较大。

第三，一般来说，收敛三角形完成后，如果价格选择向上突破，则必须伴随着成交量的放大，否则有可能造成假突破。如果市场选择向下突破，成交量可能略微放大。但如果放出巨量，则极有可能是主力骗线的洗盘动作，投资者应多加小心，谨防上当。

下面来看一下豆油指数的日 K 线走势图，如图 6-2 所示。

如图 6-2 所示，2021 年 9 月—2021 年 10 月，豆油指数的日 K 线图上出现了收敛三角形形态。

2021 年 9 月 21 日，处于振荡上升途中的豆油指数开始触顶回落，并进行横向振荡。在波动中，上涨的高点逐渐降低，下降的低点逐渐升高，呈现收敛的三角形形状。构筑收敛三角形形态期间，成交量呈现减少趋势，这说

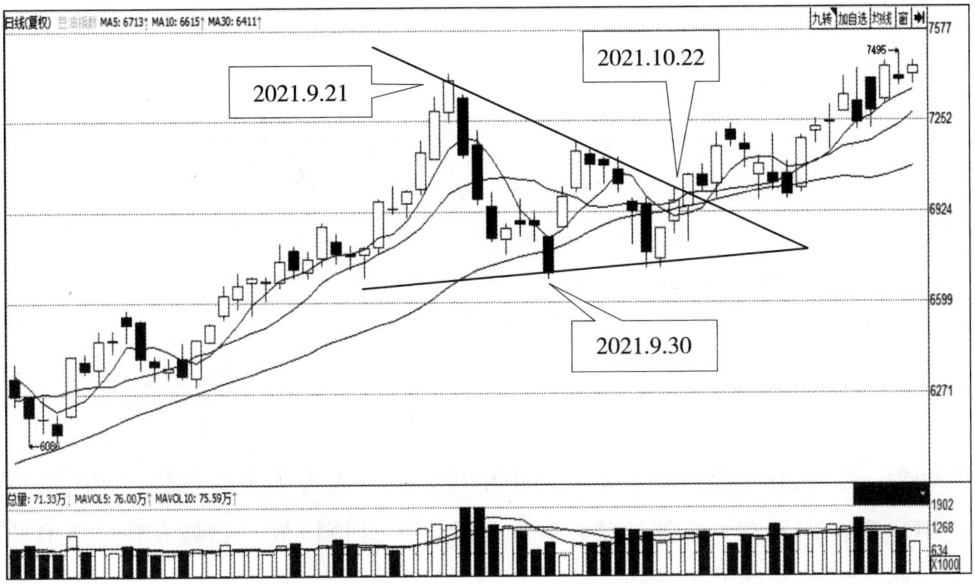

图 6-2 豆油指数日 K 线走势图

明多空双方势均力敌，但力量均消耗严重，后市走势具有不确定性。

这一整理走势持续了很长时间。2021 年 10 月 22 日，该指数以一根低开高走的阳线向上突破了收敛三角形的上边线，预示着市场将会重新回到多头主导的轨道上来。看到这一信号，持有多头仓位的投资者可继续持仓，持有空头仓位的投资者则宜平仓或空翻多操作。

随后，豆油指数的价格出现了一波上涨行情。

二、上升三角形

上升三角形通常出现在上涨途中或下跌末期。该形态具有这样的特征：价格在反复振荡过程中，每次上涨的高点基本处于同一水平位置，而每次回落的低点却不断上移。随着形态的发展，价格波动的幅度越来越小，即高点和低点逐渐靠拢。如果将这些高点和低点分别用直线连接，就形成了一个向上倾斜的三角形。如图 6-3 所示。

上升三角形是一种常见的整理形态，该形态的出现说明多头力量在不断加强，而空方力量在逐渐衰弱，预示市场有可能进入多头行情。

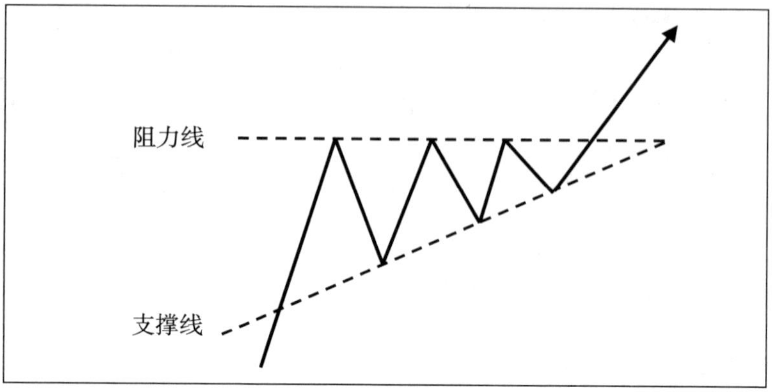

图 6-3　上升三角形

第一，上升三角形在上涨行情中出现，通常表现为中继信号；在下跌行情中出现，则具有一定的转势意味。因此，一旦价格放量突破上升三角形的上边线，投资者就可果断做多。

第二，上升三角形的上边线一开始是阻力线，被突破后就变成了对价格的支撑线。因此，参照形态买入开仓的投资者，应该将止损位定在上升三角形上边线位置。

第三，通常在上升三角形形成的过程中，成交量会不断萎缩；但在向上突破时，成交量却会明显放大。在向上突破时，如果没有成交量的配合，那么看涨信号的可靠性将减弱，投资者最好仍以保持观望为主。

第四，一般情况下，上升三角形高点与低点之间的最大垂直距离越大，后市上涨的空间相应地也会越大。

第五，上升三角形完成的时间不应过长，也不应在价格达到三角形上边线时才发生突破，否则，价格突破后的上升空间会十分有限，甚至可能演化成横盘整理走势。

第六，上升三角形在绝大多数情况下是向上突破的，但少数情况下也可能会跌破支撑位，形成向下破位。

下面来看一下 LPG（液化石油气，liquefied petroleum gas，简称 LPG）指数 60 分钟 K 线走势图，如图 6-4 所示。

如图 6-4 所示，2021 年 9 月 16 月—9 月 27 日，LPG 指数的 60 分钟 K

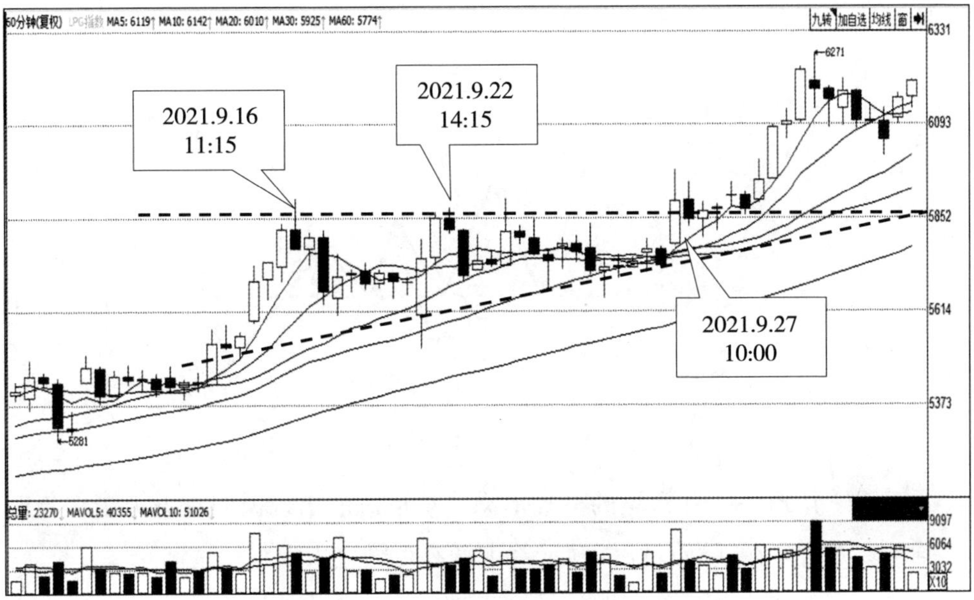

图 6-4 LPG 指数 60 分钟 K 线图

线图上出现了上升三角形形态。

2021 年 9 月中下旬，处于上涨途中的 LPG 指数进入了横盘整理行情。在此阶段，LPG 指数上涨到某一位置附近时会遇到强大的阻力，因而上方形成了一条水平的阻力线；LPG 指数回落形成的低点却呈现逐渐升高趋势，将它们连起来，近似一条向上的斜线。从形态上看，价格具有形成上升三角形的潜质。

2021 年 9 月 27 日 10:00，该指数在开盘后不久就放量拉升，当 LPG 指数突破三角形上边线时，投资者应该果断做多开仓。

此后，该指数在上边线附近进行了一波调整，正式开启上升走势，此时投资者可以加仓买入操作。

三、下降三角形

下降三角形通常出现在下跌途中或上涨末期。该形态具有这样的特征：价格在反复振荡过程中，每次下跌的低点基本处于同一水平位置，而每次反弹的高点却不断下移。随着形态的发展，价格波动的幅度越来越小，即高点和低点逐渐靠拢。如果将这些高点和低点分别用直线连接，就形成了一个向下倾斜的三角形。如图 6-5 所示。

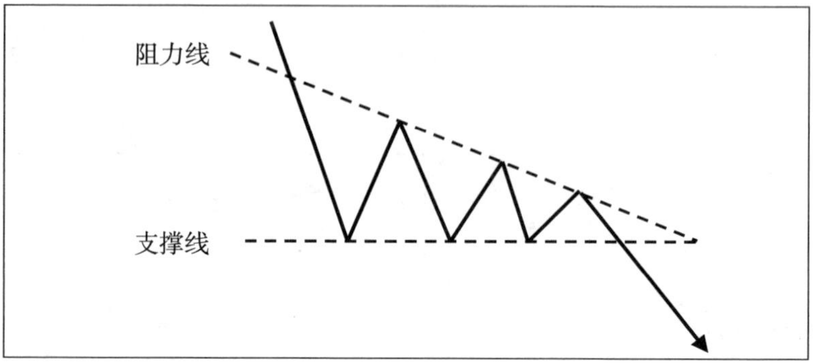

图 6-5　下降三角形

下降三角形是一种常见的整理形态，该形态的出现说明空方力量在不断加强，多方力量在逐渐衰弱，预示着市场有可能进入空头行情。

第一，下降三角形在下跌行情中出现，通常表现为下跌中继信号；在上涨行情中出现，则具有一定的转势意味。因此，一旦价格跌破下降三角形的下边线，投资者就应该坚决做空。

第二，下降三角形的下边线一开始是支撑线，被突破后就变成了对价格的阻力线。之后，价格一旦上升到该线附近，便有可能遇阻回落。

第三，在下降三角形形成的过程中，成交量通常不会出现极度萎缩的情况，有时候甚至会出现量价背离。在向下突破时，成交量也不会有太大的变化。

第四，一般情况下，下降三角形高点与低点之间的最大垂直距离越大，后市下跌的空间相应地也就越大。

第五，下降三角形在绝大多数情况下是向下突破的，但也有例外。

下面来看一下苯乙烯指数 60 分钟 K 线走势图，如图 6-6 所示。

如图 6-6 所示，自 2021 年 10 月中旬开始，苯乙烯指数在创下一个阶段高点后进入了一个下行通道，出现了下降三角形形态。在这段时间内，处于下跌途中的苯乙烯指数进入了振荡下跌行情。在行情反复振荡的过程中，指数几乎在同一趋势线上获得支撑，而反弹所形成的高点却越来越低，说明多方已经有些力不从心了。

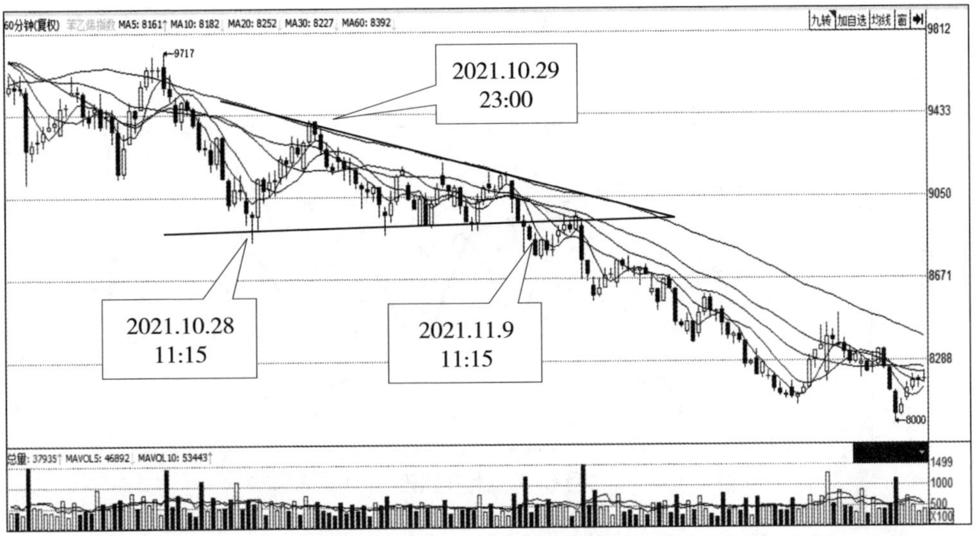

图 6-6　苯乙烯指数 60 分钟 K 线图

2021 年 10 月 9 日 11:15，苯乙烯指数跌破了下降三角形的下边线（支撑线），这预示着指数将走向下跌之路，投资者应考虑加大做空力度。

其后，苯乙烯指数虽出现了反弹，但反弹的高点在触及三角形下边线位置后重新展开了下跌，这说明空头极为强势，投资者宜积极做空。

第二节　旗形整理形态

旗形也是期货合约价格运行过程中经常出现的一种 K 线整理形态。旗形形态分为上升旗形和下降旗形两类。与三角形整理形态相似，在大多数情况下，上升旗形出现后，价格继续走高的概率相对较大；下降旗形出现后，价格更容易走低。不过，市场永远都是多变的，在价格没有选定突破方向之前，投资者还是不应该贸然采取行动。

一、上升旗形

上升旗形通常在一段上涨行情之后出现。该形态表现为：价格在上升过程中出现了一小段振荡下跌行情，如果将下跌的低点和回升的高点分别用直线连接起来，就形成了两条向下倾斜的平行线，看上去就像一面迎风飘扬的旗帜。如图 6-7 所示。

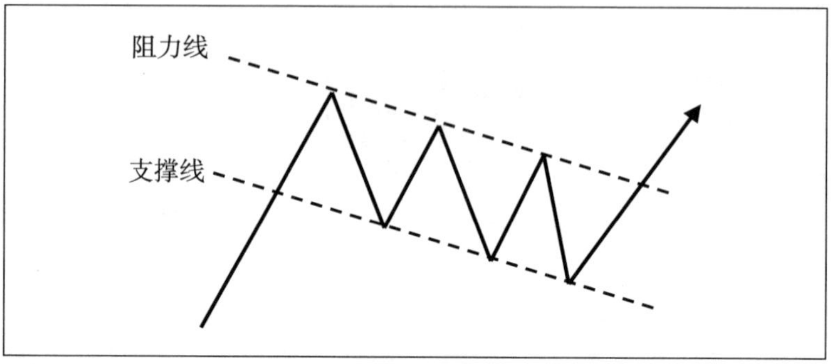

图 6-7　上升旗形

出现上升旗形时，通常表明市场经过一段时间的调整后会重回升势，不过投资者还需要主要以下几个方面。

第一，当价格突破上升旗形的上边线时，表示市场已经整理完毕，将继续上涨。这时，投资者应该把握买入机会，尝试做多开仓。

第二，参照上升旗形形态看多开仓的投资者，应该将止损位设在上升旗形的上边线上。当价格跌穿这一位置应果断止损。

第三，上升旗形必须出现在一段快速上涨行情之后才有意义，在下跌行情中出现倾斜向下的平行四边形则不能看作是上升旗形。

第四，旗杆的长度，即从价格开始快速大幅上涨（旗杆的形成点）到旗杆的顶点之间的垂直距离越大，那么后市突破后上涨的幅度也就越大。这一距离也是上升旗形理论上的最小升幅。

下面来看一下豆粕 2201 的日 K 线走势图如图 6-8 所示。

如图 6-8 所示，2020 年 10 月—2020 年 12 月，豆粕 2201 合约的日 K 线图上出现了上升旗形形态。

2020 年下半年，豆粕 2201 合约经过一段时间的振荡上升后开始了加速上涨。10 月 21 日，该品种价格收出一根带长上影线的小阴线，然后价格掉头向下。这一天的最高价也就成为了该股走势的短期高点。

图 6–8　豆粕 2201 合约日 K 线走势图

由此开始，豆粕 2201 合约走出了一段振荡回调走势，成交量也呈现出逐渐萎缩的态势。将指数逐渐下降的高点和低点分别相连，形成了一个向下倾斜的平行四边形。这是典型的上升旗形形态，预示后市将会上涨。

2020 年 12 月 21 日，该品种成功突破上升旗形的上边线，上升旗形构筑完成。投资者可以在当日开始做多开仓。

其后，该品种价格一路振荡上扬。

二、下降旗形

下降旗形通常出现在一段下跌行情之后，该形态表现为：价格在下跌过程中出现了一小段反弹行情，如果将反弹的高点和回落的低点分别用直线连接起来，就形成了两条向下倾斜的平行线，看上去就像一面倒置的旗帜。如图 6–9 所示。

期货合约的价格走势出现下降旗形后，一般会以向下突破居多，向上突破的情况极少出现。因此，下降旗形通常被认为是下跌中继形态，可以看作是下跌途中的一次抵抗性调整。

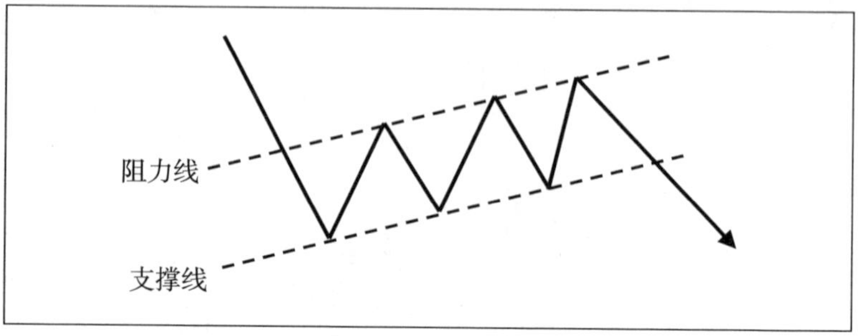

图 6-9 下降旗形

第一，当价格跌破下降旗形的下边线时，表示市场已经整理完毕，将继续下跌。这时，持有多头仓位投资者应该尽快平仓以减少损失。

第二，下降旗形必须出现在一段快速下跌行情之后才有意义，在上涨行情中出现倾斜向上的平行四边形则不能当作下降旗形来看待。

第三，旗杆的长度，即从价格开始快速大幅下跌（旗杆的形成点）到旗杆的顶点之间的垂直距离越大，那么后市下跌的幅度也就越大。这一距离也是下降旗形理论上的最小跌幅。

下面来看一下玉米 2201 合约日 K 线走势图，如图 6-10 所示。

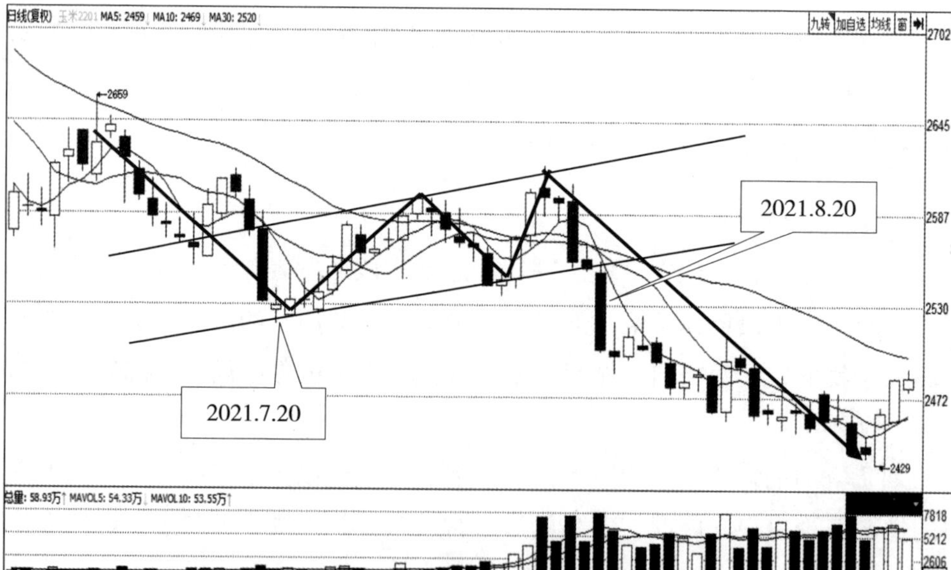

图 6-10 玉米 2201 合约日 K 线走势图

如图 6–10 所示，2021 年 7 月到 8 月期间，玉米 2201 合约日 K 线图上出现了下降旗形形态。

2021 年 5 月中旬，玉米 2201 合约触及反弹高点后重新开始加速下跌。7 月 20 日，该品种触及短期低点后价格开始反弹向上，这一日的最低价也就成为了该股走势的短期低点。

之后，该股开始了一波振荡上涨行情，将其逐渐升高的高点和低点分别连接，就形成了一个向上倾斜的平行四边形，这是典型的下降旗形形态。这时投资者应保持理智，不要盲目做多。

2021 年 8 月 20 日，玉米 2201 合约的价格延续了之前的跌势，并快速跌破了下降旗形整理区域，投资者宜立即采取多翻空或看空开仓操作。

此后，该品种价格一路下跌。

第三节 楔形整理形态

楔形是一种性质与旗形相似，形态也与旗形相似的 K 线整理形态。楔形的出现，也是市场上多空双方争斗的结果，是市场即将选择突破方向时所呈现的一种形态。楔形包括上升楔形和下降楔形两种。

一、上升楔形

上升楔形，又称上倾楔形，通常出现在下跌行情中。该形态表现为：在价格下跌过程中出现了一小段向上的振荡整理行情，将反弹的高点和回落的低点分别用直线相连，两条直线方向相同且呈收敛状，从而形成一个向上倾斜的楔子形态。如图 6–11 所示。

与三角形形态一样，楔形形态的价格走势是逐渐收敛的。不同的是，楔形的上下两条边界线的方向相同，而三角形的上下两条边界线的方向并不一致。

在下跌行情中出现上升楔形，一般只是持有多头仓位的投资者补仓或抢反弹者入场所致，一般不会影响下跌趋势的继续展开。因此，该形态通常表

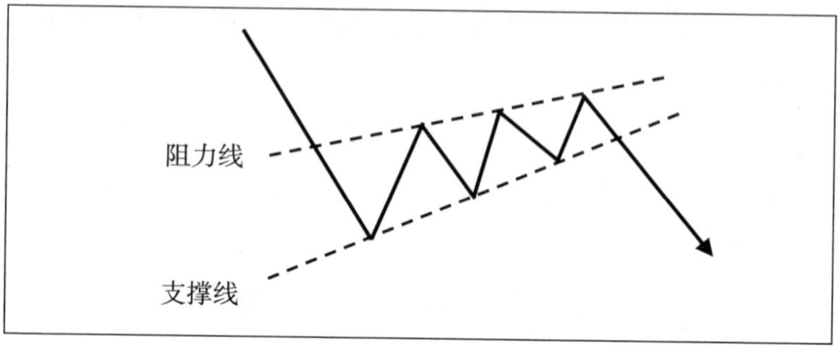

图 6-11　上升楔形

现为下跌中继信号。

第一，上升楔形作为一种中继整理形态，在价格完成对楔形区域突破前，投资者可保持观望态势。

第二，当价格跌破上升楔形的下边线时，表明上升楔形正式完成，投资者应该坚决做空。

第三，上升楔形形成过程中，成交量一般会呈持续萎缩状态，这是价格处于盘整形态的典型特征。

下面来看一下 LPG2205 合约 60 分钟 K 线走势图，如图 6-12 所示。

如图 6-12 所示，2021 年 11 月，LPG2205 合约的 60 分钟 K 线图上出现了上升楔形形态。

2021 年 10 月中旬，LPG2205 合约开启一波下跌行情。11 月 15 日 22:00，该品种收出一根带下影线的阴线，然后指数进入了整理行情。在波动中，该品种反弹的高点和回落的低点都有逐渐上升的趋势，且高点的连线和低点的连线呈收敛状，从而形成了一个上升楔形形态。

这一上升楔形的上边线比下边线更趋于水平，且形态形成过程中成交量一直维持在较低的水平。

2021 年 11 月 26 日 14:15，该品种低开低走，并收盘于上升楔形下轨线的下方，这说明之前的振荡上升纯属主力的诱多行为，此时投资者宜立即切换至空方思维，积极进行卖空操作。

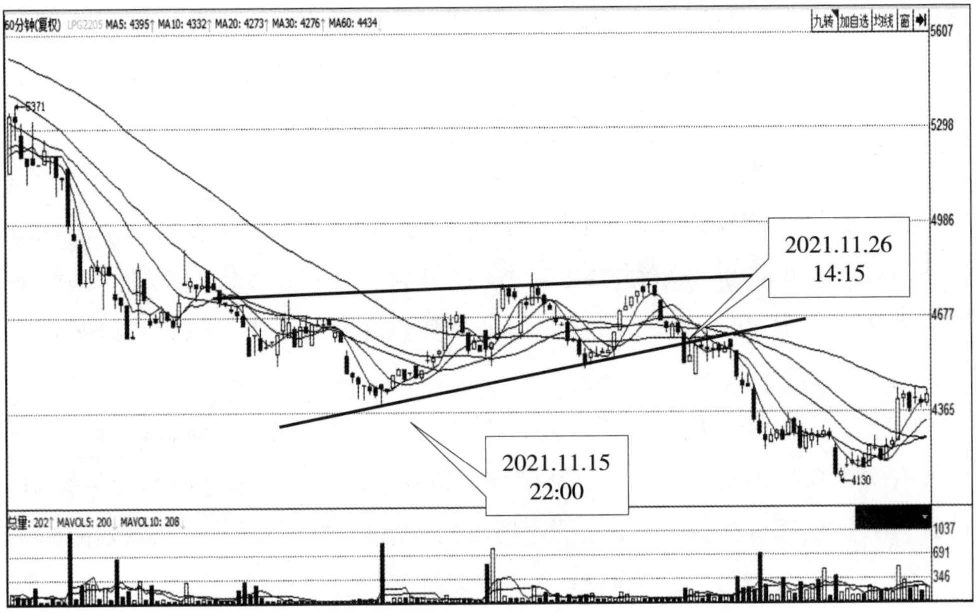

图 6-12　LPG2205 合约 60 分钟 K 线走势图

二、下降楔形

下降楔形，又称下倾楔形，通常出现在上涨行情中。该形态表现为：在价格上升过程中出现了一小段向下的振荡整理行情，将反弹的高点和回落的低点分别用直线相连，两条直线方向相同且呈收敛状，从而形成一个向下倾斜的楔形形态。如图 6-13 所示。

下降楔形虽然是向下倾斜的，似乎是说明市场的承接力不强，但新的回

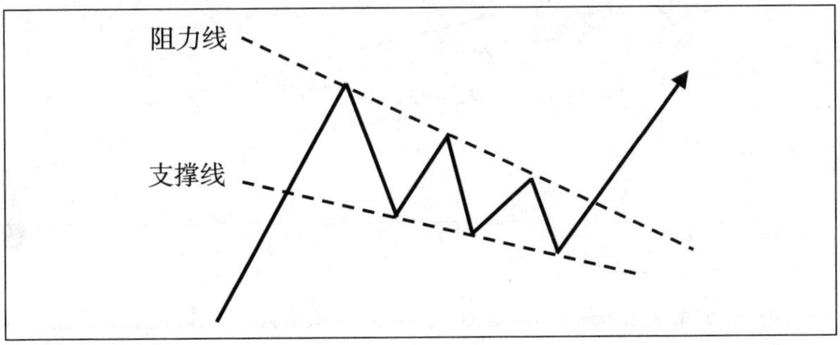

图 6-13　下降楔形

落较前面的回落波幅呈缩小的态势，说明空头力量正在被消化，同时成交量逐渐萎缩也有效证明了上方抛压在减弱。因此，可以认为这种形态只是上涨行情中的获利回吐，并没有强力的空头想要打压价格。

在实战中，投资者还需注意以下几点。

第一，在下降楔形形成的前半阶段，投资者可以按照楔形的上下边线进行波段操作，即在价格涨到上边线时卖出开仓或平仓，等价格跌到下边线时再买入开仓。但是到了后半阶段，价格波动幅度已经很小，投资者就必须坚定持仓不动了。

第二，在下降楔形的后半阶段，也就是形态快要完成之前，投资者无论是持有空头仓位还是多头仓位，都应该保持观望的态度，最好不要轻举妄动。日后，一旦发现价格向上突破下降楔形的上边线，投资者便可以积极做多。

第三，下降楔形在形成过程中，成交量一般会呈持续萎缩状态。但是在突破上涨时，则应该有成交量放量的配合，否则会影响到看涨信号的可靠性。

下面来看一下粳米主连合约 30 分钟 K 线走势图，如图 6–14 所示。

图 6–14 粳米主连合约 30 分钟 K 线走势图

如图 6–14 所示，2021 年 10 月—11 月，粳米主连合约 30 分钟 K 线图上出现了下降楔形形态。

2021 年 10 月 25 日 22:30，处于上涨行情中的粳米主连合约在前一交易日上升的前提下高开高走，但盘中遭到空头的打压，在 K 线图上留下了一根带长上影线的阴线，这说明多方力量有所不足。

此后，该合约价格进入了整理走势。在波动中，该股反弹的高点和回落的低点都有逐渐下降的趋势，且高点的连线和低点的连线呈收敛状，从而形成了一个下降楔形形态。下降楔形形态形成的过程中，成交量逐渐萎缩，因而可以认为下方存在较强的支撑力，价格很可能在调整结束后重回上升轨道。这时，多头持仓的投资者不宜平仓操作。

2021 年 11 月 1 日 21:30，该合约价格突破下降楔形的上边线，持有多头仓位的投资者可考虑加仓操作，持有空头仓位的投资者宜进行空翻多或平仓操作。

此后，该合约价格重新进入了快速上升通道。

第四节　矩形整理与突破

矩形整理，又称箱型整理，是股市、期市等投资市场中最典型的整理形态，可以出现在任何行情中。该形态表现为：价格在一定区间内上下波动，将上涨的高点和下跌的低点分别相连，就形成了两条平行的水平直线。如图 6–15 所示。

矩形整理的形成经历了这样的过程：价格在上涨或下跌了一段时间之后

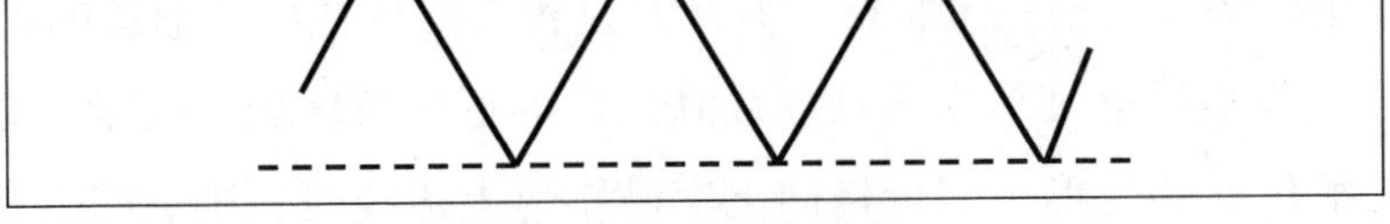

图 6–15　矩形整理

出现了横向移动。当价格上涨到某一高点时遇到阻力而回落，但下跌到某一低点时又获得支撑而回升。然后每次回升到前一个高点附近都会受阻回落，而每次回落到前一个低点附近时又止跌反弹，如此反复，便形成了一条水平的整理通道。

矩形是一种冲突均衡整理形态，显示多空双方虽然互不相让，你争我夺，但由于双方实力相当，所以基本在这一范围内达到了均衡状态。

矩形整理的出现，表示多空双方在战斗中互有胜负，保持着势均力敌的僵持局面。如果某一方力量削弱，另一方力量加强，这种僵局便会被打破。

一、向上突破矩形

价格向上突破矩形的上边线，则意味着价格将走入上行通道，是较为明确的做多信号。如图 6-16 所示。

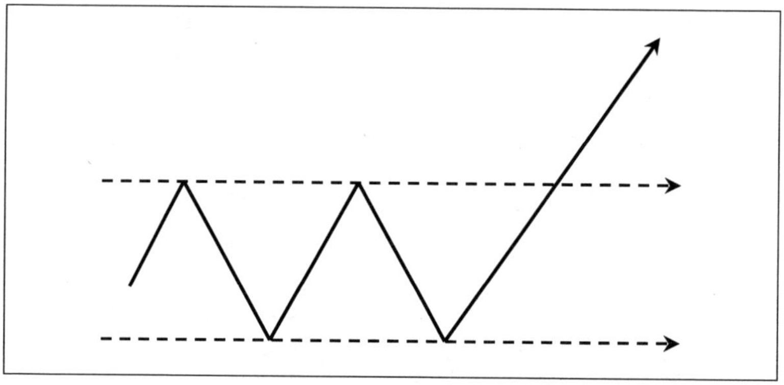

图 6-16 向上突破矩形整理区域

其操作要点如下。

第一，绝大多数情况下，矩形表现为一种中继形态，表示价格经过整理后，仍然会按照原来的趋势运行。但是矩形整理形态出现后，投资者仍需要根据价格的历史走势和其他技术指标来判断其是否有演变成反转形态的可能。

第二，当矩形整理形态出现在深跌之后的低价位区域，通常表现为反转形态，是潜伏底的变形。当价格向上突破矩形上边线时，则意味着价格将结束盘整，进入上升通道。

第三，在矩形整理没有形成有效突破之前，如果矩形的上下边线距离较远，那么投资者可以在前期采取波段交易的策略；但如果矩形的波动幅度较小，那么投资者最好保持观望姿态。

第四，经过一段时间的横向整理后，当价格向上有效突破矩形的上边线时，表示多方开始占据优势，投资者可以考虑做多操作，并将止损位设在矩形的上边线位置。

第五，价格向上突破矩形的上边线时，必须是伴随成交量的放大才有意义 .

第六，在有些情况下，价格向上突破矩形区域后，还会有一个向下的回调动作。当价格回调至矩形上边线时，可能会受到上边线的支撑而再度上升。如图 6–17 所示。

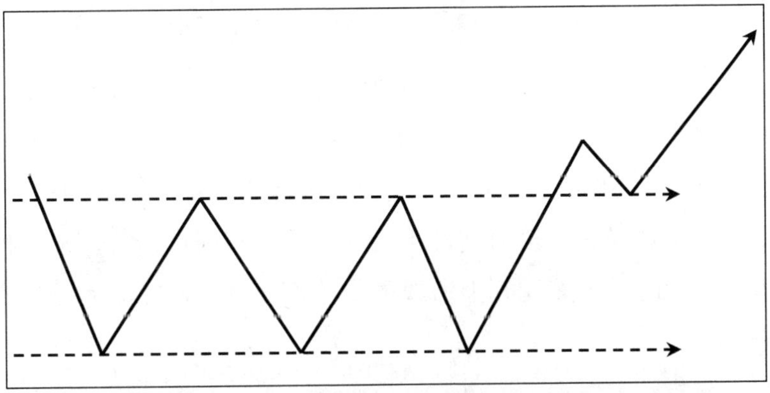

图 6–17 向上突破矩形整理区域扩展形态

下面来看一下棕榈指数 60 分钟 K 线的走势情况，如图 6–18 所示。

如图 6–18 所示，2020 年 4 月—5 月，棕榈指数 60 分钟 K 线图上出现了矩形整理形态。

2020 年 4 月 27 日 14:15，市场处于下跌行情中，棕榈指数在之前下跌的前提下低开高走大幅振荡。此后，棕榈指数 60 分钟 K 线正式开启了一波振荡走势，价格反弹的高点和回落的低点都基本处于一条直线上。将高点和低点分别连接，就构成了一个矩形。

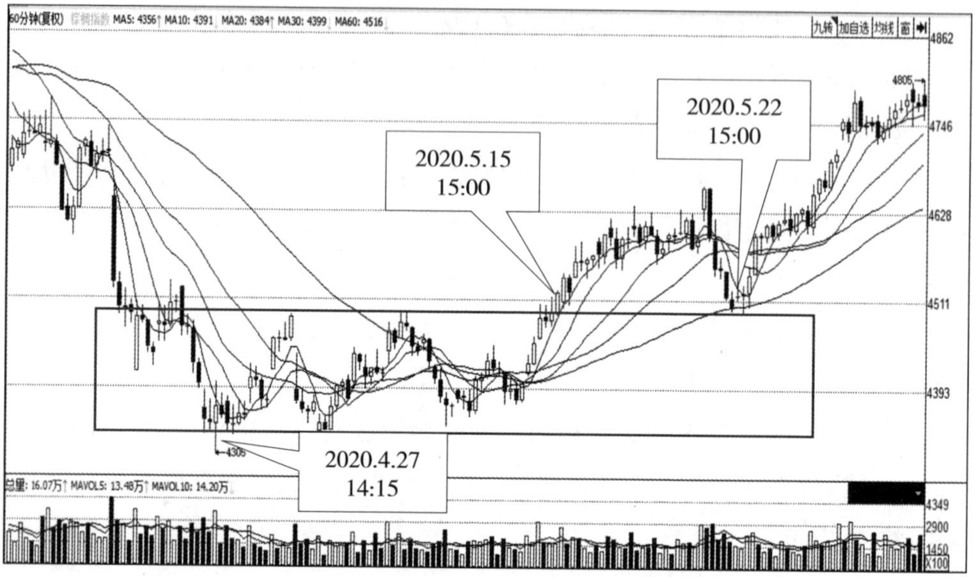

图 6-18　棕榈指数 60 分钟 K 线走势图

此后，投资者不宜轻举妄动，而要耐心等待价格形成新的突破方向。

2020 年 5 月 15 日 15:00，该指数向上突破矩形的上边线，持有多头仓位的投资者可考虑加仓操作，持有空头仓位的投资者宜进行空翻多或平仓操作。

其后，该指数经过一段时间的上升后，曾出现回调走势。但价格回调至矩形上边线位置时，再度受到上边线的支撑而上升。此时，就是投资者加仓的一个绝佳时机。

此后，该指数重新进入了快速上升通道。

二、向下跌破矩形

价格向下跌破矩形的下边线，则意味着价格将走入下行通道，是较为明确的做空信号。如图 6-19 所示。

其操作要点如下。

第一，当矩形整理形态出现在大幅上升之后的高价位区域，也可以表现为反转形态，是潜伏顶的变形。当价格向下跌破矩形下边线时，则意味着价格将结束盘整，并进入下跌通道。

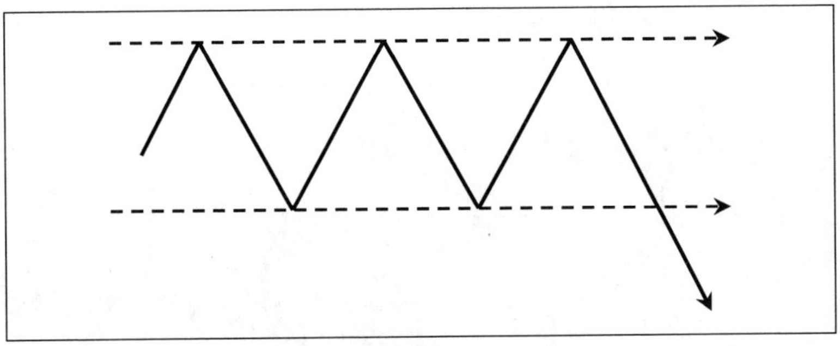

图 6-19 向下跌破矩形整理区域

第二，当价格向下有效突破矩形的下边线时，表示空方开始占据优势，投资者应该考虑做空。

第三，在矩形整理形态形成的过程中，成交量呈现萎缩态势的情况较多。

第四，在有些情况下，价格向下跌破矩形区域后，还会有一个向上的反抽动作。但当价格反抽至矩形下边线时，可能会因受到下边线的阻力而再度下跌。如图 6-20 所示。

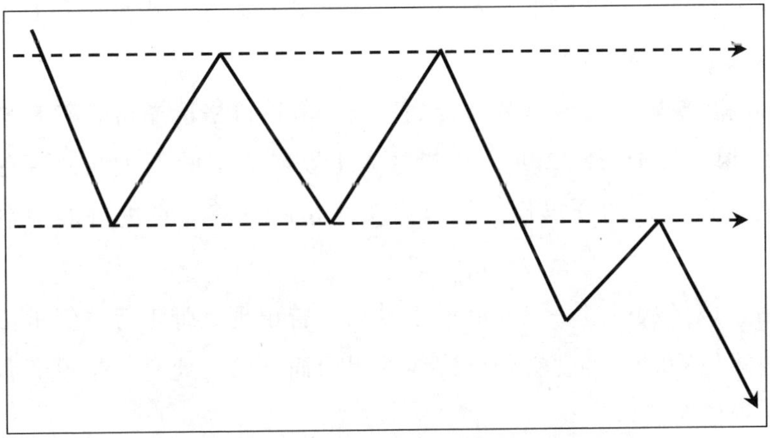

图 6-20 向下跌破矩形整理区域扩展形态

下面来看一下 PP 指数的价格走势情况，如图 6-21 所示。

如图 6-21 所示，2021 年 2 月—3 月，PP 指数 60 分钟 K 线图上出现了矩形整理形态。

2021 年 2 月 22 日 10:00，处于上涨行情中的 PP 指数在之前上涨的前提

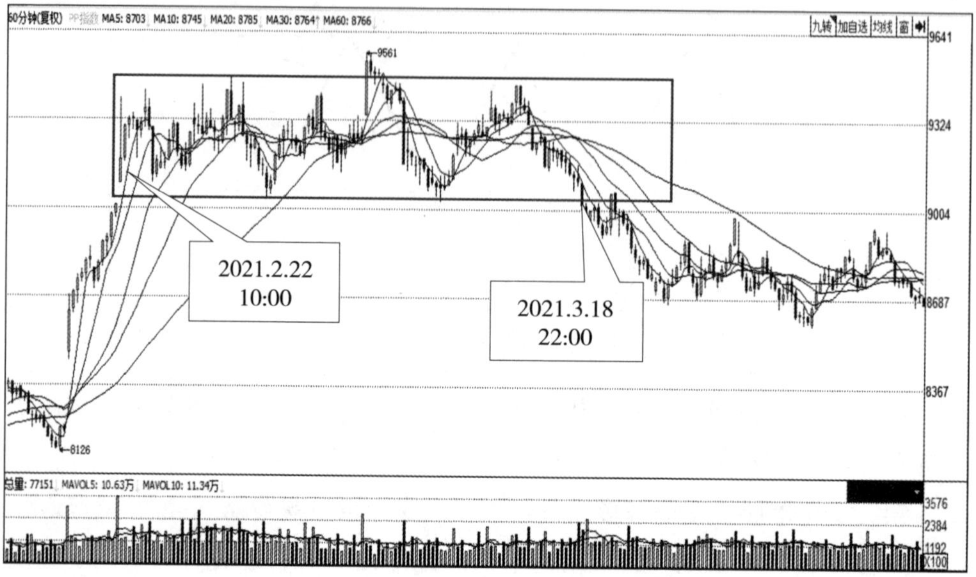

图 6-21　PP 指数 60 分钟 K 线走势图

下高开高走大幅振荡。此后，PP 指数 60 分钟 K 线正式开启了一波振荡走势，价格反弹的高点和回落的低点都基本处于一条直线上。将高点和低点分别连接，就构成了一个矩形。

此后，投资者不宜轻举妄动，而要耐心等待价格选择新的突破方向。

2021 年 3 月 18 日 22:00，该指数向下跌破矩形的下边线，持有空头仓位的投资者可考虑加仓操作，持有多头仓位的投资者宜进行多翻空或平仓操作。

其后，该指数经过一段时间的下跌后，曾出现反弹走势，但价格反弹至矩形下边线位置时，再度受到下边线的阻力而下跌。此时，是投资者加仓做空的一个绝佳时机。

此后，该指数重新进入了快速下跌通道。

第七章

持仓量与成交量

在期货交易领域，持仓量与成交量一起构成了期货价格走势分析最基础的分析要素和指标。这些指标出现异动，往往意味着市场走势可能出现新的变化。

第一节　成交量与持仓量基本分析方法

成交量与持仓量都是反映资金进出的指标，但两者之间又存在一定的差别。在不同的期货交易软件中，成交量与持仓量的标示方法有所不同。有的将成交量与持仓量分开显示，有的合并在同一图表中。目前，使用最多的文华财经期货软件中，成交量与持仓量的标示方式如图 7–1 所示。

投资者也可以通过输入“OPI”来调出持仓量指标。从图 7–1 中可以看出，成交量与持仓量的变动整体趋势相近，但又并不总是一致的。两者之间的相对变化关系会对价格走势产生一定的影响。

一、持仓量与成交量连续增加

成交量与持仓量同步增加，表明有资金持续入场，多空双方对价格走势的分歧较大。成交量增加说明市场成交比较活跃。叠加持仓量增加，说明市场上大部分投资者认可并有意继续推动当前行情继续发展。这种情况一般出现在单边多方主导的行情或单边空方主导的行情之中。如图 7–2 所示。

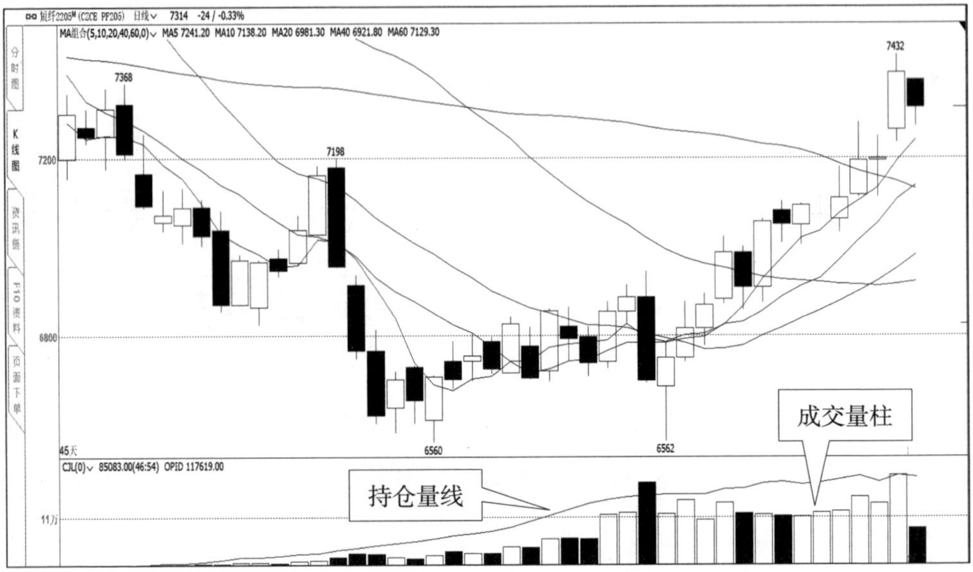

图 7-1 短纤 2205 合约日线走势图

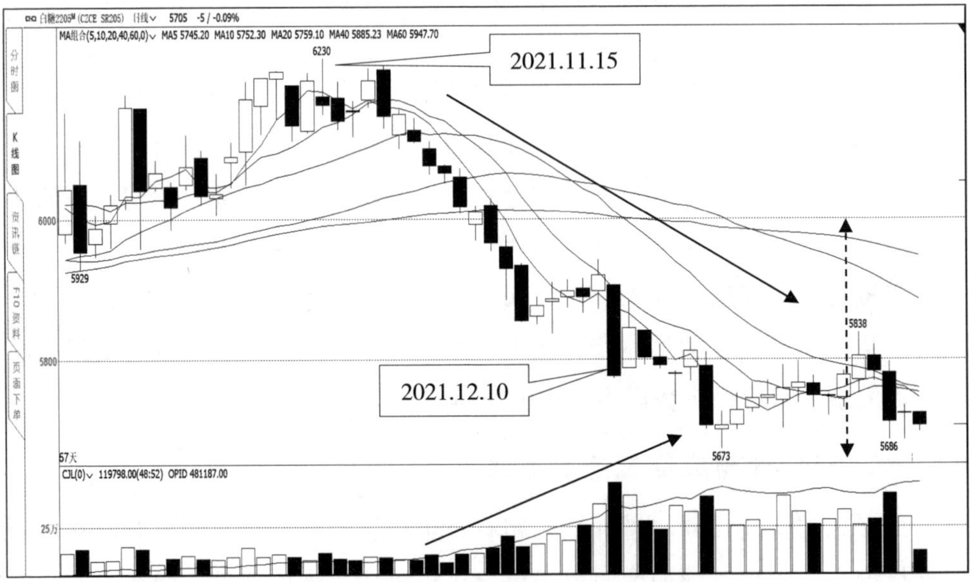

图 7-2 白糖 2205 合约日 K 线走势图

如图 7-2 所示，白糖 2205 合约自 2021 年 11 月 15 日触顶回落后一路振荡下跌。观察此时的成交量与持仓量曲线可知，成交量呈现出振荡上升态势，持仓量指标也同步上升。

到了 2021 年 12 月 10 日，合约价格大幅下跌，持仓量与成交量也同步放大，这说明资金入场速度明显加快。以上情况表明此时白糖价格处于单边下跌趋势中，投资者暂时不宜做多。

二、持仓量增加，成交量萎缩

持仓量增加而成交量萎缩，说明资金对后市的分歧较大，中长线多空双方不愿意坚守自身看法，而短线资金因为难以找到交易机会而不再入场，这通常属于一波较大行情到来之前的征兆。其后，市场运行的方向可能会主导一波较大的行情，如图 7–3 所示。

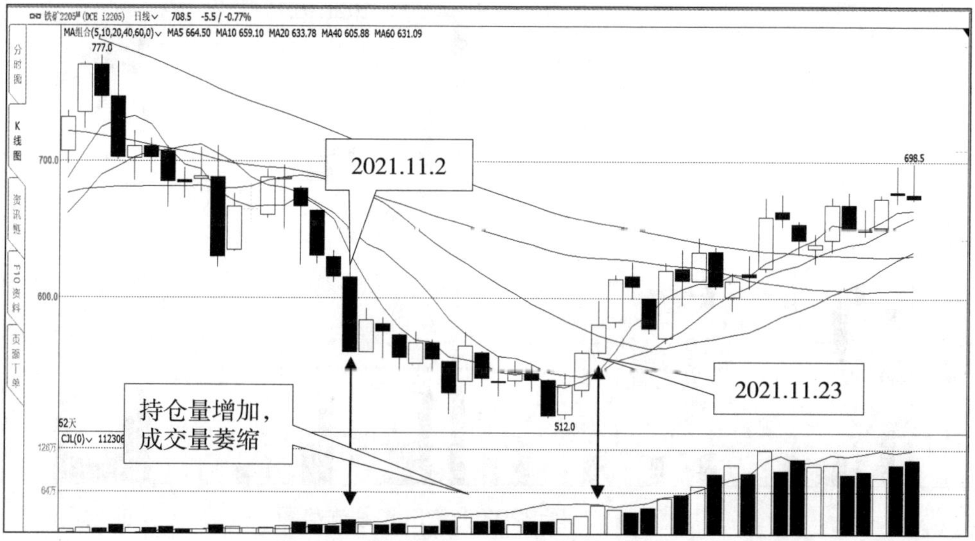

图 7–3　铁矿 2205 合约日 K 线走势图

如图 7–3 所示，铁矿 2205 合约自 2021 年 11 月 2 日大幅下跌后，成交量开始持续萎缩，而持仓量却呈现出明显的上升势头。其后，持仓量与成交量的落差越来越大，这说明铁矿可能会走出一波规模较大的行情，投资者需要密切关注市场的变化。

到了 2021 年 11 月 23 日，合约价格大幅上升，成交量同步放大若干倍，这说明资金入场速度明显加快。此后，铁矿 2205 合约出现了一波振荡上升走势，且在上升过程中，持仓量与成交量呈现出了明显同增同减态势。

三、持仓量减少，成交量增加

通常情况下，在一波行情推进至某一阶段（比如中期盘整阶段、顶部或底部阶段），多空双方的分歧进一步加剧，且随着获利盘增加，一些原来的多方或空方可能会选择获利了结，使得市场总的持仓量出现下降。由于短线投机资金踊跃参与，这就使得该时段在持仓量下降的前提下，仍保持了总的成交量上升的现象，其实，这也是市场活跃的一种表现。如图 7–4 所示。

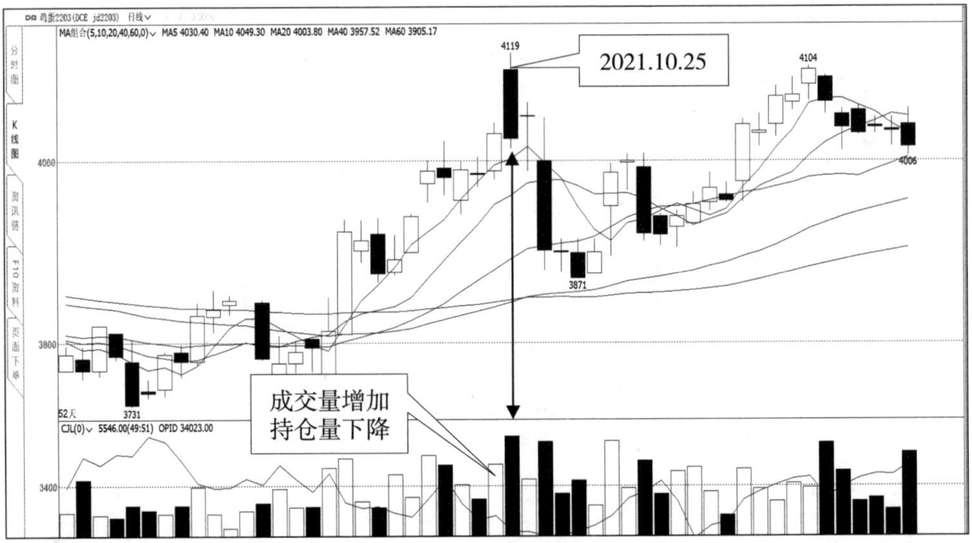

图 7–4　鸡蛋 2203 合约日 K 线走势图

如图 7–4 所示，鸡蛋 2203 合约自 2021 年 9 月开始出现振荡走势。进入 10 月后，该合约价格开始走高。随着成交量出现振荡上扬态势，持仓量不仅没有上升，反而出现了萎缩，这说明先前的获利盘大量涌出，很多获利盘开始平仓撤出。

四、持仓量减少，成交量萎缩

持仓量与成交量同时出现减少的情况，说明未来价格走势充满不确定性，市场上观望气氛较浓，多空双方都不愿意开立新的仓位。当然，出现此情况时，往往也是在孕育一波新的行情的时间。如图 7-5 所示。

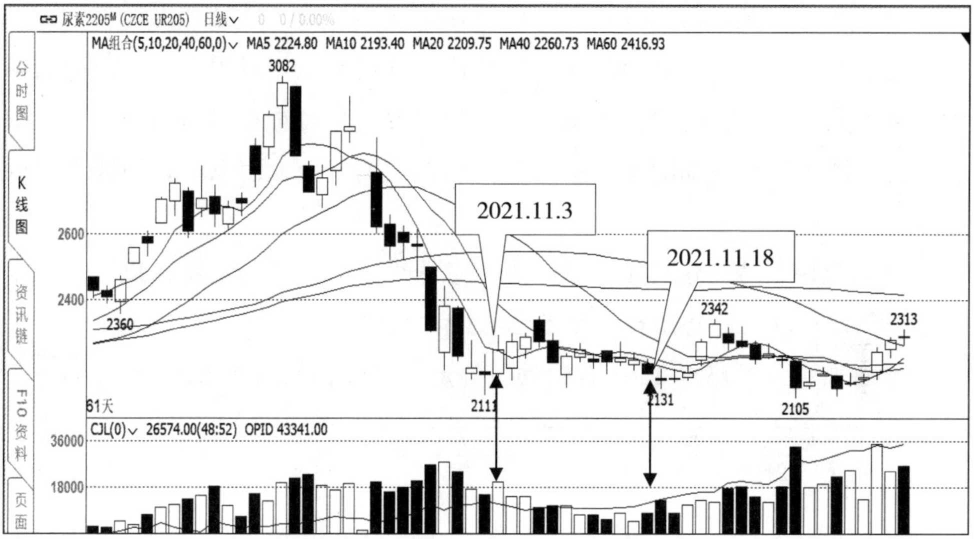

图 7-5 尿素 2205 合约日 K 线走势图

如图 7-5 所示，尿素 2205 合约自 2021 年 10 月中旬开始启动单边下跌行情后，成交量与持仓量同步增加。自 11 月 3 日之后，成交量与持仓量双双下降，这说明由于价格长时间走低，市场上对交易和持仓尿素 2203 合约的兴趣已经不大，很多资金开始离场。不过，这时候往往都是新行情孕育的时候。

到了 2021 年 11 月 18 日，尿素 2205 合约的价格再度走低，而成交量和持仓量双双开始转向上升，这说明一波新的行情开始了。

此后，尿素 2205 合约的价格开始振荡走高。

第二节 成交量与持仓量分析策略

成交量与持仓量在技术分析领域具有非常重要的地位。但同时，因期货交易的特性，其分析方法与股票交易中的成交量分析还是有所不同。

一、持仓量增加，行情启动的信号

从本质上来说，持仓量就是沉淀的资金量，也就是愿意长期持有的资金。这部分资金一般包括两类：其一，做套期保值的资金。这是无需讨论的，无论行情如何，这些资金都会参与，而且这部分资金是相对固定的，波动的幅度不会太大。其二，短线投机资金，这是需要交易者重点追踪的资金。当持仓量持续增加时，增加的肯定不会是套期保值的资金，而只能是短线投机的资金。

换句话说，持仓量持续上升，也就意味着有大量新的短线投机资金入场开仓，如没有新的趋势出现，是不会有这种情况的。

下面来看一下郑醇 2205 合约的报价走势情况，如图 7-6 所示。

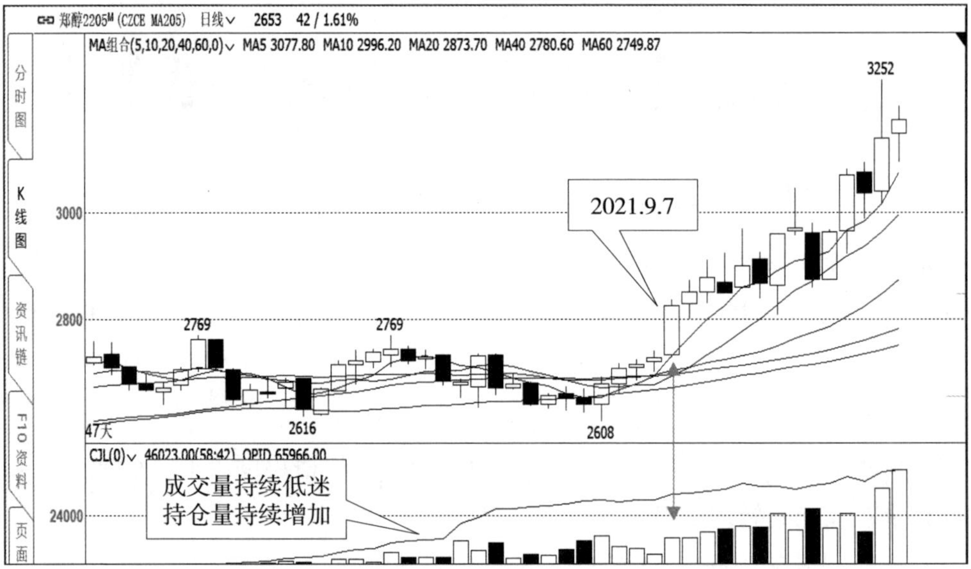

图 7-6　郑醇 2205 合约日 K 线走势图

如图 7-6 所示，郑醇 2205 合约自 2021 年 6 月到 9 月期间一直呈横向小幅上扬运行态势，成交量和持仓量都处于低位，说明市场交易清淡。

到了 8 月底，该合约的成交量并未出现大幅上升态势，但持仓量却出现了持续上升态势，这意味着新的行情可能正处于酝酿之中，投资者可保持关注。

2021 年，该合约的价格大幅向上突破多条均线，这意味着价格正式启动上升走势。结合之前持仓量的变化可以判断，该合约的价格可能会出现一波上升走势。

二、非主力合约与主力合约的成交量

交易期货的投资者可以发现，在市场上，主力合约和非主力合约的成交量是完全不同的。当然，主力合约也是会切换的。因此，交易过程中必须注意这样几个问题。

第一，尽量选择主力合约交易。非主力合约交易普遍比较清淡，投资者在开仓或平仓时，很可能会找不到对手盘，从而延误交易时机。因此，多数从事非主力合约交易的投资者，都是基于套期保值的需要进行的交易。对于大多数从事投机交易的交易者而言，交易非主力合约是应该避免的。

从另一方面来看，主力合约的成交量、持仓量都会显著高于非主力合约，这一点投资者在分析期货价格走势时要有清晰的认识。

第二，主力合约会不停地切换。事实上，主力合约与非主力合约并不是一成不变的。所谓的主力合约，只是从事交易的人比较多而已。由于期货合约都有固定的交割日期，这就相当于为每种期货合约设下了交易的截止期限。一般来说，越是临近交割日期，交易量和持仓量就会越少。也就是说，在距离交割月份还有一段时间的时候，各路投机资金就会转向其他交割月份的合约，这也就意味着市场上的主力合约发生了切换。

下面来看一下郑醇 2201 合约和郑醇 2203 合约的走势情况。如图 7-7 所示。

如图 7-7 所示，郑醇 2201 合约的成交量与持仓量自 2021 年 8 月中旬开始明显大幅增加，而到了 12 月中旬出现了明显的下跌。其实，这与该合约成为主力合约的时间和交割月份存在直接的关系。一般在 8 月中旬左右，2201 合约就可能成为市场上郑醇的主力交易合约，而到了 10 月中旬以后，就可能逐渐失去主力合约的身份。再看看 2203 合约的交易情况，如图 7-8 所示。

图 7-7 郑醇 2201 合约日 K 线走势图

图 7-8 郑醇 2203 合约日 K 线走势图

从图 7-8 中可以看出，自 2021 年 10 月中旬开始，郑醇 2203 合约的交易开始活跃起来，成交量和持仓量持续增加，这说明此时该合约已经开始要逐渐取代 2201 合约成为新的主力合约了。

从以上合约对比可以看出，一个合约的成交量与持仓量不仅与价格走势、行情的展开程度有关，与该合约是否属于主力合约的关系更为密切。因此，在分析成交量和持仓量时，一定不能忽略合约的性质。

三、期货合约的季节性轮动问题

由于很多期货合约本身具有一定的商品属性，很多企业参与期货交易的目的也是为了套期保值，因此，在一些特定的季节，成交量和持仓量势必都会出现异常的变化。受此影响，一些短线投机资金也更喜欢在这些季节入场交易这些合约，从而推动合约价格大幅走高或走低。

比如，鸡蛋就是一个典型的季节性波动比较显著的合约。在每年的 9 月，合约都属于强势合约，而 5 月合约则属于弱势合约。

分析一个合约走势的强弱，本质上都离不开基本面的供需关系因素。每年的 9 月之后，很多传统大节接踵而至，中秋、国庆等都会大幅拉升对鸡蛋的需求。同时，9 月又是各大学校开学的日子，都会大幅增加对鸡蛋的需求，这是常规的对鸡蛋需求端的分析。当然，影响鸡蛋价格走势的，不仅有需求端的因素，还有供给端的因素。若在 9 月之前鸡蛋价格已经出现了连续大幅走高的态势，就可能会促使各大养鸡企业扩大规模，这在一定程度上可能会抑制 9 月合约的价格。

四、影响成交量与持仓量分析的其他因素

影响成交量与持仓量分析的其他因素还包括以下几方面。

1. 基本面因素

分析股票走势时，总是会强调量在价先的原则，即股价发生趋势性转变前，成交量已经先一步出现了变化。不过，在期货技术分析领域，这个理论稍有不同。毕竟期货交易的对象都是商品合约，因此，期货合约价格的走势，从本质上来说都不可能脱离商品的基本属性。换句话说，期货合约的一波大趋势，并非短线资金进出或宏观环境所影响，而是靠着实打实的基本面供需

所决定的。

2. 涨跌停板规则

期货市场的交易同样会受到涨跌停板的影响。期货合约的价格一旦触及涨跌停板，就会无法交易，从而影响全时段的交易量和持仓量，这就会影响投资者对成交量和持仓量的分析。

第三节　价格运动与成交量、持仓量

当价格运动至某些特殊位置时，如阻力位、支撑位，成交量与持仓量的变化则会对价格的下一步走势产生重要影响。

一、突破：成交量、持仓量增加

突破，即期货合约价格向上或向下突破了原有的阻力位和支撑位。在实战交易中，价格出现突破形态时，投资需要对突破的真实性和有效性进行确认。

成交量与持仓量放大，是衡量突破有效性的最重要指标。价格 K 线向上或向下突破某一重要支撑位或阻力位（如前期高点或低点位、趋势线位置、整数点位等）时，若成交量与持仓量同步放大，则可增强突破的有效性。

下面来看一下纯碱 2205 合约的日 K 线走势情况，如图 7-9 所示。

如图 7-9 所示，纯碱 2205 合约的价格在 2021 年 9 月初出现了一段横向振荡整理行情。该合约的价格在振荡过程中曾经出现了几个短期的高点后又重回横向整理走势。

2021 年 12 月 18 日和 19 日，纯碱 2205 合约的价格 K 线连续向上突破了前期的盘整位置，显示价格存在突破盘整区域的可能。与此同时，该时段的成交量相比之前放大了若干倍，持仓量也显著地上升。基于以上分析可以认定，价格 K 线此次向上突破很可能是一次有效突破，投资者可积极入场做多。

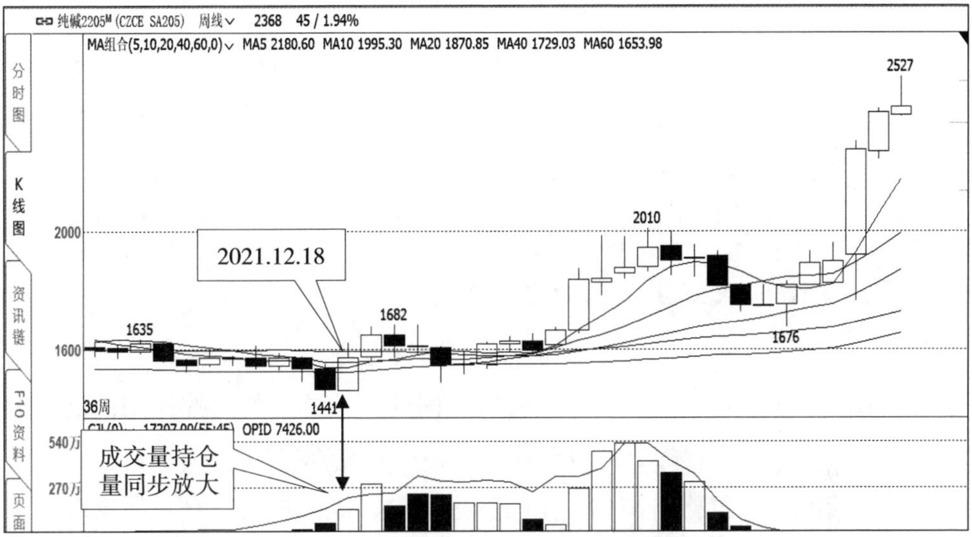

图 7-9 纯碱 2205 合约日 K 线走势图

价格 K 线向下突破支撑位时，与上述情况也有些相似。下面来看一下豆粕 2201 合约日 K 线走势情况，如图 7-10 所示。

如图 7-10 所示，豆粕 2201 合约的价格在 2021 年下半年经历了一波上

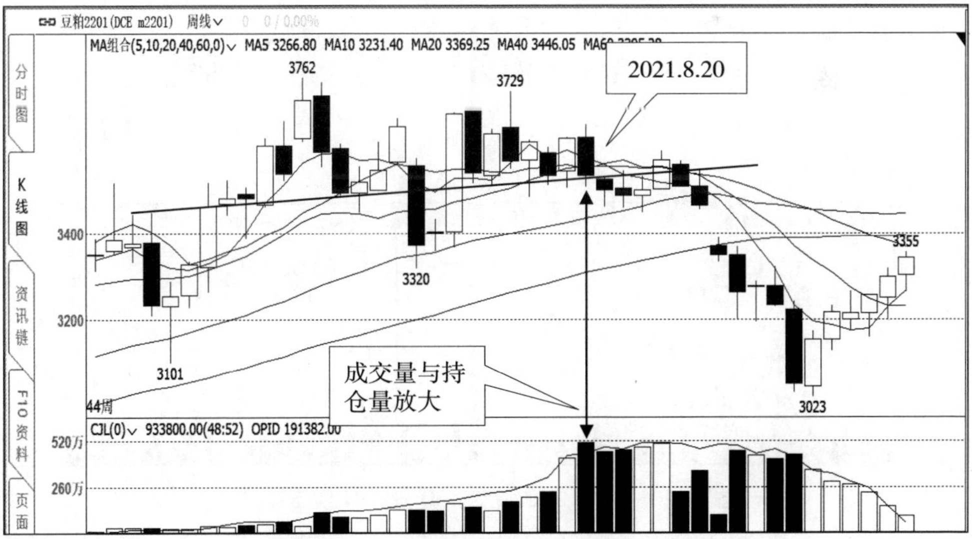

图 7-10 豆粕 2201 合约日 K 线走势图

涨走势后出现了明显的筑顶迹象。

2021 年 8 月 20 日，豆粕 2201 合约的价格 K 线向下跌破了顶部整理位置，显示价格存在下跌的可能。与此同时，该时段的成交量相比之前放大了若干倍，且持仓量也显著上升，这属于典型的看空形态。基于以上分析可以认定，价格 K 线此次向下突破很可能是一次有效突破，投资者可积极入场做空。

二、支撑：成交量、持仓量萎缩

支撑，是指当价格 K 线自上而下出现调整走势，且回调至某一重要点位，包括前期高点或低点、趋势线等位置时，因受到该位置的支撑作用而重新上升的情况。并不是所有的支撑位都能对价格起到支撑作用。

通常情况下，价格自高位向下运行过程中，成交量与持仓量会出现显著的萎缩，且在价格遇到支撑位反向上行时，成交量和持仓量应该增加，这说明有新的资金入场开仓，此支撑位为有效支撑位。

下面来看一下豆一 2201 合约 60 分钟 K 线的走势情况，如图 7–11 所示。

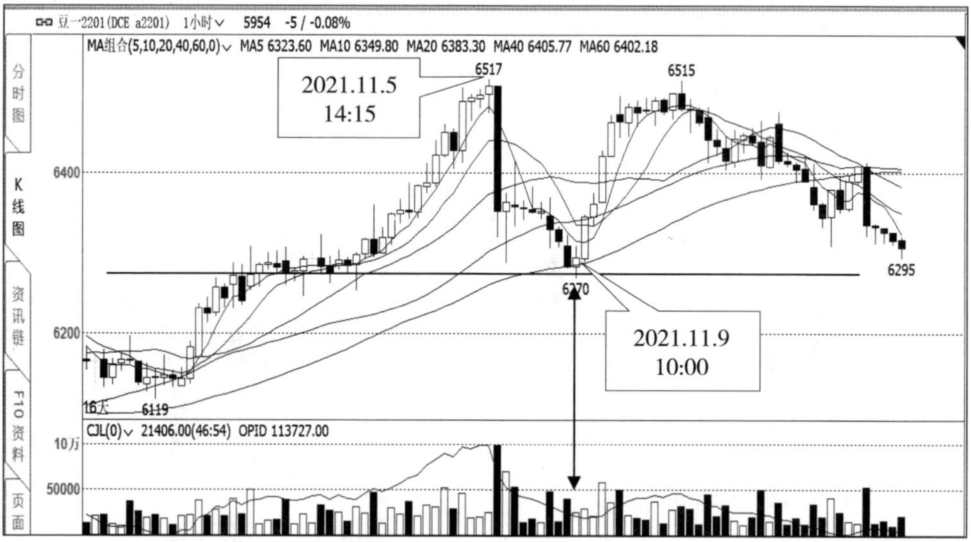

图 7–11　豆一 2201 合约 60 分钟 K 线走势图

如图 7–11 所示，豆一 2201 合约在 2021 年 11 月初经历了一波振荡上升走势。该指数在振荡过程中，于 2021 年 11 月 5 日形成一个短期高点后回调整理。

该合约报价在连续下跌过程中，成交量和持仓量持续走低。到了 11 月 9 日 10:00，该合约的成交量和持仓量都已经达到了很低的水平。

此后，该合约报价开始放量向上，成交量、持仓量同步上升，此时，投资者适宜入场做多。

三、阻力：成交量、持仓量萎缩

阻力，是指当价格 K 线自下而上出现反弹走势，且反弹至某一重要点位，包括前期高点或低点、趋势线等位置时，因受到该位置的阻力作用而重新下跌的情况。阻力作用与支撑作用相反，但阻力位与支撑位又可以互相转化，即当价格向上突破阻力位后，该阻力位将转化为支撑位；反之，当价格跌破支撑位后，该支撑位又将转化为阻力位。通常情况下，价格上行遇到阻力且阻力有效性的确认，应具备这样几个特点。

第一，价格自下向上运行过程中，成交量与持仓量可能会出现放大，但当价格上升至阻力位附近时，持仓量会出现萎缩的情况，而成交量却有可能会放大，这说明有资金平仓离场，此阻力位为有效阻力位的可能性极大。

第二，价格 K 线遇阻力下行时，技术指标会同步发出经典的看空信号，这也可印证此位置为有效阻力位。

下面来看一下铁矿 2203 合约 60 分钟 K 线走势情况，如图 7–12 所示。

如图 7–12 所示，铁矿 2203 合约在 2021 年 5 月底出现了一波快速上升走势。该合约价格在振荡上行过程中，于 2021 年 6 月 3 日 10:00 形成一个短期高点后进入下跌走势。此后，该合约价格经过一段时间的整理后重新启动上攻走势，但当价格在 6 月 15 日 9:00 重新上升至前期高点附近时，因受前期高点的阻力作用而重新下行。

观察此时的成交量可以看出，尽管当时成交量出现了一定程度的放大，但相比之前的成交量仍处于较低水平。与此同时，持仓量更是出现了反向走低态势，这说明有大量资金平仓离场，因此，投资者可考虑反向做空或平掉多头仓位离场。

图 7-12　铁矿 2203 合约 60 分钟 K 线走势图

第八章

移动平均线

在众多技术分析指标中，移动平均线是最为重要的。移动平均线，简称“均线”，它大致代表了一段时间的市场平均成本，因此，均线往往对价格具有重要的支撑或阻碍的作用。

均线的计算非常简单，某一时段的均线就是该时段内所有交易日的收盘价之和与总的交易天数的算术平均值，即均价。然后将这些均价用曲线连接起来，就构成了均线。例如，30 日均线就是由连续 30 个交易日收盘价之和除以 30 后得到的算术平均值连接而成的（若 K 线分析周期为 1 分钟，则 30 个交易日将变成 30 分钟，以此类推）。如图 8–1 所示。

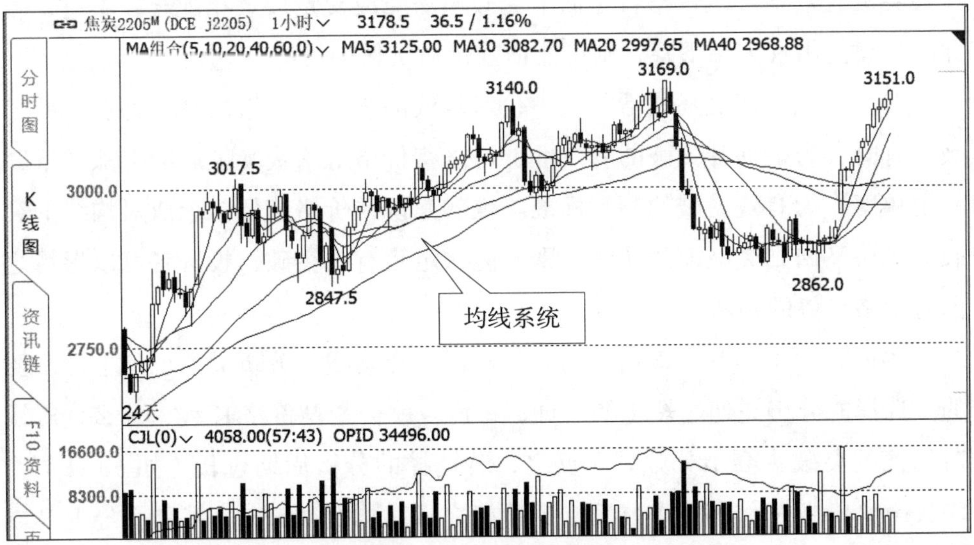

图 8–1 均线指标示意图

一般情况下，除了通常所说的移动平均线之外，还有加权移动平均线，就是将距离计算日的日期远近作为权数，计算日当天所占的比重最大，日期最远的比重最小。

第一节　移动平均线基本研判方法

从本质上来说，均线就是一种追踪价格运行趋势的工具。投资者通过均线可以识别价格运动的趋势，以及可能到来的趋势终结与转向等。

一、价格对均线的突破

价格对均线的突破包括两种，其一，自上而下的突破；其二，自下而上的突破。关于价格对均线的突破，需要重点关注以下几点。

第一，通常情况下，价格自上而下突破均线，说明价格有结束上升趋势转为下行趋势的可能；反之，价格自下而上突破均线，则说明价格有结束下跌趋势转为上升趋势的可能。

第二，当价格自下而上突破均线时，若成交量与持仓量同步放大，则可增强突破有效性。但价格自上而下突破不需要成交量放大相配合，不过，若此时持仓量出现大幅下降，则可能增强价格走低的可能。

第三，从短线交易来看，收市价对均线的突破可以看成是一种有效的突破。有时，为了提升突破的有效性，可以将价格对均线突破后的上涨或下跌一定幅度作为有效突破的判断标准。也就是说，价格若偶尔形成对均线的突破后很快又回到突破前的状态，则不能认定为有效突破，投资者可以保持之前对价格走势的判断。

第四，为了提升突破信号的有效性，选择均线的分析周期也是十分重要的。选择的分析周期过短（如 5 日），均线就会紧贴价格 K 线，那么，K 线对均线的突破就会十分频繁。反之，若选择的分析周期过长（如 60 日），均线距离价格 K 线就会非常远，当价格完成对均线突破时，可能已经上升或下跌较大的幅度了。

总之，投资者在分析价格走势时，需要依据价格 K 线走势特征，选择合适周期的均线。下面来看一下郑醇 2203 合约 60 分钟 K 线的走势情况，如图 8-2 所示。

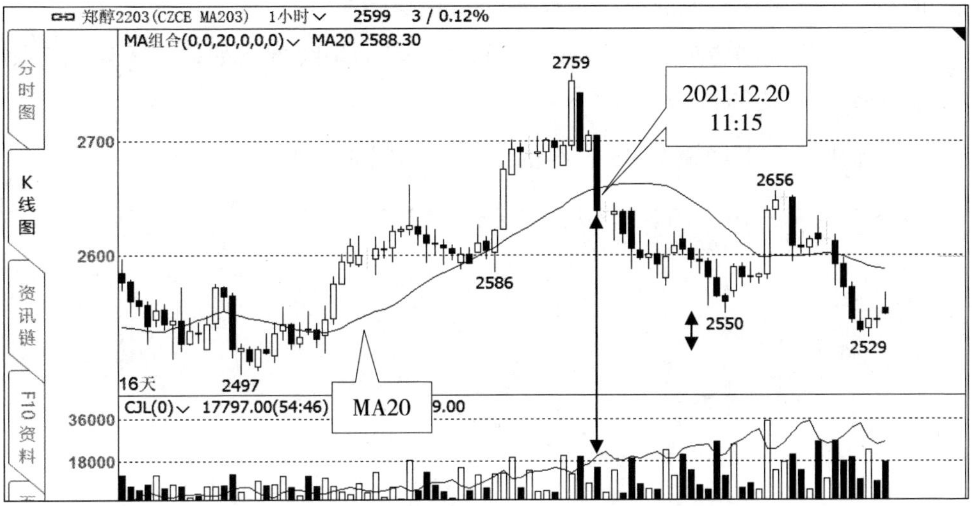

图 8-2　郑醇 2203 合约 60 分钟 K 线走势图

如图 8-2 所示，郑醇 2203 合约自 2021 年 12 月初沿 20 小时均线振荡上升。2021 年 12 月 20 日 11:15，该合约价格自上而下跌破 20 小时均线，成交量与持仓量持续走低，这说明资金离场信号较强，投资者宜转变看多思维，积极做空。

2021 年 12 月 20 日 11:15，郑醇 2203 合约出现放量下跌迹象，价格 K 线自上而下完成了对 20 小时均线的突破，且成交量大幅增加，持仓量同步上行，这属于典型的趋势反转信号。其后，郑醇 2203 合约结束了上升趋势，开始出现了振荡下跌走势。

二、均线对价格的支撑

期货合约价格自上而下回落到某条均线处时，如果获得支撑开始回升，那么投资者就可认定支撑有效，可进行多头操作，如看多开仓或空头平仓。此时，还需注意以下几点。

第一，K线自上而下回调到均线处时，要确保价格K线没有跌破均线，或者跌破均线后立即回到了均线之上。

第二，K线自上而下回调到均线处时，成交量要同步出现萎缩的态势。当价格遇支撑而重新上涨时，成交量最好能够放大。

第三，均线的方向要保持向上倾斜的姿态。均线方向如果向下倾斜，则不宜看多。

下面来看一下纯碱2205合约的案例，如图8-3所示。

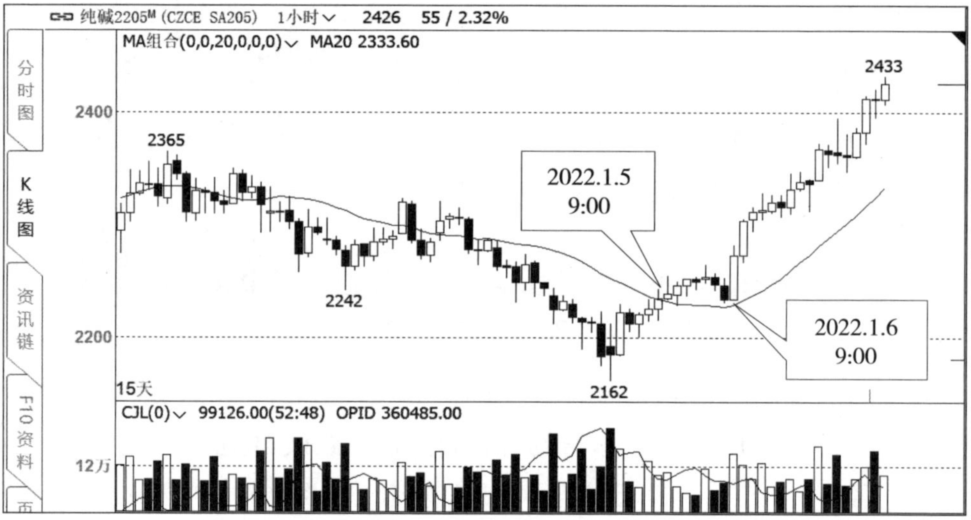

图8-3 纯碱2205合约的60分钟K线图

如图8-3所示，2022年1月5日9:00，纯碱2205合约的60分钟K线自下而上突破了320小时均线，说明价格存在由弱转强的可能。此后，该合约价格经历了一段时间的上升后出现了回调走势。2022年1月6日9:00，价格回调至20小时均线附近时，因受均线的支撑而重新上升，此时，投资者可进行做多操作。

三、均线对价格的阻力

价格自下方上涨到某条均线处时，如果遇到阻力开始回落，那么，也就意味着卖出信号出现，宜进行做空操作。投资者利用均线阻力作用做空期货合约时，需注意以下几点。

第一，K 线上涨到均线处时，若没有突破均线，或者突破均线后立即回到了均线下方，则说明均线阻力较强。

第二，K 线上涨到均线处时，成交量如果同步出现放大的态势，投资者需保持观望，因量价齐升时，有成功突破均线的可能。

第三，均线的方向如果是向下倾斜的，那么，均线对价格的阻力作用会更强。

下面来看一下豆粕 2205 合约的案例，如图 8-4 所示。

图 8-4　豆粕 2205 合约日 K 线走势图

如图 8-4 所示，豆粕 2205 合约自 2021 年 8 月 20 日跌破了 20 日均线后，开始一路振荡下行。在指数下行过程中，曾经几次出现反弹走势，当指数反弹至均线位置时，均因受均线的阻力而重新下跌。特别是 2021 年 9 月 28 日，该指数曾一度向上突破 20 日均线，不过随后又跌回均线下方，这说明此次突破属于无效突破，更可强化 20 日均线对指数的阻力作用。

在实战中，期货合约价格走势受某条均线的影响较大，投资者就可以着重研究该均线。例如，期货合约价格受 30 日均线影响较大，即多次遇 30 日均线受到支撑或阻力，则可认可该均线是对该合约价格走势有重要影响的均线。

第二节 最佳均线组合

均线，本质上反映的是各个时段投资者的平均持仓成本。每条均线都是相应周期内的持仓成本，而不同周期的均线，所反映的就是不同周期的持仓成本。因此，将不同周期均线组合分析，通过不同周期均线的交叉，可以发现市场平均持仓成本的变化，并进而研判当前价格运行的基本态势。均线的交叉主要包括两种类型，即均线金叉与均线死叉。

一、均线金叉

均线金叉，即均线黄金交叉，是指短期均线自下而上穿过长期均线形成的交叉。均线黄金交叉的做多买点操作要点如下。

第一，形成黄金交叉时，短期均线与长期均线的方向必须都是向上的，且价格一定要位于交叉点的上方。

第二，价格如果位于交叉点上方很远的地方，则投资者不宜看多开仓，因价格距离均线太远，很可能会出现回调。

第三，发生黄金交叉时，如果成交量能够随之同步放大，那么，将增大价格进一步上涨的概率。对于投资者来说，均线金叉，尤其是较长周期的均线出现黄金交叉，通常会有一波价格上涨走势，这也是短线做多的最佳时机。

下面来看一下豆油 2205 合约的案例，如图 8-5 所示。

如图 8-5 所示，2021 年 8 月，处于盘整走势中的豆油 2205 合约开始反弹，从而带动 10 日均线、20 日均线向上移动。2021 年 9 月 28 日，10 日均线上穿了处于横向状态的 20 日均线。与此同时，价格 K 线收于黄金交叉点的上方，成交量也出现了放大态势，这属于典型看多信号，投资者可考虑少量做多开仓。

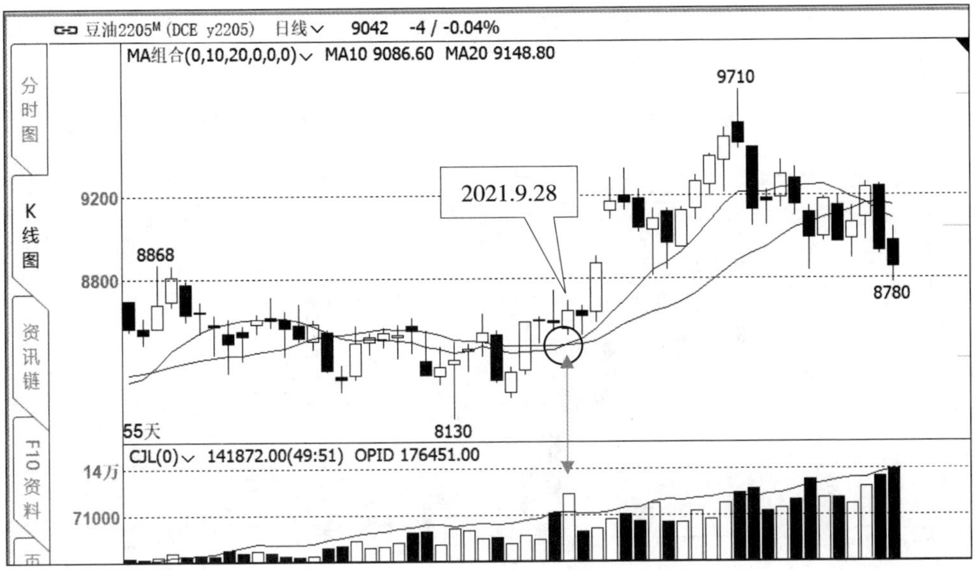

图 8-5 豆油 2205 合约日 K 线走势图

其后，该合约价格一路上行。

二、均线死叉

均线死叉，即均线死亡交叉，是指短期均线自上而下穿过长期均线形成的交叉。均线死亡交叉的多转空或做空开仓操作要点如下。

第一，形成死亡交叉时，短期均线与长期均线的方向必须都是向下的，且价格一定要位于交叉点的下方。

第二，价格如果位于交叉点下方很远的地方，则投资者不宜再做空，因价格距离均线太远，很可能会出现反弹。

第三，发生死亡交叉时，如果成交量能够随之同步放大，那么将增大价格进一步下跌的概率。

第四，不同均线的死亡交叉往往会对行情具有不同的指导意义。短期均线出现死叉，而中长期均线依然向上，表示短期阶段上升行情结束，中期洗盘调整行情已经开始。中期均线出现死叉，而长期均线依然向上，表示中期波段上升行情结束，波段调整行情已经开始。长期均线出现死叉，短中期均线已经完全在长期均线以下，表示大级别上升行情结束，弱势或极弱势行情已经开始。

下面来看一下尿素 2205 合约的案例，如图 8-6 所示。

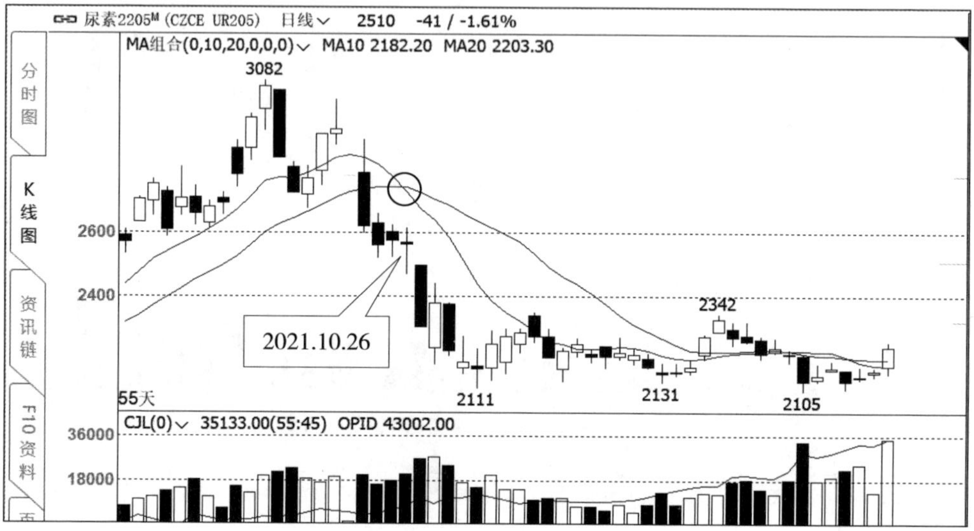

图 8-6 尿素 2205 合约日 K 线走势图

如图 8-6 所示，2021 年 10 月中旬，处于上涨行情末期的尿素 2205 合约出现疲软迹象。10 月 26 日，该合约价格在之前几个交易日连续下跌的基础上，再度收出一根小阴线，且 10 日均线向下跌破了 20 日均线，形成死亡交叉，这是较为明显的看空信号。

此后，该合约的价格 K 线呈现了加速下行的态势。

第九章

技术分析指标

在期货交易实战中，除了均线指标外，还有很多比较实用的技术指标，诸如 MACD 指标、KDJ 指标等，这些技术指标也是投资者分析价格走势的重要辅助工具。

第一节　对于技术指标的基本认识

在价与量的基础上，依照一定的方法就能计算出“技术指标”，技术指标在一定程度上能反映价格的变动情况。技术指标将原来的定性分析思想进行了量化，从而能够进行更为精确的定量分析。

一、技术指标的概念和分类

1. 技术指标的概念

技术指标是证券市场中的专有名词，是人们通过对市场规律性的研究分析，依据一定的统计方法，运用复杂的数学模型或计算公式，通过计算机系统生成的某种指标值或图形曲线。它不仅是证券技术分析的研究成果，也是预测价格未来走势、指导投资者买卖的重要工具。通过技术指标研判价格未来趋势的方法，称为技术指标分析法。

技术指标是对某些原始数据的部分或全部进行整理加工，使之成为一些新颖的数据信号。不同的数据类型和处理方式，会产生不同的技术指标。通过复杂计算产生的技术指标，反映了股市某一方面的深层内涵，这些内涵是单凭原始数据无法看出来的。但是由于技术指标来源于统计学范畴，所以它常常会滞后于行情。

2. 技术指标的分类

期货交易软件中提供了大量的技术分析指标。根据分析的方法和对象不同，技术指标可以大致分为以下四种类型，如表 9-1 所示。

表 9-1　技术指标的 4 种类型

序号	指标类型	用途	包含的主要指标	
1	K 线形态指标	反映价格走势类指标，描述当期价格运行状态	◎ K 线 ◎ 竹线（BAR）	◎ 宝塔线（TWR） ◎ 收盘价线（CLOSE）
2	趋势分析指标	又叫趋势跟踪类指标，主要用于跟踪并预测价格的发展趋势	◎ 移动平均线（MA） ◎ 止损点（SAR） ◎ 均线通道（HCL） ◎ 瀑布线（PBX） ◎ 日内均价线（SP）	◎ 平均线差（DMA） ◎ 布林带（BOLL） ◎ 麦克指标（MIKE） ◎ 逆势操作（CDP）
3	摆动指标	主要用于捕捉趋势的转折点	◎ 指数平滑异同移动平均线（MACD） ◎ 随机指标（KDJ） ◎ 变动速率（ROC） ◎ 威廉指标（W&R） ◎ 相对强弱指标（RSI） ◎ 能量指标（CR） ◎ 变化率指标（RC）	◎ 乖离率（BIAS） ◎ 顺势指标（CCI） ◎ 振荡量（变动速率，OSC） ◎ 动态买卖人气指标（ADTM） ◎趋向指标（DMI） ◎多空指数（BBI） ◎多空线（能量指标，DKX） ◎ 动量指标（MI）
4	量仓指标	通过成交量和持仓量的大小和变化研判趋势变化	◎ 均量线（MV） ◎ 持仓量（OPI） ◎ 能量潮（OBV） ◎ 持仓异动（CCL） ◎ 威廉变异离散量(WVAD)	◎ 容量比率（VR） ◎ 量变动速率（VROC） ◎ 量相对强弱（VRSI） ◎ 成交量（CJL）

二、技术指标信号

1. 技术指标的信号方式

技术指标的信号方式主要包括背离信号、交叉信号、数值信号、形态信号、超买超卖信号等多种信号体系。

（1）背离信号

技术指标与价格之间的冲突叫做背离。在背离的情况下，指标走向与价格走势出现了不同步的现象。背离分为顶背离和底背离两种情况：如果价格一浪比一浪高，而技术指标却一浪比一浪低，即价格上涨时指标越来越弱，这种情况叫做顶背离；如果价格一浪比一浪低，而技术指标却一浪比一浪高，即指标先于价格触底回升，这种情况叫做底背离。背离信号往往标志着一波行情的结束和新一波行情的开始，它需要通过价格趋势的突破来确认。

（2）交叉信号

交叉是指两条周期不同的指标线或指标线与指标均线发生了相交现象。正如前面提到的均线交叉一样，技术指标的交叉分为金叉和死叉两种。当短期指标线由下向上穿越长期指标线，或者指标线由下向上穿越指标均线时，称为金叉，通常是做多入场点。当短期指标线由上向下穿越长期指标线，或者指标线由上向下穿越指标均线时，称为死叉，通常是卖出点。

（3）数值信号

数值信号是以某个具体的数值来指示指标的买卖信号，在指标的数值关系中存在大于、等于和小于三种情况。比如 MACD 指标的 0 线就是典型的数值信号。

（4）形态信号

与价格形态类似，技术指标同样具有标准的形态：矩形、三角形、头肩底、三重顶等。价格形态的分析规则同样适用于指标形态。在指标线的波动过程中，指标形态一般不会经常出现，但当它们出现时，投资者必须引起注意，因为它们通常会导致有价值的运动。需要强调的是，指标线的反转形态只是表明指标反转，而非价格走势的反转。但当它被价格对某条重要的支撑线或阻力线的突破验证后，可以确认信号有效。

（5）超买超卖信号

有的技术指标在由一个极端走向另一个极端的时候，都具有一种振荡特征。这里的“极端”就体现了超买超卖现象。超买现象的出现意味着对期货合约的过度买入，暗示触顶风险正在加大，一般是卖出的机会；超卖现象的出现意味着对期货合约的过度卖出，暗示价格可能即将触底，一般是买入的机会。比如，KDJ 指标就是典型的超买超卖指标，当指标值小于 20 时，显示为超卖；当指标值大于 80 时，显示为超买。

2. 技术指标信号的过滤

技术指标发出的买卖信号是一个随机的过程，可能在今天发出了买入信号，到了明天却发出了卖出信号。由此可以知道，技术指标容易钝化或失效，常会发出一些错误的信号。投资者如果仅仅按照指标信号指示买入，结果价格可能不涨反跌；如果仅凭指标信号指示卖出，结果价格可能不跌反涨。比如，当指标出现钝化，同时却与价格发生背离时，其可靠性和灵敏度都会减弱，就容易产生虚假信号。虚假信号也可称为失败信号，是指技术指标所发出来的错误信号。用失败的信号指导交易必然会导致交易失败。

每一种技术指标都具有局限性和片面性，只能反映价格的局部走势，所以虚假信号的产生也是不可避免的。投资者在使用技术指标指导交易时，必须通过相关控制手段有效过滤掉虚假信号，消除虚假信号的不良影响，以提高指标使用性能和信号质量。

对于技术指标虚假信号的过滤，可以通过以下 4 种技术来实现。

（1）时间参数优化

不同的时间参数会使同一个指标产生不同的买卖信号。一个好的指标，如果没有好的时间参数匹配，就不会产生准确的信号。时间参数优化是指通过调整指标的时间参数来提高指标的准确性。投资者在选择参数时，要根据期货合约的周期性质和自己的技术特点选择合适的交易周期（短线、中线或长线），在此基础上选择合适的参数范围，然后将参数在这一有效范围内进行调整。对所有可能的组合方式逐一进行统计检验，可以找到最优的一组参数或一个参数范围。

（2）多项信号合成

多项信号合成就是将指标所能产生的每一项单独的信号方式进行充分的合成组合，从而形成一个满足各单项信号的综合信号。在这一过程中，投资者要对指标包含的多信号性能进行充分挖掘，以确定指标信号的含义，增大信号的范围。然后对信号进行合成，并优化匹配。如果不能匹配，就不能将其合成，否则不仅得到的综合信号无效，还会减弱原信号的作用。多项信号的合成数量应该根据需要而定，并非多多益善。

（3）多种指标组合

多种指标组合是指利用两个或两个以上的不同类型指标进行组合分析和相互确认的过程。多种指标组合可以放在主要指标的多项信号合成之后进行。不同的指标有不同的分析角度，投资者首先要确定一个主要的指标进行分析，然后再针对该指标的缺陷确定与之互补的指标，最后实行分步组合。在操作的过程中要注意，尽量在不同类型的指标间组合，组合指标的数量要根据需要而定，通常用 2～3 种即可。

（4）周期指标组合

周期指标组合是通过对不同时间周期的单一指标或不同时间周期的多项指标进行组合，并以产生的信号结果来研判行情。期货合约的周期是多变的和多层次的，不同的指标适用不同的周期。同一指标因分析周期不同，信号结果也不尽相同。因此，投资者可以利用期货合约的变化周期，对指标性能进行优化。首先要确定某一指标的主周期，然后再确定该指标的其他周期或其他合成指标的合成周期。周期指标组合在同一时点发出的信号不必是同一信号方式，只需要表达相同的含义即可确认。

技术指标种类繁多，良莠并存，每一种指标都表达了人们对市场特定方面的认识和把握，反映了期市某一方面的深层内涵。在实际操作中，并不要求投资者熟悉和精通所有的技术指标，只需要掌握几种重要的技术指标就行了。

本书列举了日常使用较多的几种技术指标，供读者参考。

第二节　MACD 指标及分析要点

MACD 指标是由杰拉尔德·阿佩尔在移动平均线基础上重新发展出来的一种技术指标。

在大多数期货交易软件中，MACD 指标都是默认的首选指标，如图 9-1 所示。

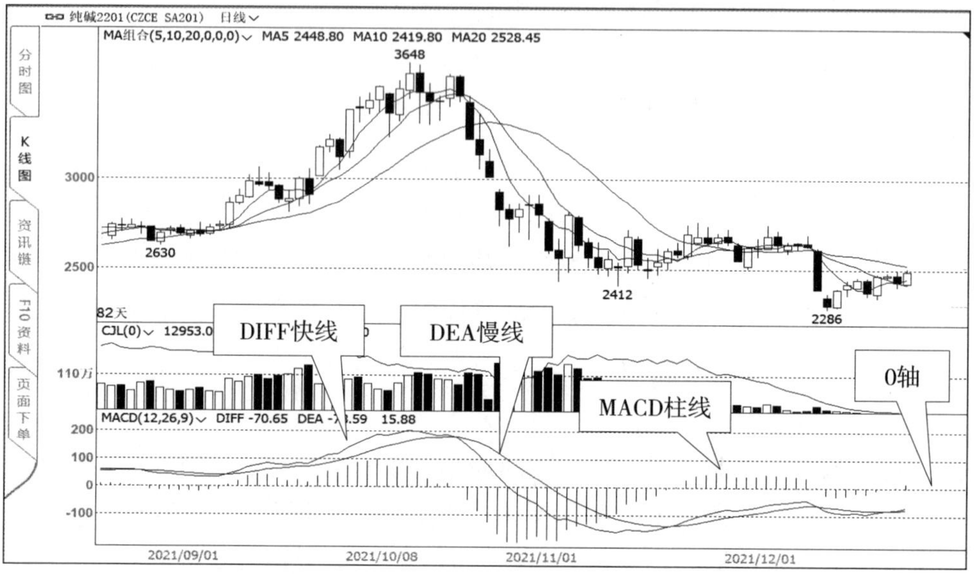

图 9-1　MACD 指标示意图

MACD 指标主要由快线（DIFF）、慢线（DEA）、柱线（MACD）、0 轴等四部分构成。

DIFF 是快速平滑移动平均线（EMA1）与慢速平滑移动平均线（EMA2）之间的差值。快慢只是时间参数不同，快速是短期的，而慢速则是长期的。DEA 是 DIFF 的移动平均，也就是连续一段时间内 DIFF 的算术平均值，因此 DEA 有自己独自的时间参数，即平滑的天数（M）。

根据经验，一般将快速移动平均线的时间参数（短期参数）设为 12 天，将慢速移动平均线的时间参数（长期参数）设为 26 天，而将平滑的天数（M）设为 9 天。这三个参数也是期货交易软件中的默认参数。

概括起来，MACD 指标具体以下几项特性。

第一，DIFF 线的变动较为灵敏，是快速平滑移动平均线；而 DEA 线则较为平缓，是慢速平滑移动平均线。两条线都围绕 0 轴上下波动。

第二，MACD 指标所显示的两条曲线都不是市场价格的移动平均线，而是两条移动平均线差距的平滑移动平均线。它能克服移动平均线假信号频繁的缺点，又保留了均线的诸多优点。

第三，MACD 柱状线即 BAR 线，表示 DIFF 线与 DEA 线之间的偏离程度，BAR 线越长，说明 DIFF 线距离 DEA 线距离越远。BAR 为正值，柱状线显示为红色，表示 DIFF 线在 DEA 线之上；BAR 为负值，柱状线显示为绿色，表示 DIFF 线在 DEA 线之下。

一、MACD 指标对 0 轴的突破

MACD 指标对 0 轴的穿越包括两种：其一，自上而下的穿越；其二，自下而上的穿越。

1. 自上而下穿越 0 轴

当 DIFF 线由上向下跌破 0 轴，表明空头行情即将形成，是中长线第一个较为合适的做空临界点。当 DEA 线由上向下突破 0 轴，表明空头行情逐渐变强，是中长线第二个较为合适的做空机会。

如图 9-2 所示，豆粕 2203 合约在 2021 年 5 月中旬以后出现了一波高位振荡走势，MACD 指标也随之不断走低，DIFF 快线自高位向下运行，并于 2021 年 8 月 23 日率先跌破了 0 轴，这说明市场已经完全处于空头主导。此后的 8 月 26 日，DEA 慢线也跌破了 0 轴，这更加说明市场的弱势，多头持仓者应立即多翻空或平仓。

2. 自下而上穿越 0 轴

当 DIFF 线由下向上突破 0 轴，表明多头行情即将形成，是中长线第一个较为安全的做多买入点。当 DEA 线由下向上突破 0 轴，表明多头行情逐渐变强，是中长线第二个较为安全的加仓买入点。

如图 9-3 所示，郑煤 2203 合约价格在 2021 年 8 月初结束了调整，出现了一波快速振荡上涨行情。MACD 指标也随之不断走高，DIFF 快线自低位向上运行，并于 2021 年 8 月 23 日率先向上突破了 0 轴，这说明市场已经完

全处于多头主导，多头可适当建立多头头寸。此后的 8 月 27 日，DEA 慢线也向上突破了 0 轴，这更加说明市场的强势，投资者宜加仓做多该合约。

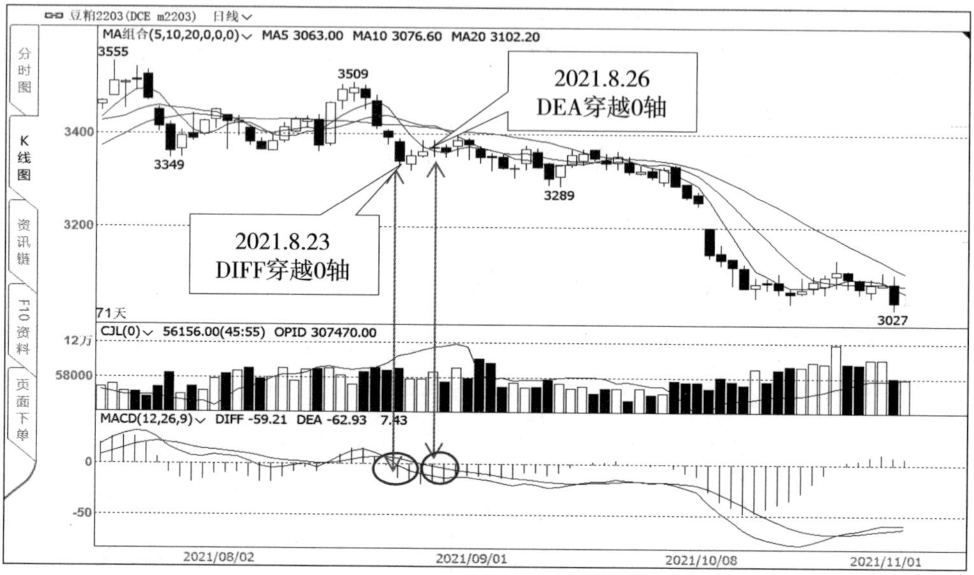

图 9-2　豆粕 2203 合约 MACD 走势图

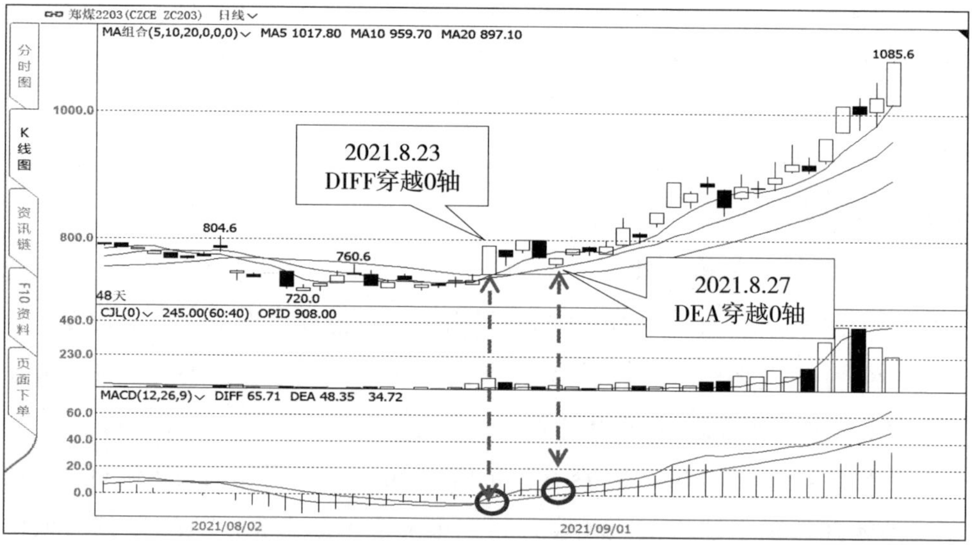

图 9-3　郑煤 2203 合约 MACD 走势图

二、MACD 指标金叉与死叉

MACD 指标中 DIFF 快线与 DEA 慢线的交叉，是 MACD 指标研判中最核心的内容。

1. MACD 指标金叉

当 DIFF 和 DEA 均为正值，DIFF 线向上突破 DEA 线，在 0 轴上方形成金叉，表示市场上买盘非常踊跃，上涨行情仍将继续，此时投资者可以入场做多。

当 DIFF 和 DEA 均为负值，DIFF 线向上突破 DEA 线，在 0 轴下方形成金叉，表示市场上的做空气氛有所缓解，做空者可减少头寸，做多者可少量建立多头仓位。

一般来说，MACD 指标在 0 轴附近形成金叉才是可靠的多头信号。

如图 9-4 所示，2021 年 8 月中旬，处于上升趋势中的郑棉 2203 合约开始出现振荡调整走势，MACD 指标同步下行。

到了 2021 年 9 月中旬，郑棉 2203 合约开始重新出现上升迹象。9 月 27

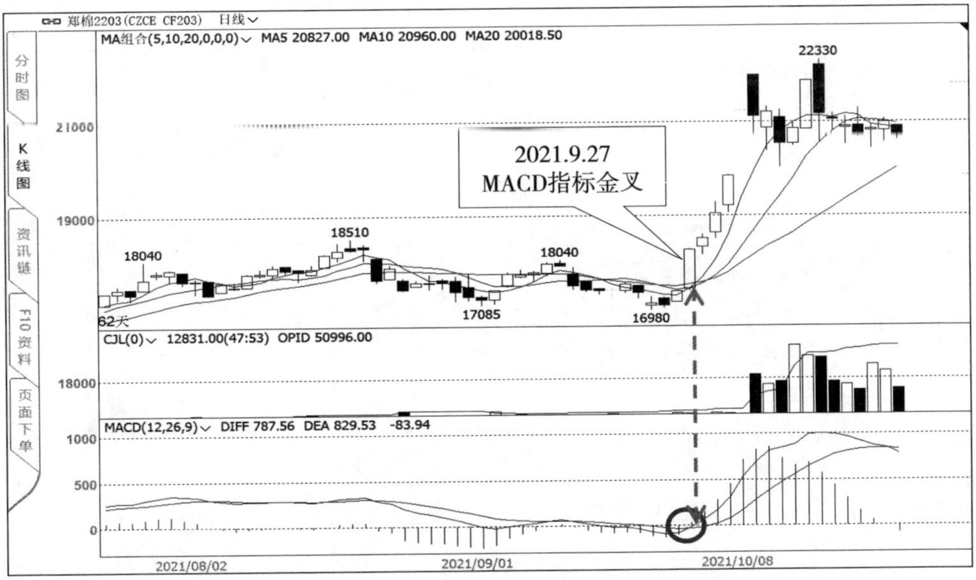

图 9-4 郑棉 2203 合约 MACD 黄金交叉示意图

日，郑棉 2203 合约的价格放量上升，而 MACD 指标同步在 0 轴附近位置形成黄金交叉，这属于强烈的看涨信号。持有多头仓位的投资者可以加大仓位，持有空头仓位的投资者则需立即平仓。

2. MACD 指标死叉

当 DIFF 和 DEA 均为负值，DIFF 线向下跌破 DEA 线，在 0 轴下方形成死叉，表示市场上做空力量较为强大，下跌行情仍将持续，此时投资者应该积极做空。

当 DIFF 和 DEA 均为正值，DIFF 线向下跌破 DEA 线，在 0 轴上方形成死叉，表示市场上的做多氛围有所松懈，多头持仓者有高位平仓的想法，价格可能滞涨回落。此时多头持仓者出于安全考虑需要平掉一些仓位，准备入场做空者可先建立少量仓位。

如图 9-5 所示，原油 2203 合约在 2021 年 9 月初走出了一波暴涨行情，MACD 指标中的 DIFF 快线和 DEA 慢线也同步上升。2021 年 10 月 22 日，该指数连续几个交易日出现回调，DIFF 快线自上而下穿越 DEA 慢线，形成了高位死亡交叉形态，这意味着指数后市下跌的概率很大。由于此时 DIFF

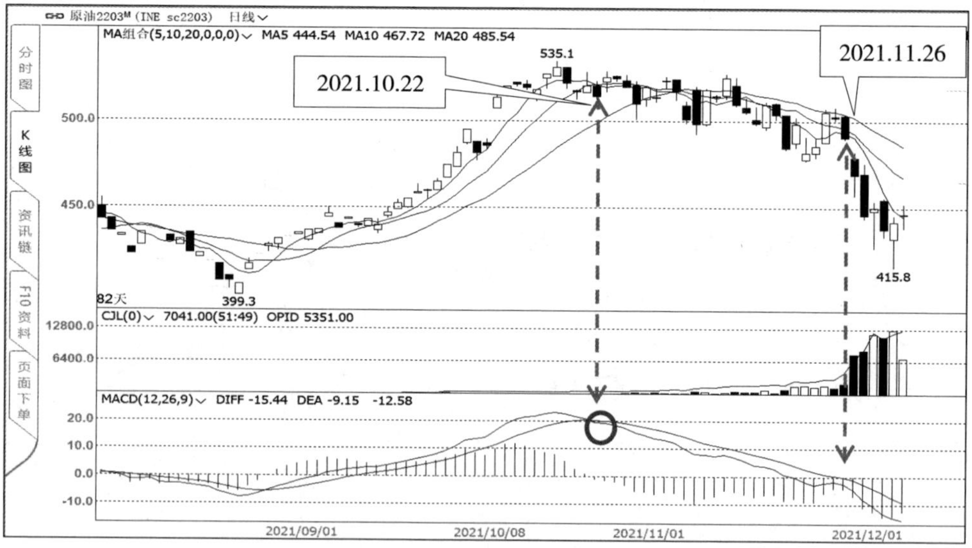

图 9-5 原油 2203 合约 MACD 指标走势图

快线和DEA慢线仍位于0轴上方,持有多头仓位的投资者可平掉一部分仓位,准备入场的空头投资者也可以建立少量头寸。随后，DIFF快线跌破0轴时，多头可考虑清仓该股。

2021年11月26日,原油2203合约经过一段时间的高位振荡后再度下行,MACD指标的两条指标线全部跌破0轴，多头持仓者宜立即多翻空。空头持仓者可加大仓位。

三、MACD指标背离

MACD指标的背离包括顶背离和底背离两种，属于趋势即将反转的典型信号。不过，指标背离并不意味着趋势立即会反转，只是说明在不久的将来可能会反转。

1. MACD指标顶背离

当价格创出新高时，MACD的两线数值却未能同时创出新高，这就形成了顶背离现象，是看空信号。有时出现一次顶背离后，价格就会下跌，而有时则在出现两三次顶背离后，价格才开始下跌。多头持仓者可以在每次顶背离时分批减仓，待发现价格滞涨下跌时再平仓出局，而此时往往又是空头开始介入的良机。

如图9–6所示，焦煤2201合约自2021年9月中旬走出了一波振荡上涨行情。该合约价格在10月13日9:00和10月19:10:00日分别创下了两个短期高点，且后一个高点远远高于前一个。与此同时，DIFF快线所创下的两个高点却没有形成一个比一个高的态势，这说明指数与MACD指标出现了顶背离，未来指数下跌的概率很高。

2. MACD指标底背离

当价格创出新低时，MACD的两线数值却未能同时创出新低，这就形成了底背离现象,是看多信号。在底背离出现时,看多的投资者可以分批建仓。为了安全起见，稳健的投资者应耐心等待价格止跌回升后再加大仓位。

如图9–7所示，铁矿2203合约从2021年5月走出了一波振荡下跌行情。

图 9-6　焦煤 2201 合约 60 分钟 K 线走势图

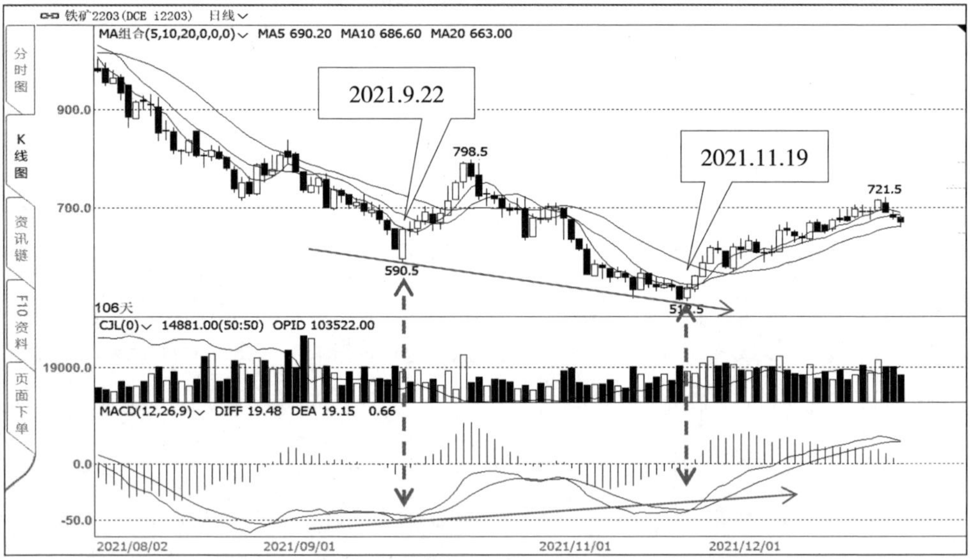

图 9-7　铁矿 2203 合约 MACD 指标底背离示意图

该合约价格在 9 月 22 日和 11 月 19 日分别创下了两个短期低点，且后一个低点远远低于前一个。与此同时，DIFF 快线所创下的两个低点却没有形成一个比一个低的态势，这说明价格与 MACD 指标出现了底背离，未来价格反弹向上的概率极高。

第三节 KDJ 指标及其意义

KDJ 指标，亦称随机指标，以其超强的灵敏性，成为短线交易者寻找交易时机的最佳帮手。KDJ 指标主要用来反映市场上买卖力量的强弱和超买超卖现象，它能够在价格尚未上升或下降之前发出准确的多空信号。该指标由乔治·兰恩博士首创，是根据统计学原理，将某个周期内出现过的最高价、最低价及最后一个收盘价作为基本数据，来计算最后一个计算周期的未成熟随机值 RSV，然后根据平滑移动平均的方法来确定 K 值、D 值与 J 值，并绘制成相应的曲线图来研判行情。如图 9-8 所示。

如图 9-8 所示，KDJ 指标主要由曲线 K、曲线 D、曲线 J、中轴 50 线

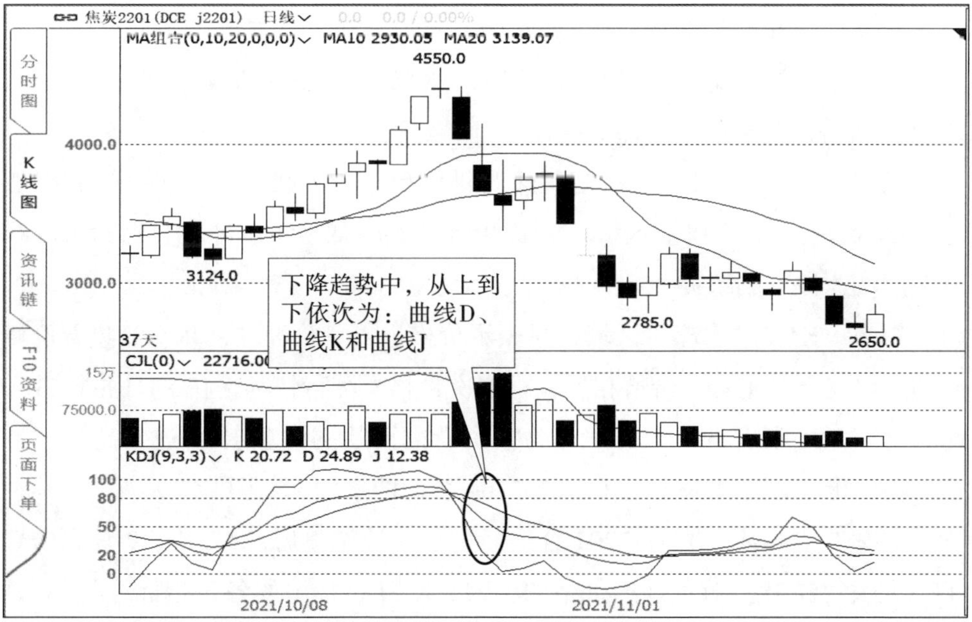

图 9-8 KDJ 指标图示

等四部分构成。KDJ 指标是一种深受投资者喜爱，并且被广泛应用的技术指标之一。在文华财经交易软件中，除了 KDJ 指标外，还提供了与之相似的另外一种技术指标——KD 指标。两者分析方法基本相同。

KDJ 指标在运行过程中会出现各种形态，这些形态对未来价格走势显出特定的指示含义。其中，对短线交易有重要指导意义的形态包括 KDJ 超买与超卖、KDJ 金叉与死叉等。

一、KDJ 超买与超卖

KDJ 超买与超卖是 KDJ 指标最为核心的用法。

1. KDJ 指标超买

KDJ 指标超买，是指在价格上涨过程中，买盘逐渐放大，KDJ 指标逐步走高。当买盘放大到一定程度无法继续放大时，KDJ 指标上升的难度会越来越大。此时，就说明指标已经进入超买区域，未来有下跌的风险。

KDJ 指标出现超买，说明上涨行情很难持续，价格未来有下跌的风险，做多的投资者可考虑减仓。通常情况下，KDJ 指标超买具有如下几个特征。

第一，价格经过一段时间的上涨后，KDJ 指标中的曲线 J、曲线 K 和曲线 D 先后进入超买区域，即 80 线上方区域。

第二，尽管 80 线被看成超买区与徘徊区的分界线，但很多投资者仍然将曲线 K 进入 90 线以上区域才看成指标超买，曲线 J 很可能会到达 100 线以上区域才被看成超买。

第三，KDJ 进入超买区域，只表示价格进入危险区域，并不意味着价格立即会出现下跌走势。恰恰相反，很多次价格暴涨行情都是在 KDJ 指标进入超买区域后才展开的。因此，作为投资者需要特别注意 KDJ 进入超买区域后价格的走势。下面来看一下焦煤 2201 合约的案例，如图 9–9 所示。

如图 9–9 所示，焦煤 2201 合约经过了一波调整后，2021 年 9 月底出现了一波快速拉升。随着合约价格的上涨，KDJ 指标中的各条指标线从 10 月 12 日开始先后进入超买区域，即 80 线以上区域。这说明指数短期可能会出现筑顶态势，持有多头仓位的投资者可少量减仓，并密切关注指数的走势，持有空头仓位的投资者还要进一步等待更为明确的转弱信号。

此后，焦煤 2201 合约又经历了一波上攻后才开始回落。由此可以看出，投资者不能见到 KDJ 超买就做空，而要等到做空信号更为明确时再出手。

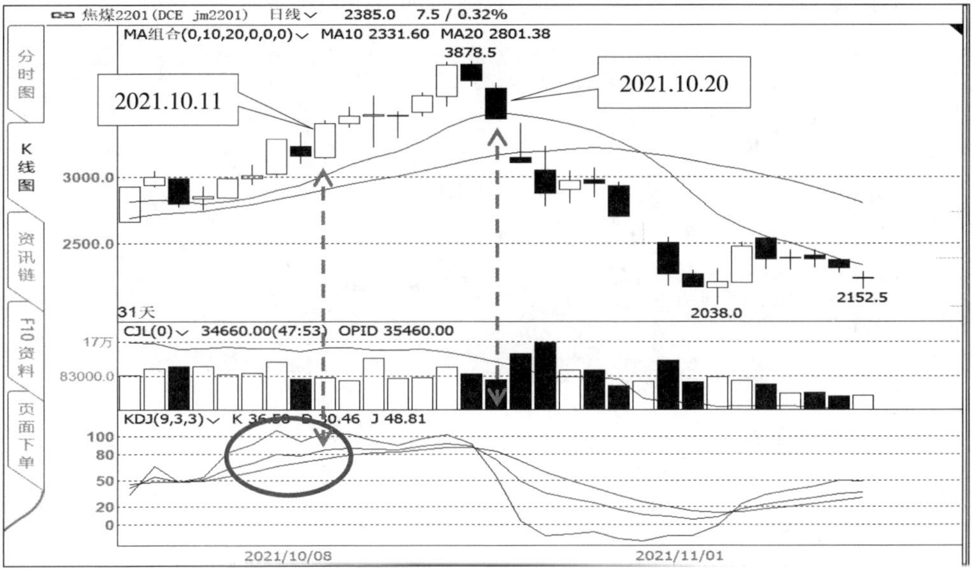

图 9–9　焦煤 2201 合约日 K 线走势图

2. KDJ 指标超卖

KDJ 指标超卖，是指在价格下跌过程中卖盘逐渐放大，KDJ 指标逐步走低。当卖盘放大到一定程度无法继续再放大时，KDJ 指标下降的难度会越来越大，此时就说明指标已经进入超卖区域，未来有反弹的可能。

KDJ 指标出现超卖，说明下跌行情很难持续，价格未来有反弹的可能。通常情况下，KDJ 指标超卖具有如下几个特征。

第一，价格经过一段时间的下跌后，KDJ 指标中的曲线 J、曲线 K 和曲线 D 先后进入超卖区域，即 20 线下方区域。

第二，尽管 20 线被看成超卖区与徘徊区的分界线，但很多投资者仍然将曲线 K 进入 10 线以下区域才看成指标超卖，曲线 J 很可能会到达 0 线以下区域才被看成超卖。

第三，指标超卖，说明价格下跌趋势结束的可能性正在增加，但不意味着价格将立即从下跌转为上涨。其实，KDJ 超卖信号发出时，很可能是价格跌势最猛烈的时候，也是多头投资者避之唯恐不及的时刻。

下面来看一下玻璃 2201 合约的案例，如图 9-10 所示。

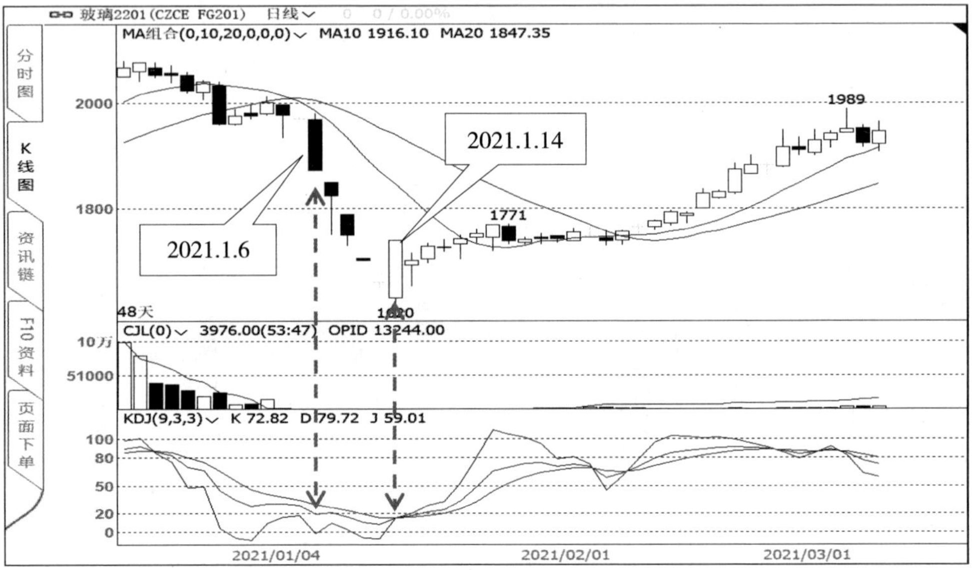

图 9-10 玻璃 2201 合约日 K 线走势图

如图 9-10 所示，玻璃 2201 合约的价格自 2020 年 12 月下旬开始出现了一波快速下跌。随着价格的下跌，KDJ 指标中的各条指标线在 2021 年 1 月 6 日先后进入超卖区域，即 20 线以下区域。这说明价格短期可能会出现筑底走势，空头持仓者可考虑适当减仓，多头先不要介入，还需要等待进一步明确的做多信号。

2021 年 1 月 14 日，玻璃 2201 合约的价格出现了反弹走势，KDJ 指标各条指标线也走出了超卖区域，此时多头可考虑建仓，空头则需要平仓操作。

二、KDJ 金叉与死叉

KDJ 金叉与死叉也是非常经典使用方法，能够非常敏锐地捕捉到价格多空转换的信号。

1. KDJ 金叉

通常情况下，大家习惯将曲线 K 自下而上穿越曲线 D 形成的交叉称为黄金交叉。也就是说，交叉之后，曲线 K 会逐渐走高，价格也会逐步走高。但是，不可否认，其中有大量的交叉并没有带来价格的上涨。因此，质量较高的黄金交叉，就是投资者最需要关注的一种形态。

一般情况下，富有质量的黄金交叉应该满足以下几项条件。

第一，曲线 K 和曲线 J 同时自下而上穿越曲线 D，交叉点最好位于 20 线上方附近，这说明价格已经启动反弹或上涨，且短期内存在一定的反弹或上涨空间。

第二，若曲线 K 与曲线 D 在底部多次形成金叉，则可增强做多信号的准确性。

第三，金叉出现时，K 线应以阳线收盘，且成交量同步放大。

第四，金叉出现时，若 K 线同步上穿某条重要均线或阻力位，则可增强做多信号的准确性。

下面来看一下郑醇 2201 合约的案例，如图 9-11 所示。

图 9-11 郑醇 2201 合约日 K 线走势图

如图 9-11 所示，郑醇 2201 合约自 2021 年 5 月中旬开启了一波振荡下跌走势，KDJ 指标随之进入超卖区域，这说明此时空头力量较强。

2021 年 6 月 10 日，该合约价格触底反弹。与此同时，KDJ 指标在 20 线附近位置形成了黄金交叉，这说明此交叉含金量很足，投资者可考虑做多建仓。当然，出于安全考虑，投资者也可以等到 K 线向上突破 5 日均线后再做多建仓。

2. KDJ 死叉

曲线 K 自上而下穿越曲线 D 形成的交叉称为死亡交叉。也就是说，交叉之后，曲线 K 会逐渐走低，价格也会逐步走低。但有时候交叉形成后，曲线 K 并没有迅速走低，而是转头向上与曲线 D 再度形成交叉，价格也随之再度上涨。因此，作为投资者，判断死亡交叉的质量，合理控制仓位就是不可或缺的。

当价格上涨至高位或者正处于高位盘整阶段时，曲线 K 下穿曲线 D，此时出现的死叉，往往预示着价格将出现一波下跌走势。此时，投资者最好能够进行做空操作。不过，若出现下列情形之一，投资者可考虑保留部分多头仓位。

第一，死叉出现时，30 日均线和曲线 D 仍旧呈上升态势，且价格没有跌破明显的支撑位，没有跌破 10 日均线更好。

第二，死叉出现前，在价格上涨过程中，成交量持续放大；死叉出现且价格回调时，成交量呈萎缩态势。

第三，价格明显处于上涨趋势中，且市场做多气氛浓厚。

下面来看一下焦炭 2202 合约的案例，如图 9-12 所示。

如图 9-12 所示，焦炭 2202 合约在 2021 年 10 月经历了一波上涨走势，KDJ 指标也同步上升。

10 月 19 日，焦炭 2202 合约跳空高开平收，收出一根小阴十字线，为价格的继续走高蒙上了一层阴影。

10 月 20 日，焦炭 2202 合约的价格以大阴线报收，曲线 K 自上而下穿越曲线 D 形成高位死叉。由于该死叉出现时，KDJ 指标已经出现了明显的下降趋势，且交叉点在 80 线附近，这属于典型的看空信号。因此，持有多头仓位的投资者最好立即获利了解或者多翻空。

此后，焦炭 2202 合约出现了一波规模较大的下跌走势。

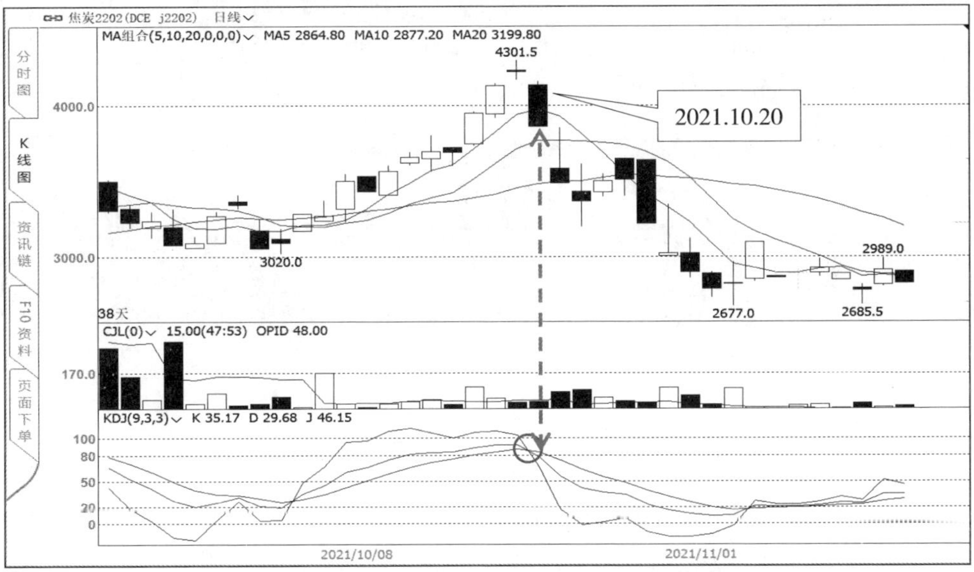

图 9-12　焦炭 2202 合约 KDJ 指标走势图

第四节　RSI 指标及其意义

相对强弱指标，又称力度指标，英文简称为 RSI，是由美国技术分析大师威尔斯·威尔德创立的。该指标通过比较一段时期内的收盘涨幅和总波动幅度之间的比值来分析市场买卖意向和实力，从而对未来市场走势作出预测。其基本原理是，在一个正常的市场中，多空买卖双方的力量必须得到均衡价格才能稳定。如图 9-13 所示。

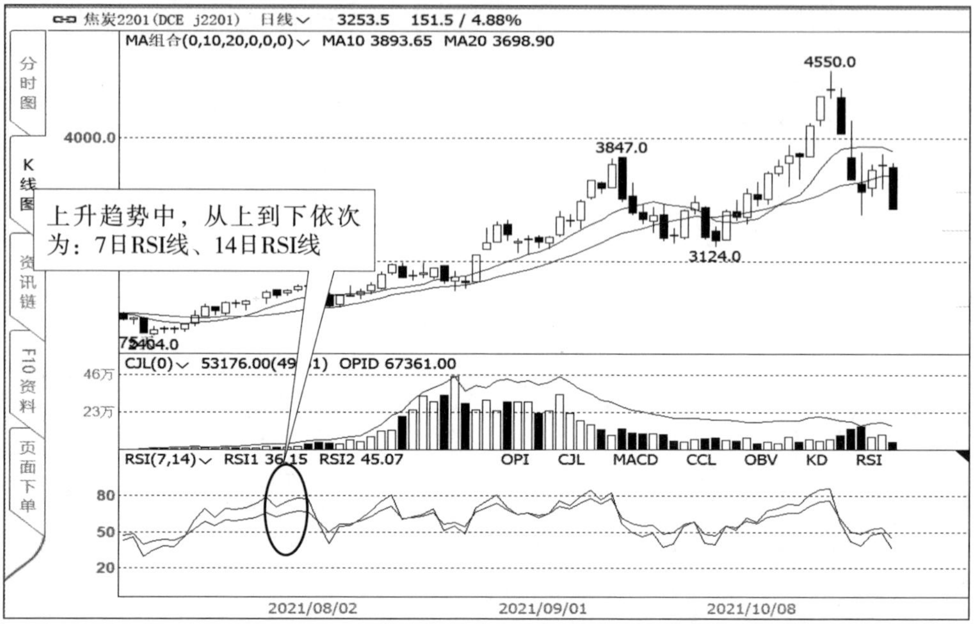

图 9-13　RSI 指标图示

一、RSI 指标的计算及其特性

1. RSI 指标的计算

RSI 指标值等于一定周期内价格上涨幅度的平均值与价格涨跌总幅度平均值的比值，然后再放大 100 倍。

计算公式：

RSI ＝周期内收盘涨幅均值 ÷（周期内收盘涨幅均值＋周期内收盘跌幅均值）× 100

在文华财经期货交易软件的走势图上给出的 RSI 指标，是由两条不同周期的 RSI 曲线组成的，分别是 7 日 RSI 线、14 日 RSI 线。其中 7 日 RSI 的波动最频繁，14 日 RSI 波动较为缓慢。在有些证券交易软件中，RSI 指标的指标线由三条组成，分析周期分别为 6 日、12 日和 24 日。不过，选择何种分析周期还要看投资者的个人偏好。

在实际应用时，常常观察 7 日 RSI 来判断买卖点，因为在反应市场上短线的背离现象方面，7 日 RSI 线比较灵敏。

2. RSI 指标的特性

第一，RSI 指标的波动较为频繁，但实用性较强，常被用来研判中短期趋势，以及预测阶段性顶部和阶段性底部。

第二，RSI 指标是向上和向下两种力量进行比较，若向上的力量较大，则 RSI 曲线上升；若向下的力量较大，则 RSI 曲线下降。由此可以测算出市场走势的强弱。

第三，7 日 RSI 指标是一个短线技术指标，适合分析较短周期内的价格走势。如果要分析较长周期的价格走势时，投资者可以多参考 14 日 RSI 线。

第四，RSI 指标的取值范围在 0～100 之间，RSI ＝ 50 为强势市场与弱势市场分界点。RSI 曲线由上向下突破 50 位置，代表市场已经转弱；RSI 曲线由下向上突破了 50 位置，代表市场开始走强。

第五，对于超买超卖区的界定，投资者可以根据市场的具体情况而定。在一般市场行情中，RSI 数值（通常以 7 日 RSI 来判断）在 80 以上可认为是超买，20 以下可认为是超卖。但在牛市中，超买区可定为 90 以上，超卖区可定在 30 以下；在熊市中，超买区可定为 70 以上，超卖区可定为 10 以下。

二、RSI 指标超买和超卖

1. RSI 值大于 80，超买

当 7 日 RSI 进入 80 以上区域时，说明市场进入了超买状态，市场有短期回档的风险，投资者可先行多头减仓。当 7 日 RSI 向下跌破 80 位置时，投资者应果断卖出多仓。

如图 9-14 所示，2021 年 11 月 4 日，豆一 2201 合约放量收出一根大阳线，同时 7 日 RSI 线进入到 80 以上的超买区。多头持仓者应该做好平仓的准备，而持币者不宜再贸然买进做多。2021 年 11 月 8 日，该合约价格平开低走，价格弱势明显，当天 7 日 RSI 线跌破了 80 位置，持有多头期货合约的投资者应该果断平仓。

图 9-14 RSI 指标超买：豆一 2201 合约的日 K 线图

2. 7 日 RSI 值小于 20，超卖

当 7 日 RSI 进入 20 以下区域时，说明市场进入了超卖状态，市场有短期反弹的机会，投资者要密切关注价格动向，并可适当建立多头仓位。当 7 日 RSI 向上突破 20 位置时，投资者可短线建立多头仓位。

如图 9-15 所示， 2021 年 12 月 28 日 21:00，淀粉 2201 合约的价格大幅下跌，同时 7 日 RSI 线进入到 20 以下的超卖区。接着，该合约价格继续走低，7 日 RSI 指标继续走低，投资者可保持观察。

12 月 29 日 21:00，该合约价格放量上涨，7 日 RSI 线向上突破 20 位置，投资者可以做多建仓。

此后，该合约价格正式开始上升之路。

三、RSI 指标低位金叉和高位死叉

RSI 指标的两条指标线出现金叉，往往意味着价格运行趋势可能会发生变化。

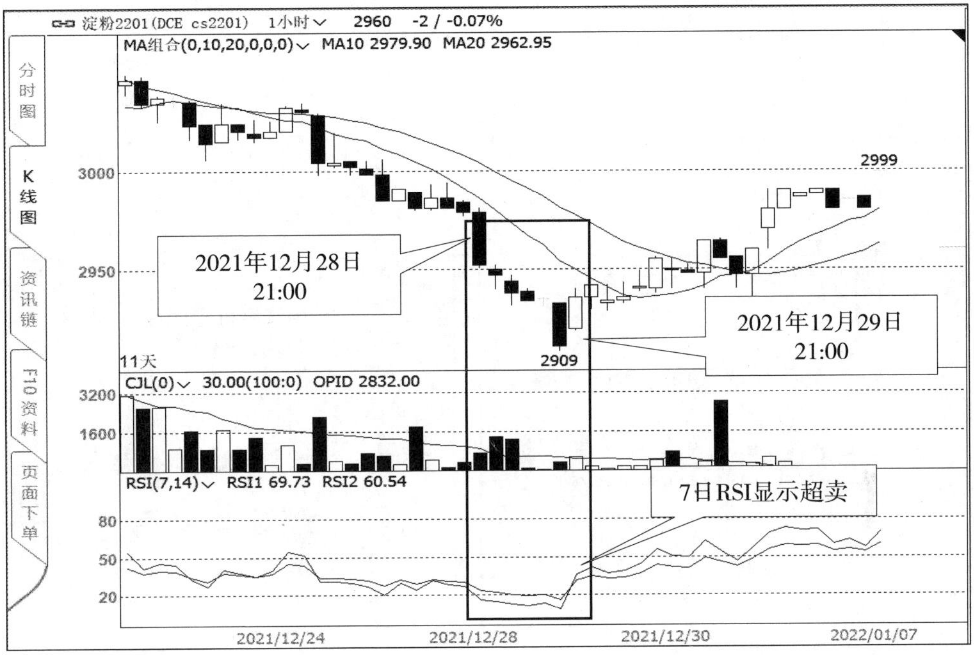

图 9-15　RSI 指标超卖：淀粉 2201 合约 60 分钟 K 线图

1. RSI 指标低位金叉

如果短期 RSI 线在低位（通常为 50 以下）向上突破长期 RSI 线，则 RIS 指标形成金叉，为重要的买入信号。若金叉出现在 20 以下的超卖区，则信号更为可靠。当金叉出现在 50 以上的高位时，虽然也是看涨信号，但这种情况下价格上涨的空间十分有限，投资者不宜介入。

如图 9-16 所示，2021 年 11 月中旬，铁矿 2201 合约的价格进入筑底阶段。11 月 19 日 9:00，该合约价格的 7 日 RSI 线在 50 以下的低位向上连续突破 14 日 RSI 线，形成金叉。看到这种情形，投资者可以考虑做多开仓。

2. RSI 指标高位死叉

如果短期 RSI 线在高位（通常为 50 以上）向下跌破长期 RSI 线，则 RIS 指标形成死叉，为重要的卖出信号。若死叉出现在 80 以上的超买区，则信号更为可靠。当死叉出现在 50 以下的低位时，虽然也是看跌信号，但在这种情况下卖出的话，可能会卖在低价上。

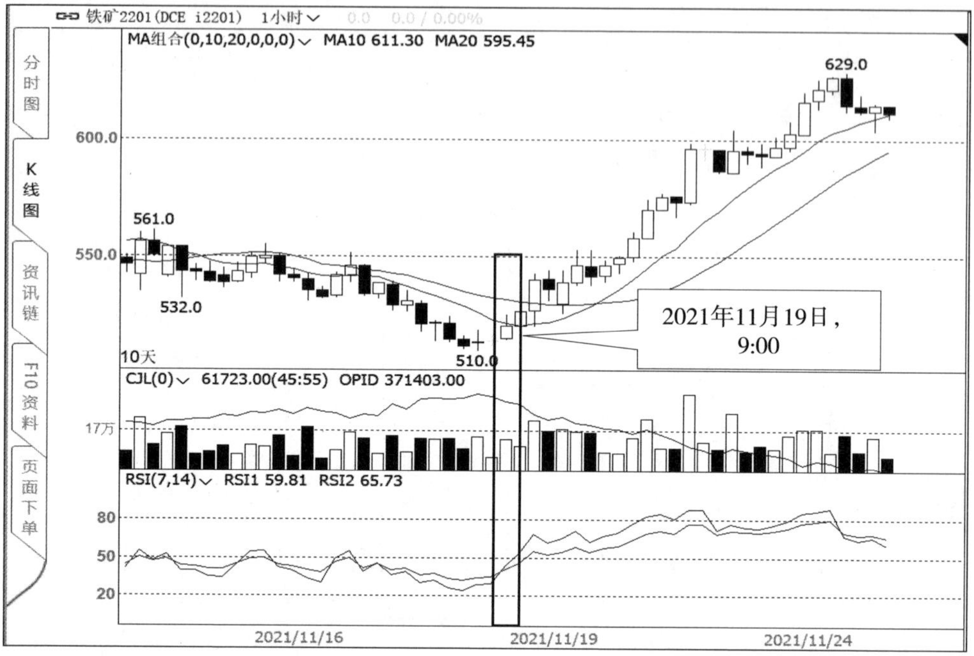

图 9-16 RSI 指标低位金叉：铁矿 2201 合约 60 分钟 K 线图

如图 9-17 所示，2021 年 10 月 19 日，焦炭 2201 合约的价格创出 4550 元的阶段新高后触顶回落。2021 年 10 月 20 日，7 日 RSI 线在 50 以上的高位向下跌破了 14 日 RSI 线，形成了死叉，投资者应该果断做空。

此后，该合约价格进入了漫长的下跌通道。

四、RSI 指标与价格出现背离现象

大多数情况下，RSI 指标都会与价格走势呈现同涨同跌的情况。不过，两者出现不一致（意味着出现了背离），则意味着价格运行趋势可能会发生改变。

1. RSI 指标与价格发生底背离

RSI 指标位于 50 以下的低位，RSI 曲线形成两个依次上升的低谷，而价格却还在下跌，从而形成底背离现象，这是较为强烈的做多信号。

如图 9-18 所示， 2021 年 11 月中旬，沪铝 2201 合约 60 分钟的价格呈现下降趋势，但是其 RSI 曲线则形成两个依次上升的低谷，从而形成了底背

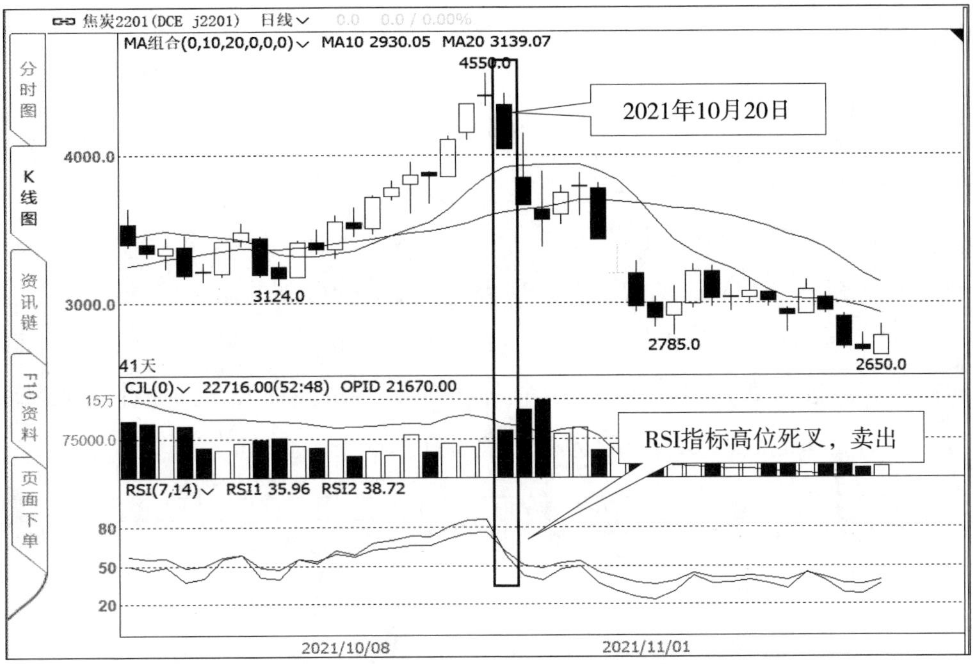

图 9-17　RSI 指标高位死叉：焦炭 2201 合约日 K 线图

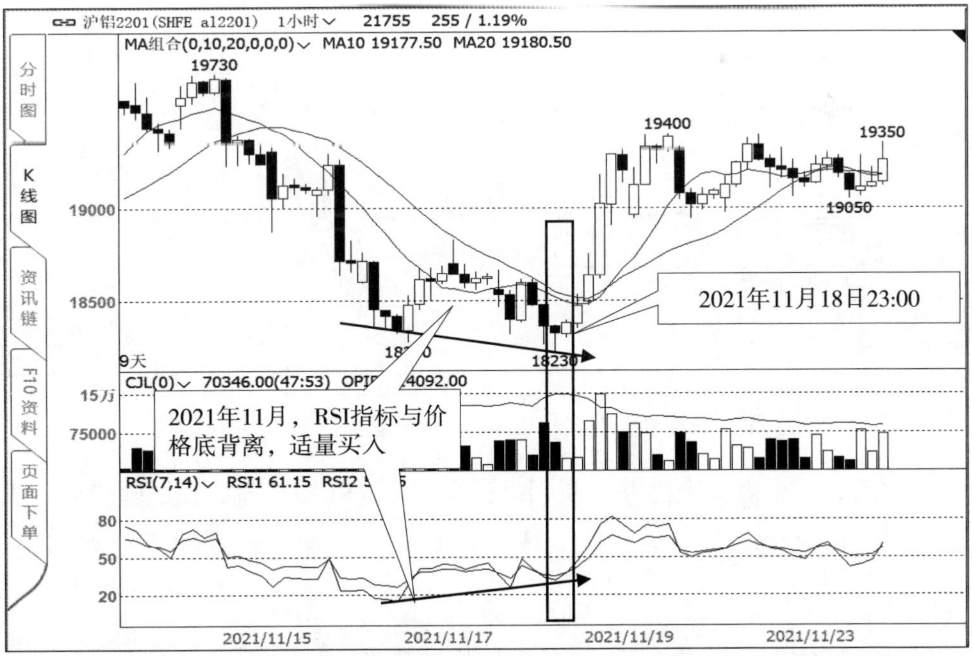

图 9-18　RSI 指标与价格底背离：沪铝 2201 合约 60 分钟 K 线图

离现象，说明空方力量即将枯竭，投资者看到这一信号后可适量做多。

2021 年 11 月 18 日 23:00，沪铝 2201 合约 60 分钟的 7 时 RSI 线向上连续突破 14 时 RSI 线，形成了金叉，此时投资者应该加仓做多。

2. RSI 指标与价格发生顶背离

RSI 指标位于 50 以上的高位， RSI 曲线形成两个依次下降的高峰，而价格却还在上涨，从而形成顶背离现象，这是较为强烈的做空信号。

如图 9–19 所示，2021 年 9 月底，尿素 2205 合约的 7 日 RSI、14 日 RSI 指标都进入到 80 以上的超买区，价格的回档风险加大，投资者宜保持关注，持有多头仓位的投资者宜做好获利平仓的准备。

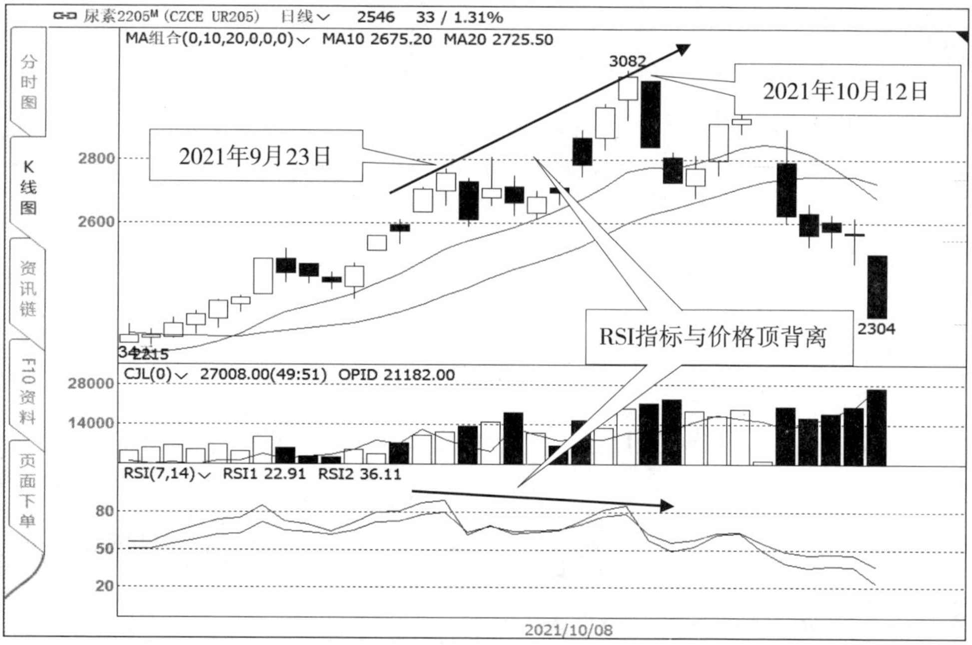

图 9–19 RSI 指标与价格顶背离：尿素 2205 合约的日 K 线图

之后，价格继续上涨并不断创出新高，而 RSI 指标却呈现下降趋势，两者形成了顶背离走势。2021 年 10 月 12 日之后，该合约价格进入了下跌通道。

第五节　能量潮指标及其意义

能量潮（on balance volume，简称 OBV），又称累计能量线、平衡交易量，是由美国投资专家葛兰碧创立的。该指标将“量的平均”概念加以延伸，通过统计成交量的变动情况，制成趋势线，然后从成交量的增减以及价格的变动来推测后市走势。OBV 以“N”字或“V”字型为波动单位，并且由许许多多“N”字或“V”字型波构成了 OBV 的曲线图。如图 9-20 所示。

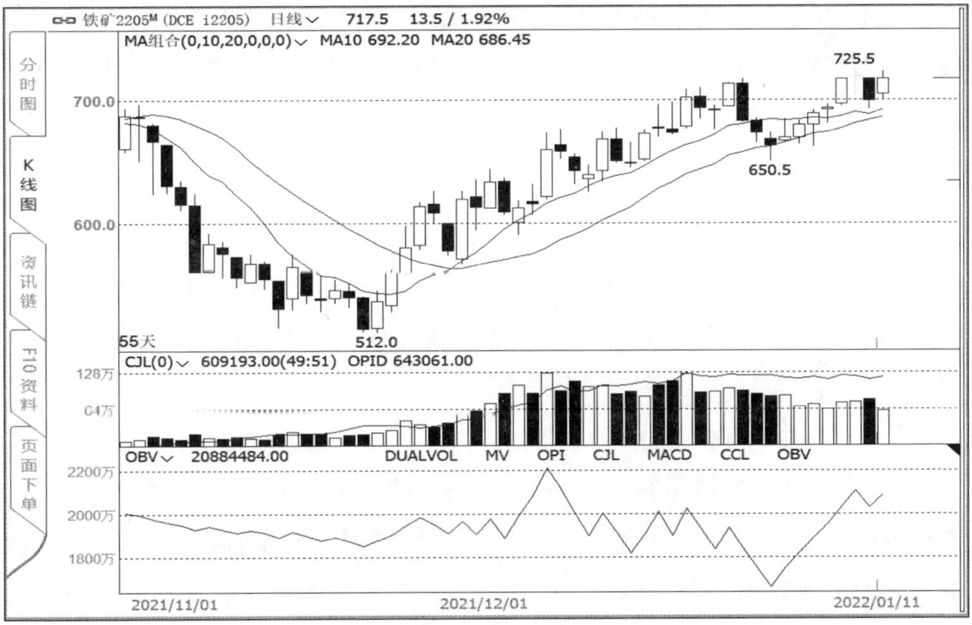

图 9-20　OBV 指标图示

一、OBV 指标的计算及其特性

1. OBV 指标的计算

OBV 指标的计算较为简单，就是以某个交易日（通常是上市首日）为基期，逐日计算期货合约的累计成交量。把每天的收市价与前日收市价进行比较，若价格上涨，则当日 OBV 值为前一日 OBV 值与当日成交量的和；若价格下跌，则当日 OBV 值为前一日 OBV 值与当日成交量的差。若价格平盘，则当日 OBV 值等于前一日 OBV 值。

其计算公式为：

当日 OBV 值＝前一日 OBV 值＋当日成交量。

注释：如果当日收市价高于前日收市价，当日成交量取正值，反之取负值，平盘取零。

OBV 指标不需要设定时间参数。但是它和其他指标一样，可以根据不同的计算周期分为：分时 OBV 指标、日 OBV 指标、周 OBV 指标、月 OBV 指标和年 OBV 指标等各种类型。但是，由于 OBV 指标计算额是累积成交量，因此，周期较长的指标，比如周 OBV 指标和月 OBV 指标等，在实际操作中就失去了研判功能。

2. OBV 指标的特性

第一，能量潮指标（OBV）将成交量看作是价格变动的先行指标，并借此来预测价格的趋势。它将价格上涨日的成交量全部理解为上涨的动能，将价格下跌日的成交量全部理解为下跌的动能，粗略地表明了两种能量的对比情况。

第二，OBV 指标适用于短期投资决策，主要是用来判断量价关系，即 OBV 曲线是否与价格运行方向一致。OBV 曲线的上升和下降对确认价格的变动方向有重要作用。其最大的作用，就是能帮助投资者确定价格突破横盘格局后的发展趋势。

第三，OBV 指标具有三个特点：不需要设置时间参数，从基期开始无限累加，没有固定的数值范围。

第四，OBV 指标可以局部显示市场内主力资金的动向。虽然 OBV 指标无法提出资金移动的理由，但是，当突然放大或缩小的成交量出现在低位或高位时，可以提醒投资者关注成交量的变化，提前对市场发展方向进行研判。

第五，在涨跌停板制度下，价格连续的无量涨停或者无量跌停会导致

OBV 指标失效，这时的 OBV 指标并无参考作用。

二、OBV 指标与价格同向缓慢移动

同向移动分为同向上升和同向下降两种情况。

1. 在上升趋势中，OBV 缓慢上升

当价格上涨的同时，OBV 指标也在缓慢上升，说明多方在蓄积力量，投资者可在上涨的初期和途中积极做多。在上涨过程中可能会出现小幅回调，只要这种回调不造成 OBV 指标大幅下降，多头投资者就可以继续持仓。

如图 9-21 所示，2021 年 11 月—2022 年 1 月，焦煤 2205 合约的价格呈现振荡上涨走势，而 OBV 指标与之同步保持缓慢上升态势，指标线与趋势线的上升角度大致相等，且在价格小幅回调时，OBV 指标并未出现大幅下降的现象。这是一种非常健康的上涨走势，投资者可以在上涨初期或途中果断做多。

图 9-21 OBV 与价格双双缓慢上升：焦煤 2205 合约的 60 分钟 K 线图

2. 在下降趋势中，OBV 缓慢下降

当价格下跌的同时，OBV 线也在缓慢下降，说明空方在蓄积力量，投资者应该在下跌初期就积极做空。在下跌过程中可能会出现小幅反弹，只要 OBV 指标不出现大幅上升，投资者就不宜转向做多。

如图 9-22 所示，2021 年 8 月 17 日 14:15，豆粕 2203 合约的价格出现滞涨现象，收出一根顶部小阴线，说明多空双方的力量对比正在发生变化。此后，该合约价格和 OBV 指标双双下降，且两者向下的倾角大致相等。看到这种情况，先前做多的投资者应该短线平仓或者多翻空。

此后，该合约价格与 OBV 指标双双振荡走低。

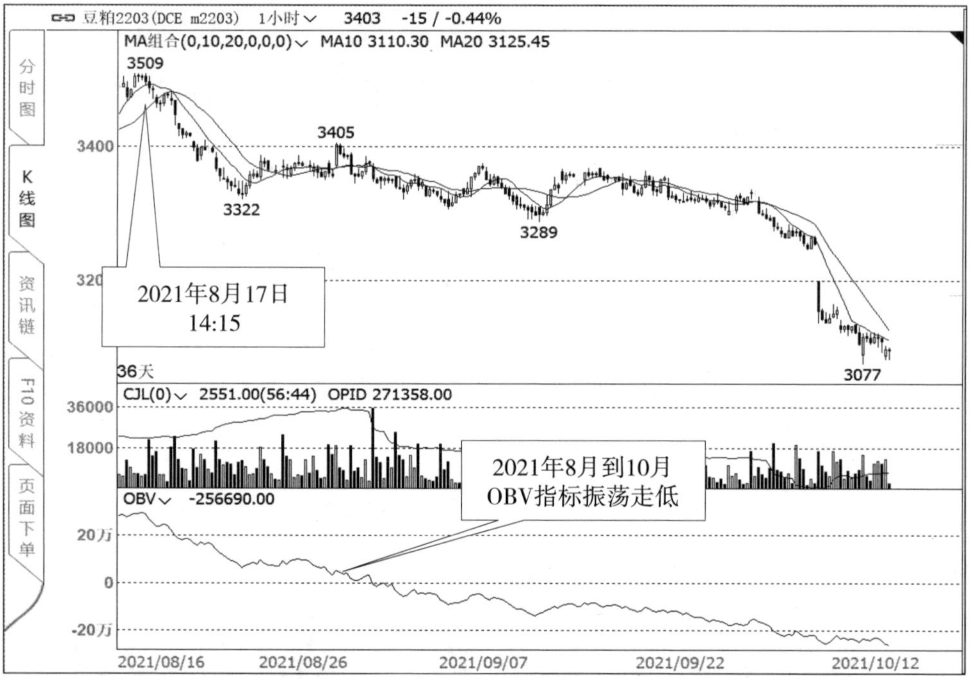

图 9-22　OBV 与价格双双缓慢下降：豆粕 2203 合约 60 分钟 K 线图

三、OBV 指标与价格出现背离

通常情况下，OBV 指标的走势与价格具有很高的一致性，而当 OBV 指标与价格背离时，说明两者走势存在不一致的现象。这种现象势必然是一个暂时的情况，这也就意味着在不远的将来，价格运行趋势很可能会出现改变。

按照背离出现的位置不同，可将背离分为底背离和顶背离两类。

1. OBV 指标与价格底背离

当价格与 OBV 线一起下降了一段时间，分别创出新低后双双回升，之后如果价格再次下跌并创出低点时，OBV 线却呈上升趋势，则形成了底背离现象，投资者宜采取做多策略。

如图 9–23 所示， 2021 年 9 月，玉米 2203 合约的价格不断下跌，而 OBV 指标却出现了上升趋势，这种底背离现象说明做空能量已经消耗得差不多了，价格即将探底。此时，投资者应以看多思维取代看空思维。

2021 年 9 月 22 日 9:00，该合约价格以大阳线报收，并成功突破多条均线。鉴于此前价格与 OBV 指标已经出现了明显的底背离，此时的上攻就比较容易看成价格运行趋势的转变了。此后，该合约价格连续走高。

图 9–23 OBV 与价格底背离：玉米 2203 合约 60 分钟 K 线图

2. OBV 指标与价格顶背离

当价格与 OBV 线一起上升了一段时间，分别创出新高后双双回落，之后如果价格再次上涨并创出高点时，OBV 线却呈下降趋势，则形成了顶背离现象，投资者宜采取做空策略。

如图 9-24 所示，2021 年 12 月 6 日 9:00，棕榈 2201 合约创出新高后回落。当时，价格和 OBV 指标皆创出新高，其后两者便双双回落。2021 年 12 月 7 日 11:15，该合约再次创出新高，但是在价格创出新高的同时，OBV 指标却没有再创新高，而是呈下降趋势。两者形成了顶背离现象，说明价格上涨动能不足，不久便会回落。

此后，该合约价格振荡走低，投资者应该果断做空。

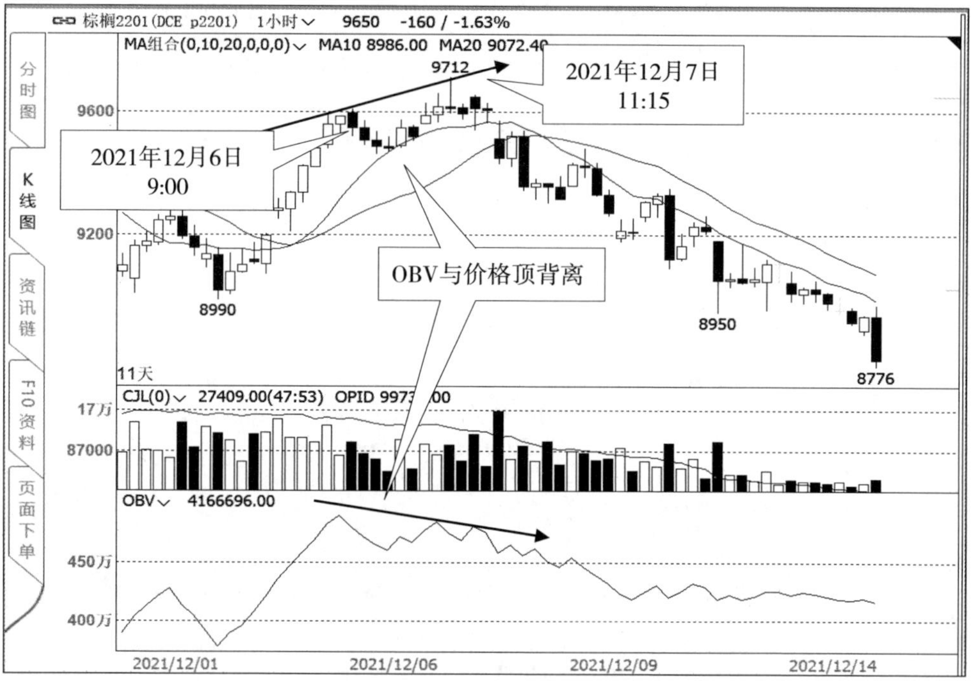

图 9-24　OBV 与价格顶背离：棕榈 2201 合约 60 分钟 K 线图

四、OBV 指标急速上升

短线价格上升都是由资金涌入推动的，但若短线资金流入过大，则未来势必无法持续，这就可能会让价格朝着相反的方向运动。

当价格上涨到高价位区域，同时出现 OBV 指标急速上升的情况，表示多方力量即将耗尽，投资者应注意风险。当 OBV 指标发生转折时，是最佳卖出点。

如图 9-25 所示，2021 年 11 月 11 日 22:00，塑料 2201 合约的价格在高位经过一段时间的盘整后放量上攻，OBV 指标线也开始急速上涨。11 月 12 日 10:00，该合约价格冲高未果，收出一根带长下影线的小阴线，说明很多多头持仓者都认为到了理想的价位，开始将获利回吐。此时，OBV 指标转折点出现。

投资者可考虑执行做空策略。之后，塑料 2201 合约进入到振荡下跌走势中。

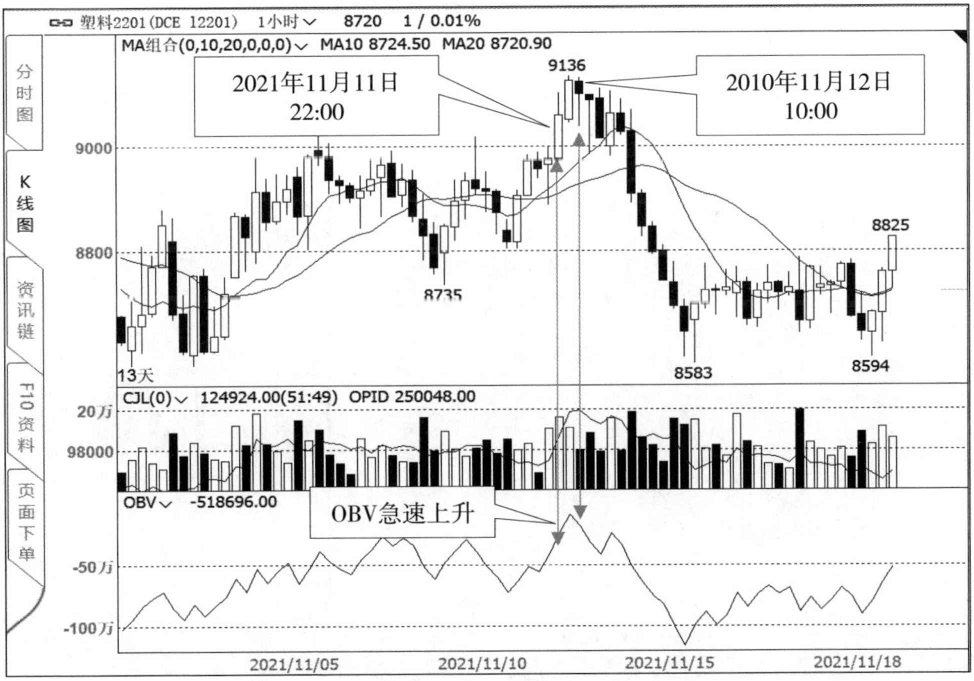

图 9-25　塑料 2201 合约 60 分钟 K 线图

五、OBV 指标低位盘整后上升

若 OBV 线持续一个月以上横向移动后突然上冲，表示一波上涨行情已经到来，投资者可以考虑做多。如果 OBV 线横向走平超过了三个月，则预示随时可能出现一波较大的上涨行情，投资者更应该密切关注。

如图 9-26 所示，2020 年 4 月底—7 月，尿素 2201 合约的价格处于横盘振荡阶段，OBV 指标线也出现长时间走平现象，暗示该合约价格在未来有可能形成一波较大的行情。2020 年 7 月 22 日，该合约价格突然放量上涨，OBV 指标线也开始向上翘头，投资者可以适量做多开仓。

其后，该合约价格在经历小幅调整后，开启了一波大幅上攻走势，此时投资者可以加仓做多。

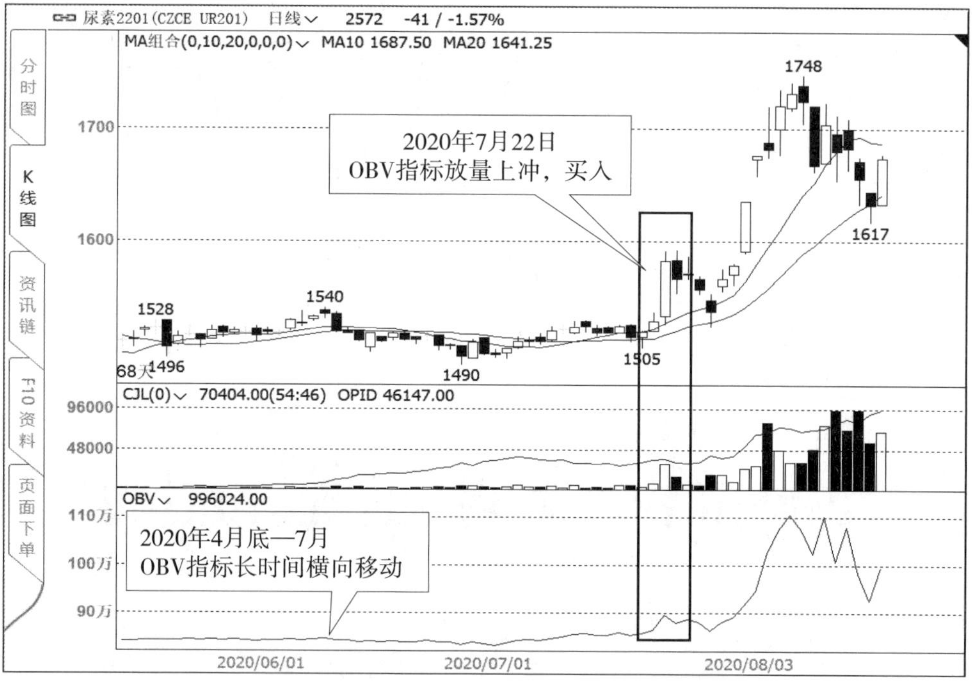

图 9-26 OBV 指标久盘后上升：尿素 2201 合约的日 K 线图

第十章

独门秘籍——高概率形态解析

技术分析就是历史经验的总结，或者是说一门统计学，高概率形态就是总结历史，寻找市场的规律。

第一节 K线高概率形态

世界万物都有自己的规律，期货市场也不例外。宇宙有宇宙的运行规律，地球有地球的运行规律，太阳东升西落，地球自西向东转动；春夏秋冬，二十四节气，循环往复。即使到了春天有倒春寒，也回不到冬天，夏天依然会如期而至。人类社会的发展，各朝各代的兴衰都是有规律的，没有一个朝代是一直兴盛的。

老子在《道德经》中说道："人法地，地法天，天法道，道法自然。""道法自然"揭示了整个宇宙的特性，囊括了天地间所有事物的属性。宇宙天地间万事万物遵循"道"的"自然而然"的规律，道以自己为法则。规律是客观存在的，关键是你有没有用心去寻找和总结，有没有保持客观并严格执行。期货市场的规律不会和地球运行规律似的，期货市场的周期并不是那么规律，但肯定是存在规律的。没有一直涨的品种，也没有一直跌的品种。各个品种都有自己的周期，每个品种的周期因为自己属性不同，周期有长有短。依靠技术分析就是要寻找市场规律，找到高概率的形态。

作者认为，高概率形态要符合两个条件：一是在历史走势中成功的概率要高，最起码 70% 以上。不要祈求寻找到概率非常高的技术图形，比如 80% 或者 90%。这样的高概率图形是不存在的，或者说非常少。成功率过高必然导致形态变形，因为市场有无数交易者，走势被无数双眼睛盯着，你能发现的规律，别人也必然能发现。这些规律用的人多了，激进的投资者可能会选择提前进场，那么形态自然变形。另外周期越短，高概率图形越容易演变，周期越长，改变需要的资金越多，则越难发生改变。第二个条件，寻找交易机会是找到那些一旦发生错误止损较小，而如果判断正确，盈利较大的技术图形。如果一个图形成功的概率超过 70%，盈亏合理，最少 3:1，就可以使用。

有些技术图形成功的概率很高，但是止损不好设置或者说止损比较大，赚的时候赚小钱，一旦判断错误的时候可能会面临较大的止损，这样的“高概率形态”最好就不要做了。

大家要理解，高概率形态就是寻找市场规律。高概率形态并不是固定不变的，而是动态变化的。近期可能有效，但又不可能一直有效。当然，更希望大家以后都能找到属于自己的高概率形态。

本章将从形态构成、使用条件和交易策略三个方面讲解几种经典的高概率形态，仅供大家参考。

第二节　高概率形态之单交易日预测

本节介绍的几种高概率形态，主要用于预测高概率形态出现的下一个交易日的价格走势，并不能预测长期的价格趋势。这一点需要投资者事先有个了解。

一、节节高

节节高，是指收市价连续创出新高的三根阳实体 K 线。该形态出现后，价格顺势再创新高的概率极高。一般来说，第一根 K 线以十字线为宜，后面两根 K 线应以阳线报收，且实体呈现逐渐增大态势，但实体不能过大。如图 10-1 所示。

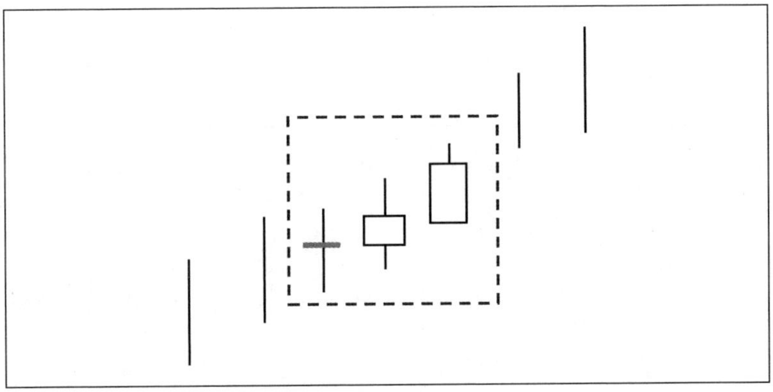

图 10-1 节节高形态

节节高形态反映出多头实力逐渐增强，并开始占据优势地位。该形态属于典型的看多形态，也是一种投资者可积极入场做多的形态。

1. 适用条件

从实战效果来看，该形态最佳的适用条件包括以下几项。

第一，从实战应用来看，以 60 分钟（1 小时）以上周期的 K 线为宜，特别适合 60 分钟 K 线和日线。

第二，越是成交活跃的品种越好。

第三，比较适合运行趋势比较流畅的品种，对于处于剧烈振荡走势的品种则并不理想。

2. 交易策略

一般来说，节节高形态出现后，价格的波动都会增大很多，因此，在交易过程中，投资者需要把握这样几点。

第一，从理论上来讲，第三根 K 线属于较为理想的入场位，但由于该 K 线的波动过大，可能会对盈利产生较大的影响，因而在第三根 K 线即将完成时，也就是节节高形态确认将会成立时入场，也是较佳的选择。

第二，由于节节高形态对于预测第四根 K 线较为有效，因此，短线交易者可在第四根 K 线即将走完时平仓。

第三，若第四根 K 线朝着相反的方向运行，当价格跌破第三根 K 线开市价时，可以考虑止损离场。

下面来看一下纯碱 2203 合约的价格走势情况，如图 10-2 所示。

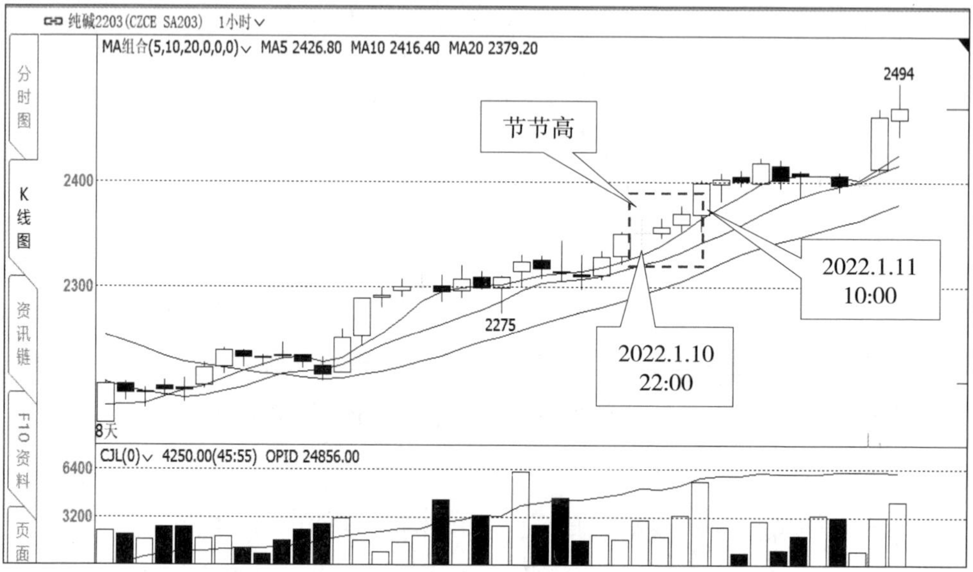

图 10-2 纯碱 2203 合约 60 分钟 K 线走势图

如图 10-2 所示，纯碱 2203 合约的价格在 2022 年 1 月初出现了振荡上升走势。2022 年 1 月 10 日 22:00，该合约的价格以十字线报收，其后出现的两根阳线的实体一根比一根大，且两根 K 线实体都不算过大，这说明这三根 K 线共同构成了节节高形态。

投资者可在第三根 K 线即将走完时，或第四根 K 线（1 月 11 日 10:00）开市时入场建立多头仓位，并在第四根 K 线即将完成时卖出。从图 9-2 中也可以看出，第四根 K 线（1 月 11 日 10:00）明显波动幅度增大。

其实，节节高形态不仅适用于上升趋势，在下降趋势中同样适用。只是对阳线的要求要相应地转为阴线，上升趋势也要转为下降趋势。

下面来看一下玻璃 2201 合约的价格走势情况，如图 10-3 所示。

如图 10-3 所示，玻璃 2201 合约的价格在 2021 年 12 月底出现了振荡下跌走势。2021 年 12 月 30 日 10:00，该合约的价格以十字线报收，其后出现的两根阴线的实体一根比一根大，且两根 K 线实体都不算过大，这说明这三根K线共同构成了节节高形态。

投资者可在第三根K线即将走完时，或第四根K线（12月30日14:15）开市时入场建立空头仓位，并在第四根K线即将完成时平仓。从图9-3中也可以看出，第四根K线（12月30日14:15）明显波动幅度增大。

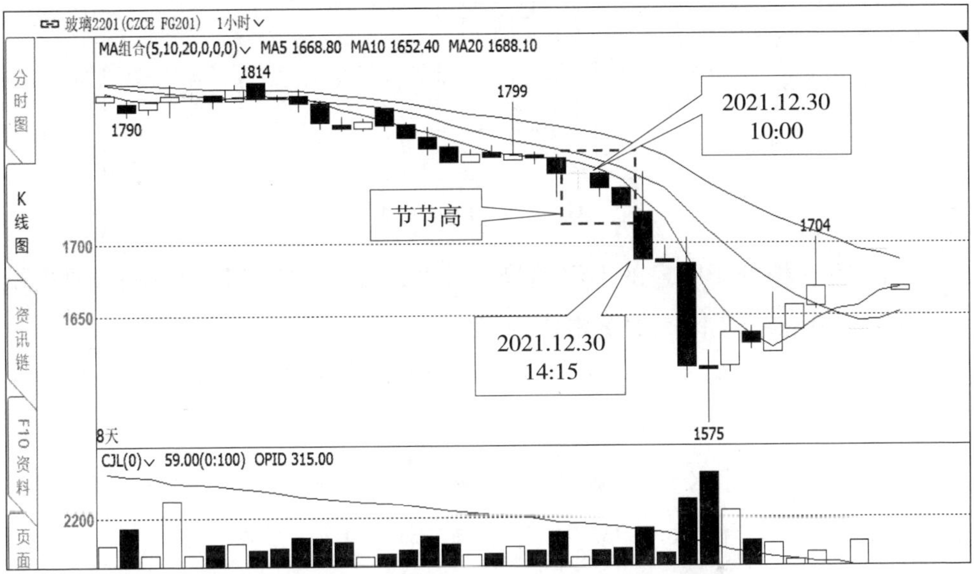

图10-3 玻璃2201合约60分钟K线走势图

二、再创辉煌

该形态是由一根中到大阳线和一根带长上影线的小阳线所组成。该形态的交易思路在于带长上影线K线形成的次日，找寻价格上攻的机会，并寻求交易。其具体形态如图10-4所示。

再创辉煌形态，反映出多头大幅上攻后，虽然遭到空头打压，但多方仍具有一定的实力，并继续发动上攻。当然，这种上攻能否持续并不确定，我们只要在形态成立的次日收获一波上攻利润即可。

1. 适用条件

从实战效果来看，该形态最佳的适用条件包括以下几项。

第一，从实战应用来看，日K线是最佳的选择。

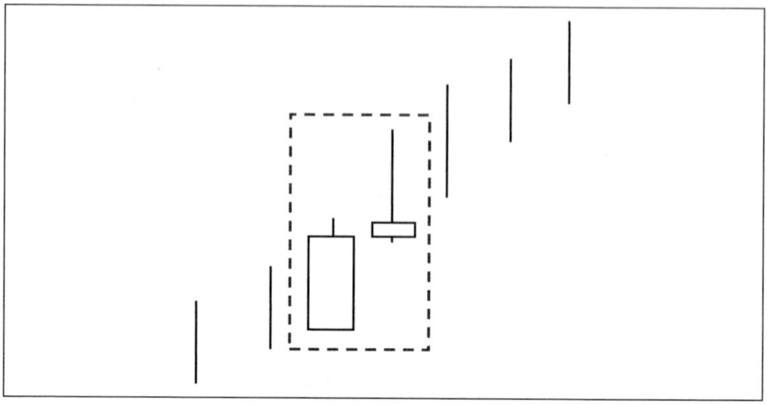

图 10-4　再创辉煌

第二，行情处于明显的上涨趋势中做多，行情处于明显的下跌趋势中做空。此技术形态处于区间振荡走势则不适用。

第三，最后一根 K 线具有一定幅度的上影线或者下影线和较小的实体部分。

第四，若后一根 K 线出现当天行情增仓上行，减仓下行，或者增仓下行，减仓上行的情况，未来形态成功概率更高。如图 10-5 所示。

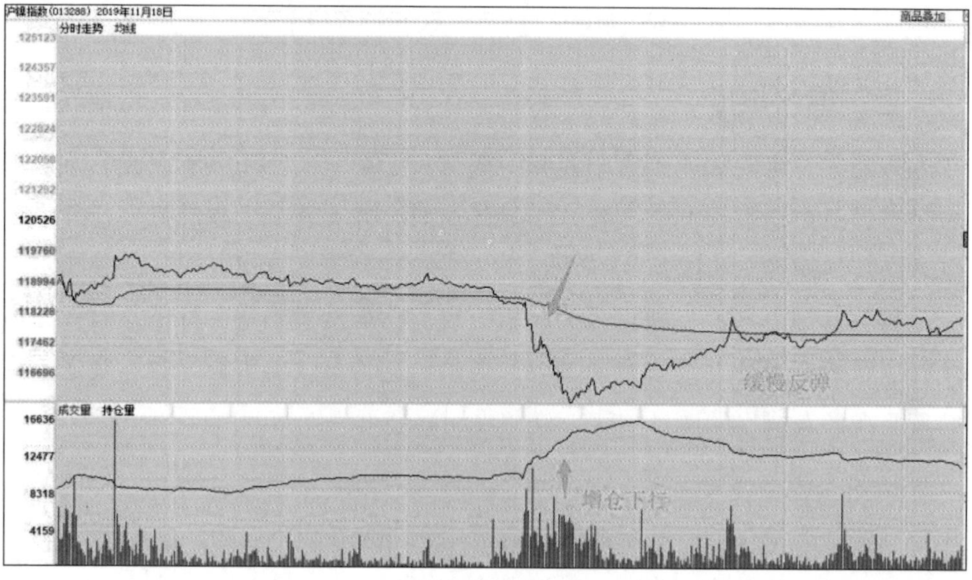

图 10-5

第五，极端行情造成的上影线或者下影线不适用。

2. 交易策略

一般来说，再创辉煌形态出现后，价格的波动都会增大很多，因此在交易过程中，投资者需要把握这样几点。

第一，此形态具有一定的风险性，投资者不应提前入场，只有形态成立后的次日才能考虑入场建立多头或空头仓位。

第二，形态成立后次日的开市价，将会成为能否入场的一个重要参考。若次日开盘大幅高开或者低开，都不宜入场。

第三，当 60 分钟 K 线有效跌破长上影线阳线的开市价位置，应执行止损操作。

下面来看一下沪铜 2202 合约的价格走势情况，如图 10-6 所示。

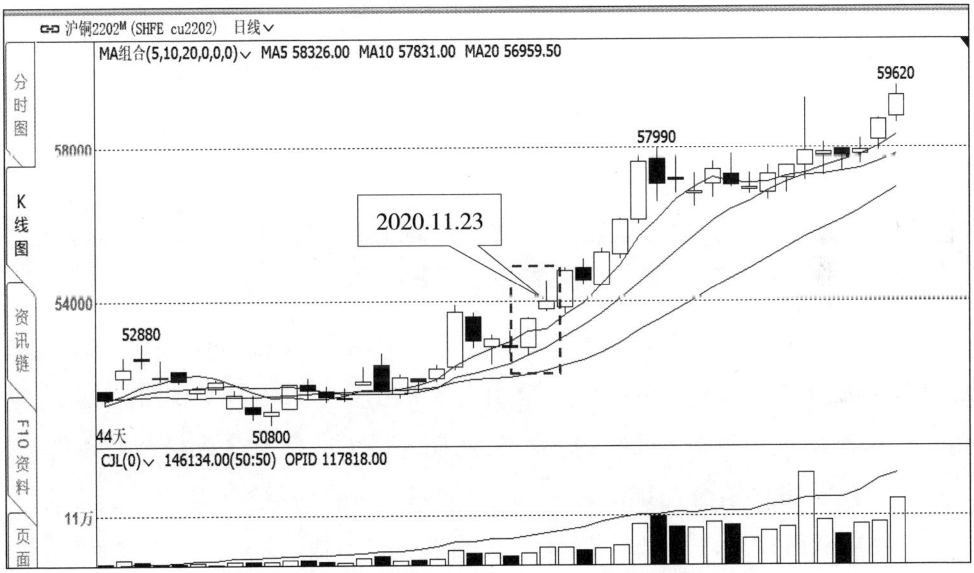

图 10-6 沪铜 2202 合约日 K 线走势图

如图 10-6 所示，沪铜 2202 合约的价格在 2020 年 11 月 20 日大幅走高的基础上，11 月 23 日再度高开高走低收，收出了一根带长上影线的小阳线。由于该形态出现时价格处于上升趋势的初期，因而非常符合入场做多的条件。

11 月 24 日，该合约以略高于前一交易日开市价的价格开市，投资者可积极入场做多。其后，在临近收盘阶段，可进行平仓获利了结。

再创辉煌形态在下降趋势中同样适用，也是对阳线的要求要相应地转为对阴线的要求，上升趋势转为下降趋势即可。

下面来看一下不锈钢 SS2202 合约的价格走势情况，如图 10-7 所示。

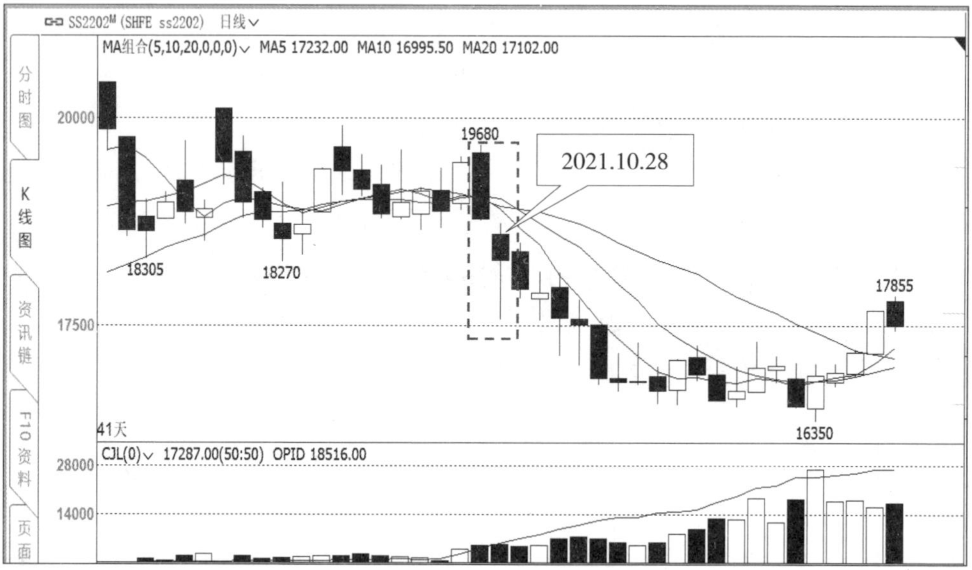

图 10-7　SS2202 合约日 K 线走势图

如图 10-7 所示，不锈钢 SS2202 合约的价格在 2021 年 10 月 27 日大幅走低的基础上，于 28 日再度低开低走，收出了一根带长下影线的小阴线。由于该形态出现时价格处于下跌趋势的初期，因而非常符合入场做空条件。

10 月 29 日，该合约以略高于前一交易日收市价的价格开市，其后直线下跌，投资者可积极入场做空。其后，在临近收盘阶段，可进行平仓获利了结。

三、蓄势待发

蓄势待发形态由 3～4 根 K 线组成，先是一根大阳线将价格拉升至较高的水平，接着 2～3 根小实体 K 线隐藏在大阳线实体内部。这是价格经过大幅拉升后的一种整理形态，预示未来价格继续走高的概率很大，如图 10-8 所示。

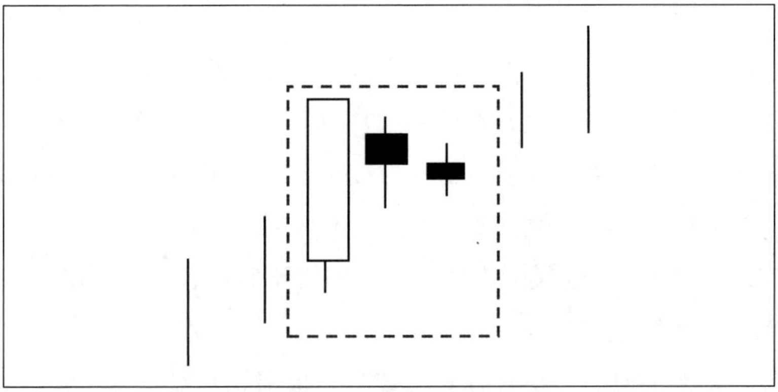

图 10-8　蓄势待发形态

蓄势待发形态反映了多头大幅上攻后，出现了短暂的调整和洗盘。随着价格的大幅走高，市场上积累了相当多的获利盘。价格要想继续走高，就必须清洗一部分获利盘。因此，当小阴线或十字线出现时，一般成交量和持仓量都会出现明显的萎缩或减少。

1. 适用条件

从实战效果来看，该形态最佳的适用条件包括以下几项。

第一，从实战应用来看，以日 K 线为主要参考时间框架为宜。

第二，行情处于明显的一波上涨趋势中。此形态处于区间振荡走势则不适用。

第三，价格应该处于上升行情的初期。若价格已经连续大幅上攻很长时间，则此形态失败的概率较高。

第四，大阳线出现时，一般成交量与持仓量都会呈现放大态势，而小阴线或十字线出现时，成交量、持仓量最好能够萎缩。

第五，小阴线或十字线的数量以 2～3 根为宜，数量过多，则可能使价格失去上攻的动力。

第六，该形态最后一根小阴线应以十字线为宜。

2. 交易策略

该形态的交易要点包括以下几点。

第一，该形态的成立最好以十字线的出现为标准。即无论第二根阴线还是第三根阴线，只要以十字线报收，那么次日就可以考虑入场做多建仓。

第二，形态形成后，最好在下一个交易日开盘再进场，不要提前一天，以防突发事件导致价格高开或者低开改变形态，低开一般就不要做了，继续等待机会。高开的少可以做，高开太多则不再买入。

第三，一般来说，这类形态的持仓时间也不宜过长，最好在早盘入场后，临近收盘前执行平仓操作。

第四，关于止损，一小时有效突破第一根阳线开盘价做止损，或者使用时间止损，最多持有两个小时，没有获利则平仓出局。

下面来看一下尿素 2201 合约的价格走势情况，如图 10-9 所示。

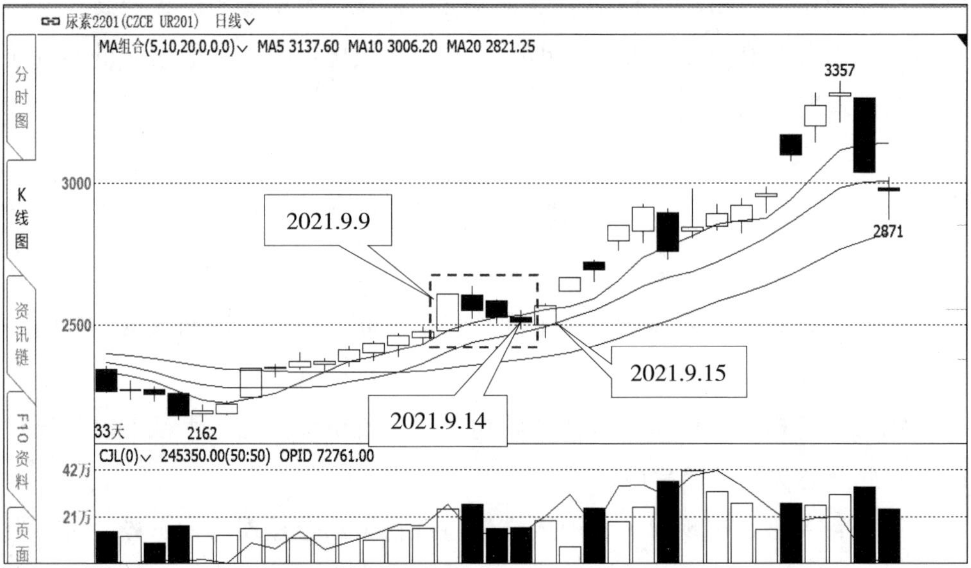

图 10-9 尿素 2201 合约日 K 线走势图

如图 10-9 所示，尿素 2201 合约的价格在 2021 年 8 月底出现了振荡上升走势。2021 年 9 月 9 日，该合约的价格大幅上攻，并以大阳线报收。其后的三个交易日，该合约价格呈现了振荡调整走势。

2021 年 9 月 14 日，该合约价格 K 线以十字线报收，这比较符合蓄势待发形态的基本特征。投资者可在该形态成立的次日早盘入场做多建仓。

9 月 15 日，该合约价格低开高走，比较适合多头开仓。投资者可在临近收盘时段执行平仓，如果全天价格走势较强，可以继续持有多头仓位。

四、阴阳挂星

该形态多数为下跌趋势中的反弹形态，由大阴线、中阳线和十字星线共同构成，且十字线一般会紧贴在阳线收盘价附近位置，如图 10-10 所示。

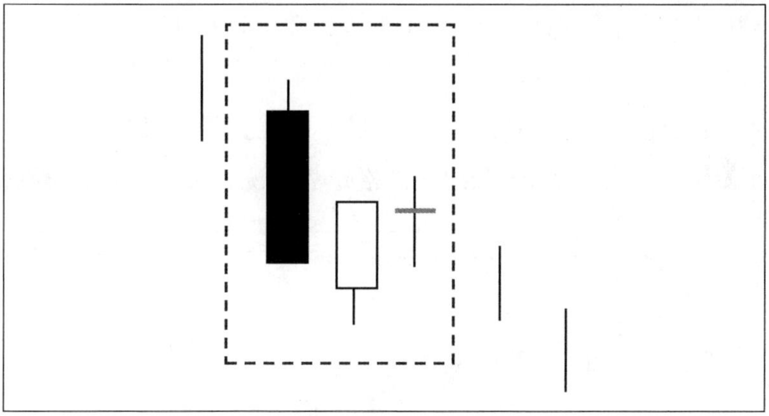

图 10-10　阴阳挂星形态

阴阳挂星形态，多见于下跌趋势中。阳线的出现，为处于下跌趋势中多方的一次反击。星线的出现，则说明了这种反击缺乏足够的力度，未来存在继续走低的可能。因此，当星线完成后，投资者就可以积极入场建仓做空。此形态的构成很简单，但其所处的位置很重要。

1. 适用条件

从实战效果来看，该形态最佳的适用条件包括以下几项。

第一，以日 K 线为主要参考时间框架为宜。

第二，一波趋势处在流畅的下跌中，上涨不适用。

第三，阳线的长度要小于阴线的长度，最好不要超过阴线实体部分的二分之一。

2. 交易策略

该形态的交易要点包括以下几点。

第一，形态确认，建议在十字线出现交易日最后5分钟开仓做空。实战中，发现有很多时候下一个交易日存在跳空缺口，这样就会错过利润，或者下一个交易日再进场，止损就会变得很困难。

第二，盘中小时线暴跌或者达到自己的盈利目标，可以选择平仓或者减仓。

第三，有些时候行情不会一帆风顺，高概率形态不代表是100%有效，若出现盈利以后价格回撤到自己的成本价，建议选择平仓，不要把盈利的单子变为亏损。

第四，关于止损，一小时线有效突破十字线交易日最高点止损。

下面来看一下红枣2205合约的价格走势情况，如图10-11所示。

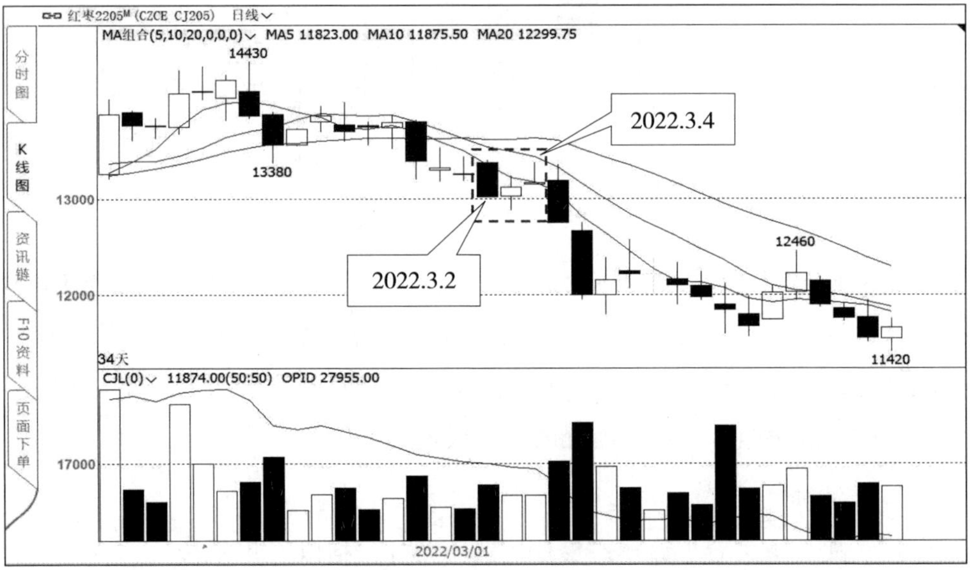

图10-11　红枣2205合约日K线走势图

如图10-11所示，红枣2205合约的价格在2022年2月中旬出现了振荡下跌走势。2022年3月2日，该合约的价格大幅下挫，并以中阴线报收，这说明价格仍处于下行趋势。

3月3日，该合约价格小幅反弹，并以小阳线报收，但并未达到前日阴线二分之一的位置。3月4日，该合约价格高开平走，以十字线报收，激进型投资者可在 3 月 4 日临近收盘时段入场建立空头仓位。

2022 年 3 月 5 日，该合约价格低开低走，并以大阴线报收。投资者可在当日临近收盘时段平仓获利了结，如全天价格走势较弱，可以继续持有空头仓位。

第三节 高概率形态之多交易日预测

前面的几个高概率形态都是对未来一根 K 线做作判断，下面两个形态是对未来多根 K 线做判断。

一、五谷丰登

五谷丰登由 5 根 K 线共同组成，第一根是坚挺的阳线，第二根是有较小实体的阴线（阳线）或十字线，第三根是坚挺的阳线，第四根和第五根是有较小实体的阴线（阳线）或十字线。如图 10-12 所示。

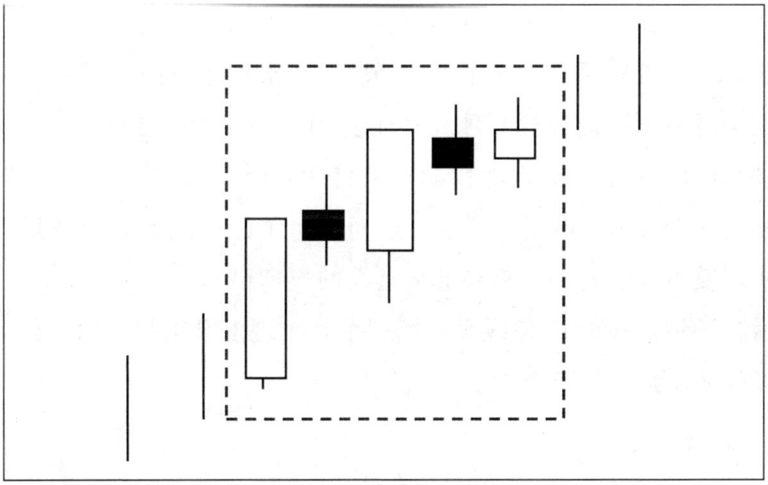

图 10-12 五谷丰登形态

1. 适用条件

第一，周 K 线或者月 K 线。

第二，只适合做多，不适合做空。

第三，在上涨初期或者相对历史价格低位概率更大，风险也较小。

2. 交易策略

第一，和短周期不同，较长周期的K线可以在确认基本形态的时候就开仓买入，且开仓具有一定的灵活性。比如周线级别，最后一根K线是小实体K线或十字线，到周五如果能基本确定，就可以开仓买入，当然也可以在完全确认以后下一周开仓买入。

第二，平仓。长周期形态卖出平仓具有相当的灵活性，因为周期较长，我们可以选择小周期平仓。如果持有到周五或者月底等一根K线完全走完，波动会非常大。

第三，从规律上看，五谷丰登形态形成以后，会上涨3～8周。

第四，止损。止损的方法有两种。其一，形态形成以后，如果下一根K线没有收阳线，要选择卖出，不要管是盈利还是亏损，我们交易的是形态。其二，价格有效破位第三根阳线的开盘价选择止损，这里要注意的是一定要有效跌破，因为K周期长，有些时候会出现假突破的情况。

第五，关于盈利目标，从个人的经验看，形态形成最少延续3根K线。

下面来看一下沪铝加权的月K线走势图，如图10–13所示。

如图10–13所示，沪铝加权的价格自2020年4月开启了一波振荡上升走势。月K线在2021年2月到6月期间走出了经典的五谷丰登形态。该形态的出现，说明价格的上升趋势继续延续的概率很高。

其后，沪铝加权的月K线又连续三个月出现上升走势。由此可见，该形态的看涨意义还是较为有效的。

二、声东击西

声东击西形态由几根到几十根K线组成，这些K线处于一个窄幅的区间振荡。突然有一根到3根K线突破振荡区间，有种旱地拔葱的感觉。随后几个交易日价格又向反方向运行。出现反向暴跌的K线，是形态确认的信号。其形态如图10–14所示。

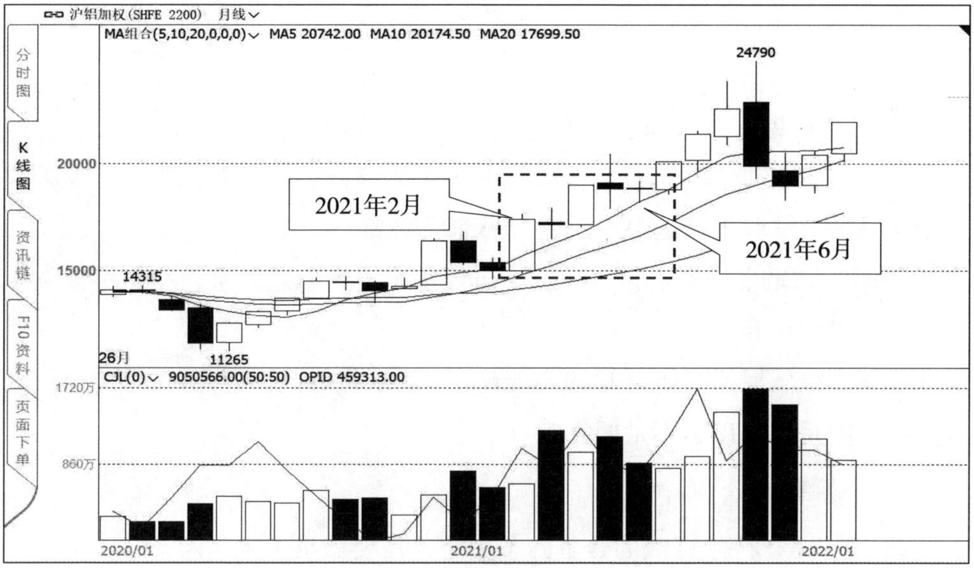

图 10-13　沪铝加权月 K 线走势图

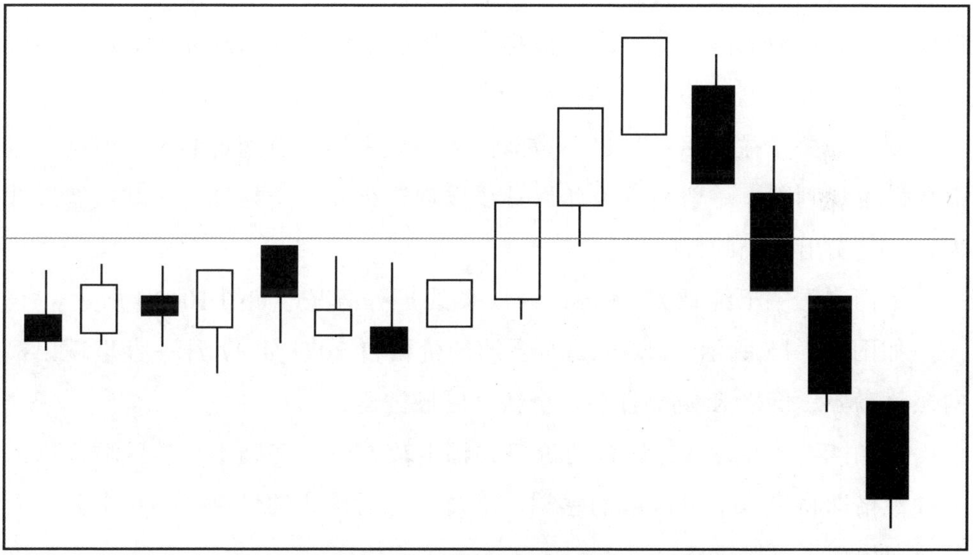

图 10-14　声东击西形态

声东击西形态是一种经典的诱多形态，该形态常常会让投资者损失惨重。

1. 适用条件

第一，适合日 K 线。

第二，前期 K 线必须在一个窄幅的振荡区间内。

第三，这个形态对市场趋势要求并不是太高，上面的形态要求市场必须处于明显的上涨和下跌趋势中，这个形态没必要。

第四，如果市场处于相对高位，出现声东击西形态做空，在相对低位做多，成功概率更高。

第五，突破振荡区间的 K 线不能超过 3 根，也就是不能超过 3 个交易日。太多则可能是真突破，不是假突破。

2. 交易策略

第一，这个形态 K 线的数量并不固定，需要做出主观判断。

第二，前期 K 线振荡一段时间以后，等待突破，走出适合条件中所说的形态。可以在高位适量资金进场，向上突破做空，向下突破做多。也可以待反向运行信号确认再开仓，这样做的缺点就是止损较大，因为反向 K 线一般是较长的一根 K 线，设置止损就会较大。

第三，关于盈利目标，也不像前面的高概率形态有固定的平仓原则，也需要做主观判断。一般我认为如果日线出现连续几个交易日的大跌或者周线大跌，是卖出平仓的好时机。

下面来看一下纯碱 2205 合约的日 K 线走势情况，如图 10–15 所示。

如图 10–15 所示，纯碱 2205 合约的价格自 2021 年 11 月一直呈现出横向振荡态势，价格 K 线一直在一个狭窄区域内运行。

2021 年 12 月 1 日，该合约价格大幅上攻，成功突破了盘整区域，给人一种价格即将进入上升区域的感觉。不过，此后该合约价格却不再上升，而是反向出现了下跌走势。

12 月 8 日，纯碱 2205 合约的日 K 线大幅下跌并跌破了之前上升起涨位置，这说明该合约价格即将进入下行通道。至此，声东击西形态正式成立，投资者可放弃做多思维，转向看空。

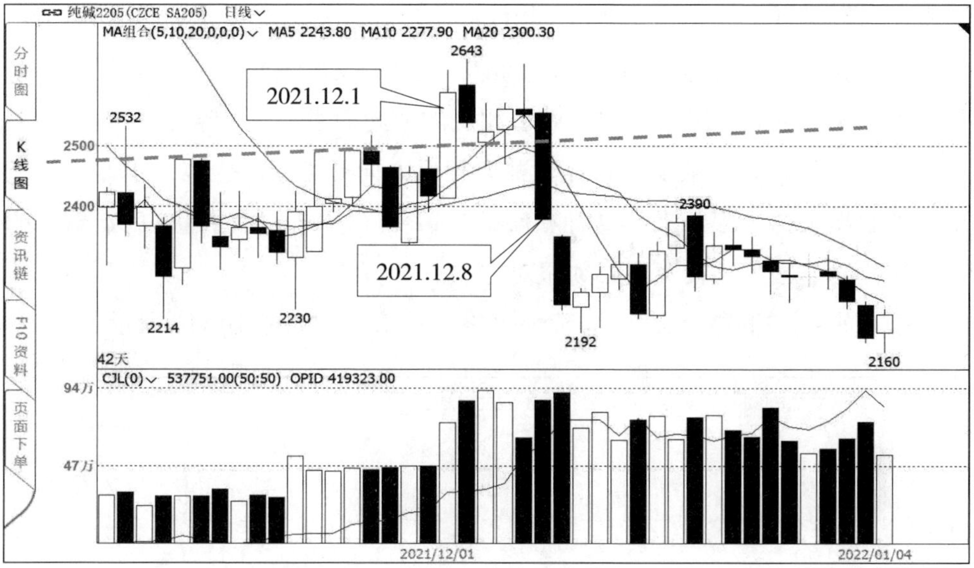

图 10-15 纯碱 2205 合约日 K 线走势图

第四节 刺透与假突破形态

在实战交易中，价格并不会总是按照预期的方向发展。有时候，一些经典看多或看空形态出现后，价格也有向相反方向发展的情况，此时，投资者就必须特别留心。

一、长周期假突破

突破就是价格向上或者向下运行穿过某一重点点位或者是平台。真突破就是指价格向上或者向下突破经过重点点位或者是平台后，继续延续原来的方向运行。假突破则是指价格向上或者向下突破之后，并没有出现继续上涨或者是下跌的情况，而是选择了向反方向运行。

事实上，在期货交易中，价格在顶部或底部出现长时间的整理之后，即将要启动下跌或上升时，都可能会出现一些假突破形态，这些假突破就是主力用来迷惑市场上投资者的。这些突破虽然属于假突破，但从技术分析角度来看，仍然与真突破无异，比如，均线黏合后，价格大幅完成对均线的突破，各类技术指标如 MACD 指标、KDJ 指标等同步发出突破信号，但此后价格只是象征性地突破一下后，立即朝着相反的方向而去。

此时，投资者必须及时止损，并向相反方向开立新的仓位，千万不能扛单，否则损失会无限放大。这种在底部或顶部经历较长时间盘整后走出来的行情往往会非常大，投资者必须跟对方向。

下面来看一下郑棉 2201 合约的价格走势情况，如图 10–16 所示。

图 10–16　郑棉 2201 合约日 K 线走势图

如图 10–16 所示，郑棉 2201 合约的价格自 2020 年 3 月开始出现了横向振荡运行走势。该合约的价格一直在很窄的区域内振荡盘整，MACD 指标也同步呈现了黏合状态。

2020 年 9 月 9 日，该合约价格放量下跌，MACD 指标同步出现死叉或下行，给人一种行情走坏的感觉。很多投资者见到此种情况，都会入场做空。

此后，该合约价格不再下跌，反而出现了振荡上升走势。投资者此时就要做好止损准备，以免做错行情，给自己造成较大的损失。

2020 年 10 月 9 日，该合约价格大幅上升，MACD 指标同步在 0 轴附近形成金叉后上扬，这是典型的看多信号。由此可以看出，先前价格下跌只是主力刻意制造的“假突破”。投资者此时要放弃做空思维，积极做多。

二、反预期突破

按照一般的技术分析理论，比如，当价格经过一波上升后出现整理走势，并形成了经典的上升旗形或下降楔形时，从投资者的角度来看，预期未来价格上升的心理期望会很高。毕竟这些形态完成后，大部分情况下价格都会延续之前的走势。但是，在实战中，还是会有一些品种的价格会朝着预期相反的方向运行。此时，投资者必须摒弃原有的思维，积极做空。反之，在下跌行情中，也同样成立。

总之，作为投资者，要想在市场上生存下来，首要的就是要尊重市场，顺势操作。

下面来看一下苹果 2201 合约的价格走势情况，如图 10-17 所示。

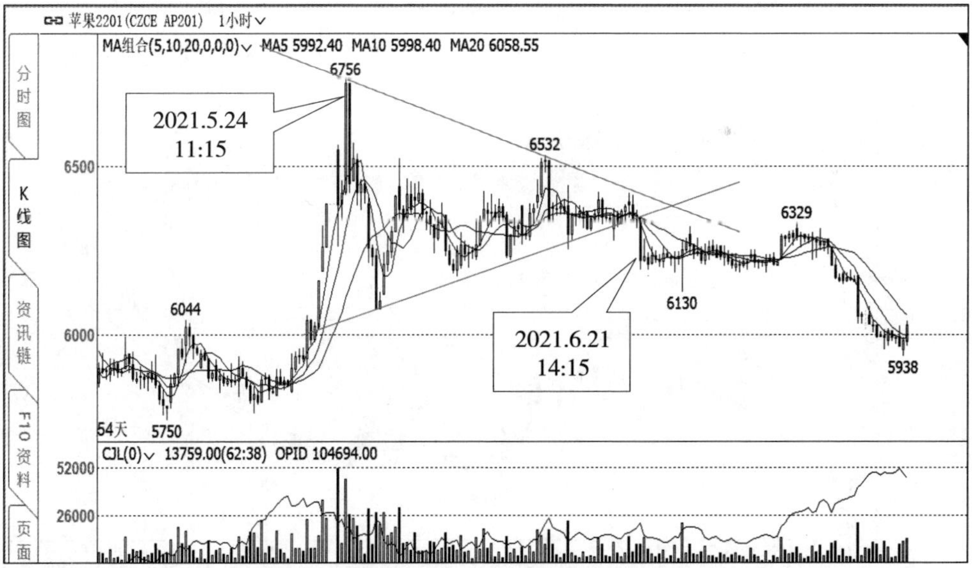

图 10-17　苹果 2201 合约 60 分钟 K 线走势图

如图 10-17 所示，苹果 2201 合约的价格在 2021 年 5 月中旬出现了大幅上升走势。5 月 24 日 11:15，该合约价格触及短期高点后出现回调走势。其后，该合约价格呈现了横向振荡走势，并形成了一个典型的收敛三角形。

由于此前价格呈现了明显的上升态势，一般来说，当收敛三角形完成后，价格继续走高的概率很大。但从图 9-1 中可以看出，其价格并未完成向上突破，而是反向下跌，这就是典型的反预期突破。此时，无论投资者多么期待价格向上突破，也要执行做空操作。

三、刺穿顶部与底部形态

按照常规的技术分析理论，顶部或底部形态的出现，意味着原有的价格运行趋势已经发生了反转。不过，其后若价格朝着相反的方向运行，并突破了顶部或底部形态，一方面说明原来的顶部形态或底部形态构筑失败，另一方面意味着新的行情可能要展开了。

当然，这种突破肯定应该属于真突破，而非假突破。若价格完成对顶部或底部突破后还能进行确认，则可强化未来趋势展开的可能性。

先来看一下铁矿 2201 合约的价格走势情况，如图 10-18 所示。

如图 10-18 所示，铁矿 2201 合约的价格在 2020 年 8 月到 9 月期间走出

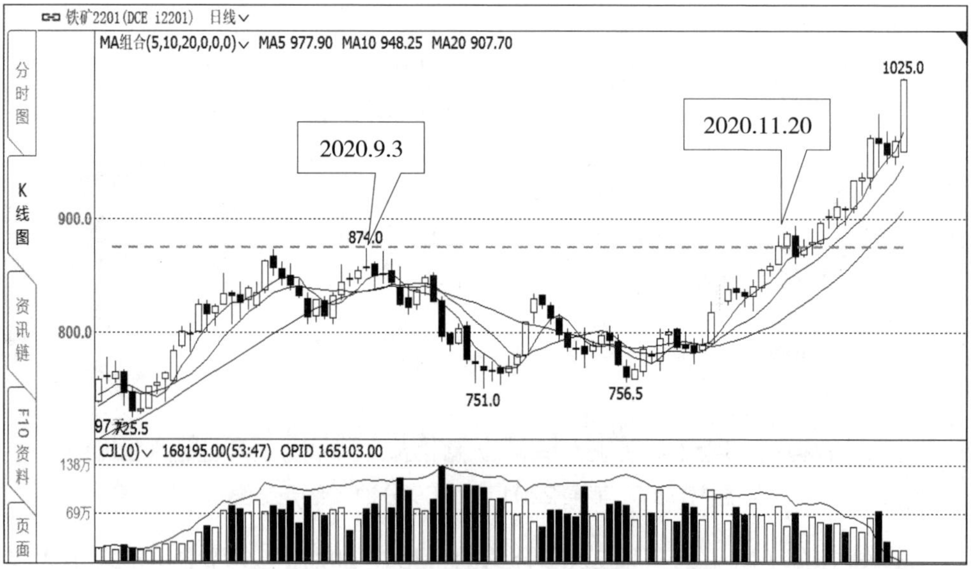

图 10-18 铁矿 2201 合约日 K 线走势图

了 M 顶形态，特别是 2020 年 9 月 3 日，价格创出短线高点后回落，并跌破 M 顶的颈线，这标志着 M 顶形态成立，也就意味着价格将会进入下行通道。

不过，其后该合约价格经过一段时间的振荡下跌后，重新开始了上升走势，并于 11 月 20 日成功向上突破了 M 顶的最高点。这说明 M 顶形态构筑失败，也说明价格将会进入新一轮上升通道，投资者需要从做空思维转向做多思维。

此后，该合约价格在 9 月 3 日高点附近位置进行了短暂的调整后，正式进入了上升通道。

下面再来看一下生猪 2201 合约的价格走势情况，如图 10–19 所示。

图 10–19　生猪 2201 合约日 K 线走势图

如图 10–19 所示，生猪 2201 合约的价格在 2021 年 3 月初开始走出了一波大幅下跌行情。到了 6 月 22 日，该合约价格已经触及阶段低点。此后出现了一波反弹，并构成了明显的 V 形底形态。

通常情况下，V 形底具有明显的看涨意味。不过，其后该合约价格经过一段时间的振荡上升后，重新开始了下跌走势，并于 8 月 23 日向下跌破了

V 形底的最低点。这说明 V 形底形态构筑失败，也说明价格将会进入新的一轮下跌通道，投资者需要从做多思维转向做空思维。

此后，该合约价格在 6 月 22 日低点附近位置进行了短暂的调整后，正式进入了下跌通道。

第十一章

短线交易基本法则与纪律

中长期交易重视方向、耐心和资金管理，而短线交易更重视规则、纪律。没有很好的纪律性，根本无法在市场上生存下来。

第一节　短线交易十大法则

短线交易是一种风险极高的交易活动。作者在以往的期货短线交易中总结了十条法则。这些规则并不是绝对的，更不是规则的全部，每个人都应该根据自己的情况制定属于自己的交易规则，每个人的规则都是不一样的。比如，很多人规则里边有这样一条——顺势而为，但是也有成功的逆势交易者，也取得了比较好的收益，所以这些规则肯定不是适合所有人的。大家要自己根据自己情况制定属于自己的规则，并严格执行。

法则一：心情不好不交易

心情不好、心态不好或者预感不好的时候不可交易，直到心情恢复再交易。

良好的心态是施展高超技术的前提，心情或者心态不好的时候，很容易违背自己的交易规则。一旦违背了自己的交规则，离亏损就不远了。所以在心情或者心态不好的时候，最简单、最直接的方式就是关掉电脑，离开盘面，不看盘也不交易，直到自己情绪恢复之后再做交易。

网上有这样一个段子：一个高手，涨也赚跌也赚，和老婆吵一架，全完蛋。

这就说明心态的重要性。纵使你有再高超的技术，没有好的心态也赚不到钱。

法则二：设定资金止损限额

除价格和形态止损之外，应对总资金设定资金止损。每月或者每周亏损超过一定金额，要停止交易一段时间，并检讨之前的交易，找出问题并解决后再继续交易。

设定资金止损是非常有效控制风险的方式，也是一种特别理性的止损方式。每个人都会有交易不顺的时候，当交易不顺发生亏损，我们需要把亏损幅度控制在自己能承受的范围之内，这样才不会影响到自己的心态。千万不要把自己亏到受不了然后再停止交易，这样是非常痛苦的。

给自己设定一个合理的资金止损，比如有 10 万元资金，设定每月亏损不能超过 10%，也就是亏损不能超过 1 万元。一旦达到这个数额，就要求自己必须停止交易，总结自己哪里出了问题：是最近的行情不适合自己的交易策略，还是违背了自己交易的原则导致亏损，或是有一些其他的原因，找出问题所在并把它解决掉，下个月再开始交易。能严格执行这条规则，即使你技术再差，运气再差，也需要 10 个月的时间才能把这 10 万元钱全部亏完，想亏完也是非常难的。再说谁会有这么差的运气呢?

作者的总结是，多数人的亏损都是集中亏损，很短的一段时间内心态改变了，频繁交易导致亏损，或者碰到极端行情导致大的亏损。期货是高风险投资，在交易初期，能控制自己亏损的速度，已经算是成功一半了。

这里还要注意一个问题，要严格执行止损。达到亏损的金额后，无论什么原因导致亏损，无论你再怎么看好那波行情，都必须停止交易，没有任何理由。很多人无法有效执行这条规则，亏损了也不想放弃自己看好的行情，总对未来抱有希望。我认为，既然制定了规则，就必须严格执行，没有任何理由。达到亏损的幅度，就必须平仓，并停止交易。

法则三：绝不过频交易

不要频繁交易，确定自己交易的次数，尤其是亏损的时候，一定要严格

限制。

很多时候，单日出现较大亏损都是因为频繁交易，心态越不好越想交易。这一点必须严格限制。盈利的时候可以适当放宽交易次数，每天最多交易3次比较合理。当然这个标准不是绝对的，要根据自己的情况合理安排。如果交易的品种比较多，交易周期比较短的话，可以设定4次、5次或者更多。

频繁交易是造成重大亏损最直接的原因之一，频繁交易不就是没有限定自己日内限定的交易次数吗？尤其是当自己发生亏损的时候，越亏损越想交易，越想把亏的钱赚回来，结果可能是亏得更多。如果你限定了自己每日交易的次数或者限定亏损的次数，结果会怎么样呢？肯定就不会频繁交易了。不会频繁交易也就不会产生较大的亏损。

限定每日交易次数还有一个好处，就是可以提高自己的交易质量。如果平时不限制开仓次数的话，可能感觉哪个信号都是好机会，都想去交易，开仓的随意性就会比较大，本来机会并不是太好，可能也去交易了。如果限定自己的交易次数，比如每天三次，每天就三次交易机会，那么我们肯定要寻找更有把握的交易机会，不浪费开仓的次数，交易的质量自然就提高了。大家一定要清楚，不是交易的次数多就一定赚得多，自己能看明白能赚钱的，就那么几次机会，把有限的机会把握住就可以了。

同时，如果当天交易比较顺利，可以多开仓几次，以赚取更多的利润。可以这样，如果你交易了一笔，盈利了，则可以继续交易，直到连续两次发生亏损的时候再停止交易。这样就可以保证当自己交易顺利的时候可以多赚，当自己交易不顺的时候尽量少亏。

大概在2012—2013年的时候，作者做日内交易的次数也很多，不止一次发生过单日大幅度亏损的情况。最疯狂的一天，交易产生的手续费是总资金的10%。先别说亏损多少，仅手续费就占了总资金的10%。当时还没有夜盘交易，只有白天4个小时的交易时间，并且当时的手续费也不像现在这么高。那真是疯狂的一天，把自己累得不行。收盘之后看了下自己的交易记录，感叹今天自己怎么做了这么多！当时真想把自己的手剁下来。现在很少做日内交易了，更不会有那样失控的交易。

限定交易次数这一点在控制亏损方面还是非常有效的，必须要制定适合自己的规则并严格执行。自己交易比较顺的时候，可以适当放宽。尤其是当自己亏损的时候，一定要严格限制交易次数，频繁交易是造成重大亏损最直接的原因。

法则四：盈利减仓，亏损坚决不加仓。

不要企图通过加仓摊低成本。

不要养成这样的交易习惯。十次可能九次能回来，一次回不来就会亏损很大。对于盈利减仓，大家可能会执行得比较好，因为赚钱了，落袋为安很心安理得。

但是，对于亏损坚决不加仓，这一点每个人都知道，真正执行起来却有一定的难度。亏损加仓主要是两方面心态的原因：一是，比如你看好一波上涨行情，然后你买入了，价格随后出现了下跌。这时候你会认为你可以以更低的价格买入，不仅不会选择止损，而且可能选择继续加仓。二是，在开仓之前对亏损没有预期，在进场的时候就没想过发生亏损，或者自己无法承受这部分亏损，企图通过加仓来摊低成本，然后回到成本价再把它卖掉。你现在的想法是，我可以不赚钱，但是最好不要发生亏损。

这两种心态造成亏损加仓的原因居多，如果是第二种心态还比较好去解决，在进场之前对亏损有一定的预期就可以了。大家要明白：期货交易不是每笔单子都可以赚钱的，发生亏损是非常正常的一件事情，错了从容止损就可以了。

另外，亏损加仓是特别不好的一种交易习惯，它也是发生重大亏损最直接的原因之一。亏损加仓做 10 次可能有 9 次都能够赚回来，但是如果有一次赚不回来，前面 9 次赚的可能最后一次会全部亏回去。因为多次都能赚回来，所以就养成了亏损加仓的习惯，这是大家都会有的一种惯性思维。作者非常不认可亏损加仓的做法，如果不是战略建仓，不会在亏损的时候做加仓操作的。

法则五：止损要坚决

进场即设止损位，止损可以通过软件自动执行。亏损不仅不能加仓，而且止损要坚决，不能拖泥带水，达到预设的止损位置要坚决离场。

关于止损的方式，分为价格止损、形态止损、资金止损和时间止损。我认为不管是采用哪种止损方式，一定要有止损。有些人可能没有具体价格的止损，但是可能采用时间止损或资金止损。傅海棠老师和吴洪涛老师在公开场合多次表达过自己的交易没有价格止损，而是采用资金管理控制风险。

不管用哪种止损方式，一定要严格地执行。执行力差的话，可以通过交易软件去执行，通过软件上的条件单或止损止盈功能执行。我经常使用条件单，我认为这是一种特别好的执行自己交易思路的方式，既能做到客观，又能节省时间。

法则六：亏损的时候，严格管控自己的情绪

为什么把这一条单独拿出来？因为发生亏损之后，绝大多数人很难管控自己的情绪，自己的交易思路、交易策略和交易规则会全部抛之脑后，只有一个想法：今天要把亏损的钱尽快赚回来。孰不知越是想赚，可能越亏。就好比手握沙子，握的越紧，沙子流出来的越快。我的交易经验表明，大的亏损一般都是在情绪发生改变之后发生的，所以有效控制自己的情绪是做好期货交易的一门必修课。当发现自己情绪不再适合交易的时候，要先停下来。能停下来就是成功，能停下来就表明你已经战胜了自己。

法则七：尊重市场，敬畏市场

市场永远没有错，尊重市场，敬畏市场，不抱怨。

在期货市场发生亏损的时候，一定要告诉自己：市场永远没有错，错的都是自己。不要抱怨，也不要愤怒，总结自己的交易思路，找出亏损的原因，改正它，重新再开始，这比冲动交易更合理。做交易就是一个实战、总结、学习、思考再实战的过程。

有些人亏了钱埋怨别人或者埋怨“庄家”狡诈，有用吗，亏的钱能回来

吗？除了抱怨发泄一下自己的情绪，还有其他作用吗？期货市场的交易制度决定了这个市场是一个相对公平的市场，可以日内交易，可以做多，可以做空。也就是说当你发现错误的时候，你随时可以反手操作，不存在卖不掉的情况。只有你想不想卖，没有想卖卖不出去的情况（偶尔涨跌停除外）。以公平公正的态度看待这个市场，心态也会平和很多。错了就在自身找原因，肯定是自己哪里做得不好才导致了亏损。

敬畏这个市场。在期货市场待的时间久了，什么情况都可能碰到。2020年疫情期间，原油价格出现了负价格，这是违背经济学原理的，但是它就是这样发生了。如果当时持有多单，在出现负价格被强平的话，那就是按负价格结算，这就是市场规则。有人说自己因为市场不公平导致亏损，那请你认真地想一下，在趋势明显是下跌的行情中，你为什么偏要做多单呢？如果你当时做的是空单，你会说市场不公平吗？你会把赚的钱还给多头吗？肯定不会。期货市场确实存在很多极端行情，存在很多超乎绝大多数人认知的行情，都认为这种情况是不可能发生的，但是行情就是发生了，我们左右不了市场。我们要敬畏这个市场，多关心自己的账户，少关心行情为什么会走成这样？错了该止损就止损，别有侥幸心理。

法则八：尽量从开始就做对

盈利较多的交易，往往是一开始进场就有盈利的交易。

这一点作者多次验证过，可以说是非常正确的。这一条不仅适合于短期交易，也适合长期交易。进场就盈利或者只出现小幅度回调的交易，说明你对方向和进场时机判断都是正确的，这样的单子可以拿久一些，抱着大不了不赚的心态持有，用现有的利润去博取更多的利润。作者特别喜欢进场就有盈利的交易，不过不太容易做到，因为既要判断对方向，又要选择好时机。对于进场就亏钱或者一直没有盈利的交易，按照作者的经验，一般很难赚到较多的利润，最好的情况是可能做到保本。所以当一笔交易进场之后一段时间内不能盈利甚至亏损，就尽快止损吧，把时间和精力放到下一笔交易，因为这样的交易往往赚不到什么利润。

法则九：不要让盈利的单子变成亏损

你可以不赚，再找机会交易，但绝不可把盈利变成亏损。

这是作者的原则，也许不适合所有人，不过比较适合自己。当然也有一些情况，盈利变亏损以后，后期可能会再次赚钱，这样的情况也发生过很多。但是交易做的是概率，做的是规则，对于不适合自己的行情，要以平常的心态对待它，只做自己适合的行情。

这一条可讲的东西也不多，就是一条个人的交易原则。作者太喜欢盈利出现大幅回撤。盈利出现全部回撤，就意味着价格又回到了进场时候的价位，那么就要考虑离开了。如果市场走势符合预期，价格不应该出现这么大幅度的回撤。

另外，盈利的交易变成亏损，对心态也是一种打击。这里当然主要讲的是盈利的多单，小幅度盈利无所谓，产生较多盈利以后出现回撤，对心态的影响非常大。本来是赚钱的，现在变成了亏损，就容易产生扛单的想法，想着自己判断是正确的，扛一扛可能还会赚回来，结果可能就会亏得更多。对于把握住好的进场位置，有盈利的单子可以不赚，但是不能让盈利变成亏损。这时候不要考虑行情分析，不要太主观，要客观执行自己的规则。

法则十：严格执行自己制定的交易规则

把交易规则写到本子上，或者打印出来贴到墙上，不要只记在脑子里。

既然已经制定了交易规则，那么肯定就要严格地去执行。怎么严格执行？当你沉迷在行情中，看着涨涨跌跌的K线，看着自己账户资金的波动，能保持理性客观的情绪是很难的。你可能会受到盘面走势的影响，从而忘记你制定的交易规则。所以，交易规则不但要记在脑子里，要写到本子上，或者打印出来贴到墙上。当自己要开仓或者平仓的时候，先看下这笔交易是否适合自己的交易规则，适合再做，不适合不能做。好脑子不如烂笔头，靠脑子不一定能记住。这里是说给交易经验不是太多的投资者的，如果你是一名经验丰富的投资者，你的交易规则已经深入到了骨髓，当然也可以靠脑子记住。

作者感觉自己做不到，所以我把交易规则写到本子上，每次交易之前看一看，保证自己的每一笔交易都是符合交易规则的。

第二节　短线交易八项纪律

期货交易本质上是一项风险巨大的交易活动。要想在期货市场上生存下来，没有铁一样的纪律是不行的。以下八项纪律，都是投资者要切实遵守的。如图 11-1 所示。

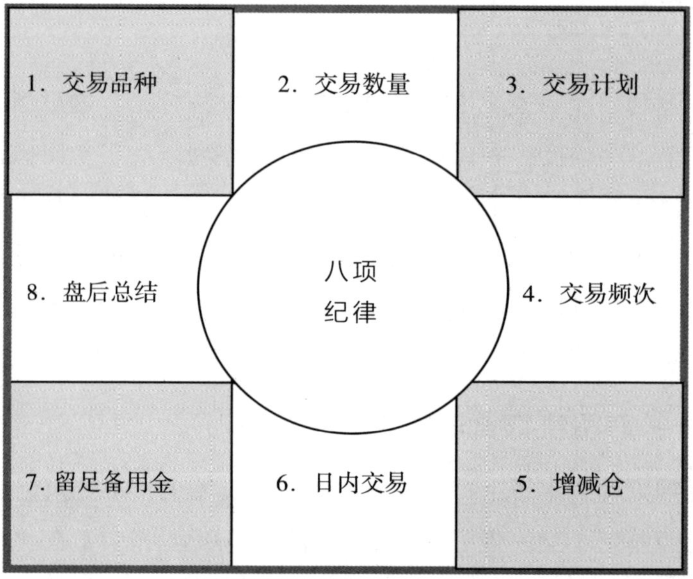

图 11-1　短线交易的八项纪律

由于这八项纪律中的几项与前面讲述的十条法则重复，所以，这几项纪律就没有展开讲解。

纪律一：交易品种

市场上可交易的品种非常多，而且未来还会更多。经常交易期货的投资者都清楚，每类期货品种都有各自的走势规律，这与该品种的供需关系等基本面有关，也与背后操作的资金有关。

对于交易者来说，进入市场前，需要用自己总结的交易方法选择交易品种。你要清楚地知道自己手中有什么武器。

开盘就好像上了战场。对一个战士来讲，一定要知道自己身上有什么装备，碰到各种情况应该使用什么样的武器。高概率形态、假突破识别应用、对市场节奏的判断，如果能有一种“这波行情是属于我的”那种感觉，那么盈利的可能性就会更高。

纪律二：固定交易手数

对于期货新手来说，这一点尤为重要。当交易手数固定时，无论做什么品种，做对和做错的盈亏就会平衡，这样有利于自己纠正错误，总结经验。比如做焦炭 1 手，那么做豆粕就要 20 手，等等。

纪律三：坚持制订交易计划

每天交易之前做交易计划，盘中坚持自己进出场原则。当贪婪和恐惧的时候，一定要坚持自己。交易计划不要放到脑子里，要写到纸上。

很多人其实是没有交易计划的，都是随着盘中的行情波动而动，随自己感觉而动。这样就会出现一个问题，很多交易可能是冲动的，随意的，没有经过慎重思考。当盘面波动的时候，很难客观理性地做出判断。

因此，盘前做好计划非常有必要，而且盘中要做到严格执行。计划应该包含可能发生的任何情况，并有相应的对策。

纪律四：绝不过度交易

一天交易次数不能超过 3 次。根据自己的情况设定交易次数。限制交易次数的目的就是为了提高自己交易的质量，控制自己的亏损幅度。

纪律五：增减仓

短线交易尽量控制加仓。盈利减仓，亏损坚决不加仓。

纪律六：日内交易规则

日内交易，坚决不留隔夜单，哪怕只有1手。条件单，错了从容止损，不要有扛单的想法，这是原则。

纪律七：留足备用金

将利润转出账户，留作备用子弹。

纪律八：盘后总结

盘后要做总结，总结这次交易的得与失。投入大量精力看盘和总结学习。平日注意锻炼身体，保持充沛的体力，培养良好的心态。

大家都认为做交易是非常自由和轻松的，其实不然。做交易需要付出大量的时间和精力，这个工作比正常上班要辛苦得多。不要羡慕做交易的人自由，很多交易者一天除了睡觉都是在思考交易。交易实际上是一种脑力劳动，需要大量的时间看书、学习、总结和思考，所以没有好的身体受不了。一般来说，交易做得好的，其实也是心态、身体管理好的人。比较成功的交易大师一般都长寿，像巴菲特、芒格，就是因为他们心态好。

第十二章

期货交易策略与战术

本章介绍几种实战中总结出的期货交易战术与策略，仅供读者参考。

第一节　抓启动点战术

抓启动点战术，是指在价格启动的第一时间介入，并在很短时间内顺着趋势完成一次短线操作。

一般情况下，行情启动后，因为时间短暂，资金不会出现很大的回撤。若出现很大回撤，说明方向做反了，应该及时止损。

当然，这里的“短时间”也是需要明确一下的。这里的“短时间”是与分析周期相对应的一个概念。如果是判断日线走势，一个小时就是短时间；如果看小时线，5 分钟就是短时间。当然这也只是一个参照，投资者还可以根据个人情况进行判断。一般来说，比如日内单边行情，不能超过一小时。波段一两个交易日，最长不能超过一周。

顺势操作，是抓启动点战术的核心。价格的运行趋势就两个，涨与跌。判断行情运行趋势并不算困难，难的是能够判断出什么时候涨什么时候跌。如果在涨之前或者跌之前进场，交易肯定是最安全的，也可以提高资金的使用率。但是进的时间太早，容易造成拿不住单子。不赚钱的过程是很痛苦的，心态也可能发生变化，或者又看到了其他交易机会，放弃了这次操作。所以尽量要在价格启动时入场。

抓住启动点，不管你用多少资金都没有什么风险，因为始终在获利。获利多少不太重要，你可以选择小利润就跑掉，也可以选择一直持有，直至获得预期利润。不过，若入场后价格朝着相反的方向运行，则需第一时间止损离场。

当然，从实战效果来看，抓启动点战术成功率并不算高，但盈亏比相对较好。也就是说，抓启动点 10 次，可能成功的只有 3 次，但失败的 7 次并没有产生多大的亏损，而盈利的 3 次交易中，一次就可以弥补所有的亏损了，剩余的 2 次就是利润。因此，投资者在抓启动点时，尽量让每次投入的资金量差不多，而且坚决不要扛单，这样才能通过盈利的单子将亏损的单子弥补过来。

下面来看一下玻璃 2205 合约的价格走势情况，如图 12-1 所示。

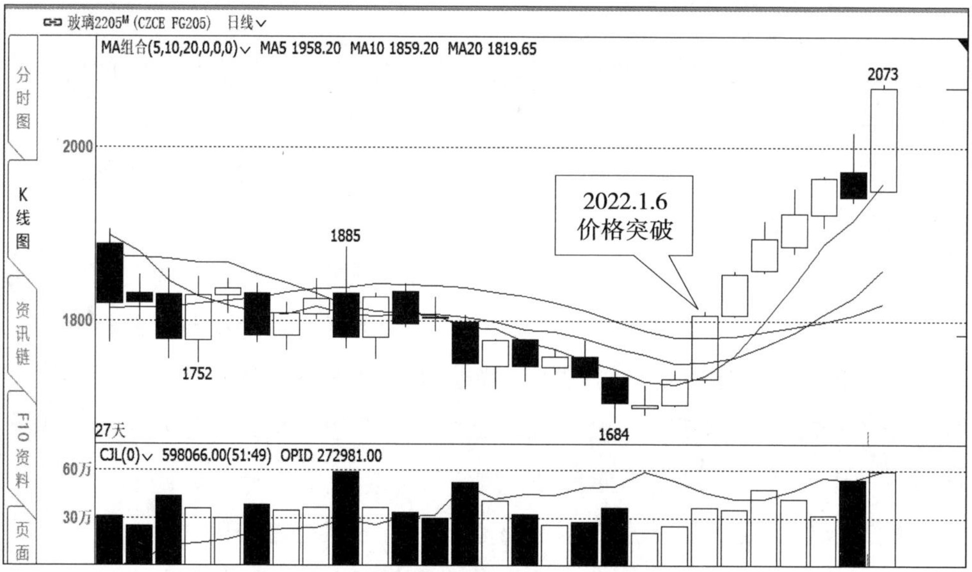

图 12-1　玻璃 2205 合约日 K 线走势图

如图 12-1 所示，玻璃 2205 合约的价格在 2021 年 12 月底出现了振荡回调走势。2022 年 1 月初，该合约价格开始企稳反弹。1 月 6 日，该合约价格向上突破多条均线的阻力，这属于典型的价格启动信号。投资者可在 1 月 6

日价格启动时入场做多。

在具体的交易时机把握上，投资者可以借助 1 小时 K 线（60 分钟 K 线）来进行仔细的研判，如图 12-2 所示。

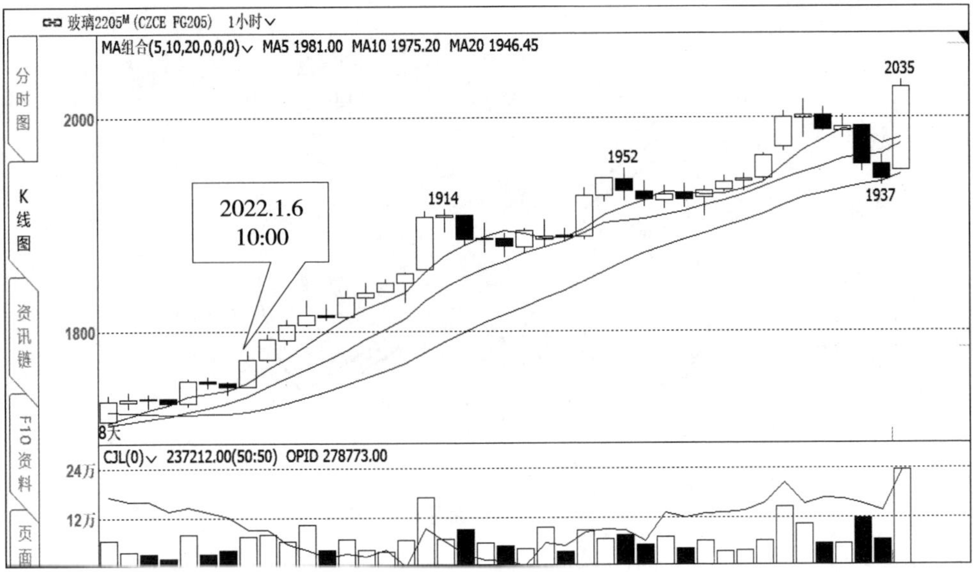

图 12-2 玻璃 2205 合约 60 分钟 K 线走势图

如图 12-2 所示，玻璃 2205 合约的价格在 2022 年 1 月 6 日开市后的第一个小时并没有出现上攻迹象，投资者可继续观望。

10:00，该合约价格突然启动上攻，投资者可积极入场建立多头仓位。由于此时该合约价格一路上扬，并未出现明显的回调，因此投资者可持仓至当日收市。

第二节 小资金暴利策略

期货市场是一个暴利的市场。只要有正确的方法，小资金短时间内也可以做到很大，这样的交易奇迹也有很多。作者认为期货市场对于小资金的要求就是要做暴利，只有股票市场才要做复利。因为期货市场交易制度灵活，可以做多可以做空，可以日内交易，交易机会多，只要交易方法得当，资金自然可以增长得很快。股票市场只能通过复利获得奇迹，需要的时间较长。不过，要想实现小资金暴利，也并非是一件简单的事，投资者需要明确以下几点。如图 12-3 所示。

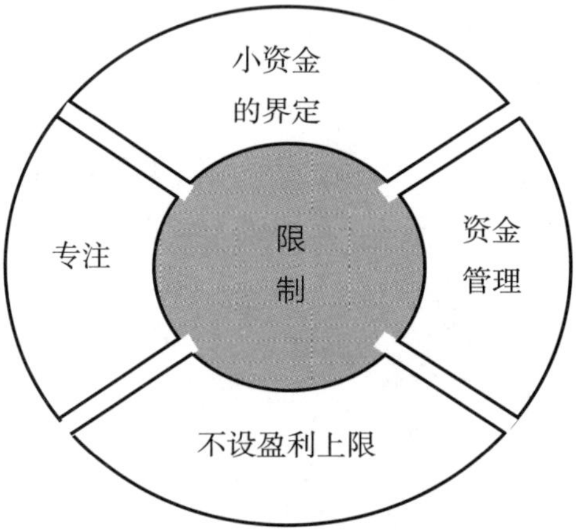

图 12-3　小资金暴利策略

1. 小资金的界定

到底多少钱算小资金，这确实是一个问题。如果身价上亿，100 万元就是小资金。所以，这里说的小资金更多地是和自己投入期货市场的资金做比较。10%～20% 比较合理。比如打算投入期货市场 10 万元，可以拿出 1～2 万元资金尝试做暴利，其他的资金采用另外的交易策略。这部分资金一定是可以承受亏损的资金，也就是投入进去亏损了也无所谓。如果第一个小资金亏完了，还有第二个第三个，要有这样的心态和准备。当然如果赚钱的话，肯定要赚取非常多的利润。

2. 资金管理问题

要对资金进行单独管理。最好单独放到一个账户里面，这个账户亏损不入金。除非亏完，再拿一个新的小资金操作，不要执着于之前的亏损行情。其实这就天然地设置了一个总资金止损。大家可以回忆下自己较大的亏损，很多时候就是因为扛单，没有资金止损，对于亏多少没有预期，扛到自己承受不住才止损。如果有了这个规则，亏损不入金，就不会发生比较大的亏损了。

盈利可以出金，盈利出不出就看自己的想法了。当然，最好不出，或者盈利多了先出来本金。既然是小资金做暴利，就要用利润再去赚更多的利润，这样才能赚得更快。盈利就出金是赚不到暴利的，最起码前期是这样。后期资金大了可以相对保守一些。

3. 不设盈利上限

一旦有了盈利上限，就不会做到暴利。之前有一个武汉的投资者做豆油，从 5 万元做到了 1000 万元，后来又亏到 5 万元。从 5 万元到 1000 万元的这个过程，心态变化是非常大的。普通的投资者，如果赚到几十万元就认为很多了，心理就承受不了了，交易策略肯定就会改变，就不可能从几十万元做到几百万元，直至做到 1000 万元。

同时，就是因为他有这样激进的策略和没有盈利上限的心态，所以资金又从 1000 万元回到了 5 万元。一个人在期货市场取得多大的成就，取决于他对风险的承受能力，以及有多宽广的胸怀。能做到大资金不是技术有多精湛，而是要有一个宽广的胸怀，有一颗强大的内心。对于小资金做暴利，心态这一点很重要。

4. 专注

期货交易是一种可以多空通吃的交易活动，但这并不意味着多空通吃就可以获得更多的收益，其实恰恰相反。真正在期货市场实现暴利的人，都是专注于一个品种，一种行情。换句话说，只有把握住某一期货品种的历史级别大趋势，才能实现资金的暴利。

当然，能把握住历史性的大行情是一个系统工程。策略上和心态上都要能承受住大行情，另外需要了解这个品种的基本面，了解这个品种的历史周期，只有这样才有可能实现小资金暴利。

第三节 一根 K 线交易策略

一根 K 线交易策略就是指交易时间只限定在这一根 K 线里面，开仓平仓都是在这一根 K 线内完成。绝大多数人对交易的理解是价格，比如做豆粕，以价格 3500 点买入做多，3600 点卖出，盈利 100 点，交易关注的是价格。价格从 3500 点涨到 3600 点没有具体的时间，可能一天，可能是一周，也可能是一个月。

换个维度看待交易，也可以是交易时间。预计今天会上涨，今天这根 K 线会收阳线，就可以开盘价买入，到临近收盘的时候卖出，不要管开盘和收盘是什么价格，也就是不要太关心涨多少。预判 K 线是收阳线，收盘价肯定大于开盘价，做多肯定是赚钱的。一根 K 线交易策略更多地是关心时间，价格次之。

这根 K 线没有周期上的限定，可以是短周期的 5 分钟 K 线、10 分钟 K 线或者 1 小时 K 线，也可以是长周期的日线、周线、月线甚至是季线。短周期 K 线可以完全遵循一根 K 线交易策略，开盘价买入，收盘价卖出。但是对于长周期的 K 线，交易策略上可以灵活一些，因为周期长，价格波动大，没必要从这根 K 线开始持有到这根 K 线结束。

期货市场有时候波动还是很大的，差几个交易日可能利润就会差很多。做长周期一根 K 线交易策略，可以通过长周期 K 线判断方向，具体买卖再缩小周期，交易上可以灵活一些。比如当临近月底，日线走出连续几个交易日大涨，月线涨的幅度也符合或者超出了自己预期的时候，可以马上平仓，不用非得等到月底最后一天收盘，交易策略可以灵活使用。

一根 K 线交易策略有两个优势。一是天然设定了一个时间止损。这根 K 线周期再长，它也会有结束的时间，这根 K 线结束前要平仓。如果有盈利可以持有一下，亏损一定要平仓。这根 K 线都结束了还没走出预期行情，说明自己的判断是错的，那么就要止损，不找任何理由。

有了时间止损，实际也可以有效地控制资金回撤。虽然无法做到精准地控制资金回撤，不像价格止损或资金止损那样，可以精准地控制资金回撤的数量或幅度，时间止损是做不到这一点的。但是有了时间止损，就相当于给自己确定了交易的周期，尤其是碰到自己看错行情又不想砍仓的时候，时间止损可以提供很大的帮助。

做期货规则和风险控制很重要，关键时刻能救命。不能把自己的风险窗口打开，不管采用哪种方式，把回撤控制在自己能承受的范围之内是很有必要的。一旦超出自己的能力范围，心态就变了，做期货交易就会变得非常痛苦。作者深深体会过那种行情涨到或者跌到信心崩溃、心烦意乱的感觉，不想再经历一次。采用一根 K 线交易策略，可以有效地规避这种情况发生。

另外一个优势就是可以解决盈利之后什么时候平仓的问题。大家碰没碰到过这样的情况，盈利以后不知道什么时候平仓。平仓了价格如果继续上涨，就会很后悔，感觉自己卖早了，应该多持有一段时间。盈利以后出现回撤的时候，又会后悔当初为什么自己没有早点卖掉。其实这是因为自己没有建立平仓规则。

一根 K 线交易策略很有效地解决了这个问题，对于小周期就持有到这根 K 线结束，是什么价格就以什么价格卖掉，赚取只属于自己的那部分利润。后面行情如何演绎，和自己没有任何关系，也不用纠结啥时候卖，后悔卖早卖晚的问题。也就是说，一根 K 线交易策略相当于有平仓的规则。做交易不就是建立自己的交易规则，赚取属于自己的利润么！

前面课程和大家分享了高概率形态（节节高、再创辉煌、蓄势待发、阴阳挂星），其实这些都是预判一根 K 线的走势，采用的也都是这个交易策略。这些高概率形态都是短周期的，可以严格按照开盘价买入，到临近收盘卖出这个交易思路，这里就不多作分析了，大家可以参考一下之前的内容。关于长周期（周线、月线）一根 K 线交易策略，由于周期较长，大家可以适当灵活运用。